通用装备保障

主　编　于洪敏

国防工业出版社

·北京·

内 容 简 介

本书系统地阐述了通用装备保障的内涵、外延,以及在国防、军队及武器装备现代化建设中的地位和作用,揭示了通用装备保障的基本规律;回顾和梳理了我军自创建以来通用装备保障的发展历程,系统地总结了不同时期通用装备保障的特点;从宏观的高度分析了由于综合国力不断提高、国家安全形势日趋复杂、新军事变革加速推进、部队使命任务日益拓展和战斗力生成模式转变等给通用装备保障带来的影响;深刻阐明了通用装备保障的系统工程思想、综合集成思想、军民融合式发展思想和精确保障思想;深入研究了管理指挥、供应保障、维修保障、软件保障和保障训练等通用装备保障工程技术;研究探索了通用装备保障组织机构、法规制度和运行机制建设的基本原则和主要内容与措施办法;全面论述了通用装备日常管理、维修保障、供应保障、保障训练、战备动员、战时保障等通用装备保障业务工作;根据形势发展和军队使命任务变化,探索了通用装备保障发展趋势、发展目标、发展思路和发展途径。

本书可用作军事装备学学科领域博士、硕士研究生参考教材,适用于军事装备领域从事研究、教学或具体业务工作的人员参考使用。

图书在版编目(CIP)数据

通用装备保障/于洪敏主编. —北京:国防工业
出版社,2014.1
 ISBN 978 - 7 - 118 - 09253 - 0

Ⅰ. ①通… Ⅱ. ①于… Ⅲ. ①武器装备 – 后勤保障
Ⅳ. ①E144

中国版本图书馆 CIP 数据核字(2014)第 015484 号

※

国防工业出版社 出版发行
(北京市海淀区紫竹院南路 23 号 邮政编码 100048)
北京嘉恒彩色印刷有限公司
新华书店经售
*
开本 710×960 1/16 印张 18¼ 字数 322 千字
2014 年 1 月第 1 版第 1 次印刷 印数 1—3000 册 定价 55.00 元

(本书如有印装错误,我社负责调换)

国防书店:(010)88540777   发行邮购:(010)88540776
发行传真:(010)88540755   发行业务:(010)88540717

前　言

纵观人类战争史,通用装备保障历来都显示出其重要的地位和作用。随着世界新军事变革步伐的不断加快以及军事斗争准备的日益深入,通用装备保障实践中面临的许多新情况、新问题,迫切需要从理论层面加以研究和解决。因此,紧紧围绕通用装备保障建设需要,不断探索通用装备保障特点规律,系统分析通用装备保障基本问题,积极开展通用装备保障理论研究,对于快速生成通用装备保障能力,整体发挥通用装备保障效能,科学指导通用装备保障实践,积极推动通用装备保障创新发展,具有十分重要的理论价值和现实意义。

本书明确了通用装备保障概念的内涵和外延,阐述了通用装备保障在国防、军队及武器装备现代化建设中的地位和作用,揭示了通用装备保障基本规律;回顾和梳理了我军自创建以来,通用装备保障思想、方法和手段的发展历程,系统总结了不同时期通用装备保障的特点;从宏观的高度分析了由于综合国力不断提高、国家安全形势日趋复杂、新军事变革加速推进、部队使命任务日益拓展和战斗力生成模式转变等对通用装备保障带来的影响,旨在增强通用装备保障工作的责任感和使命感;深入分析了通用装备保障的基本思想,包括系统工程思想、综合集成思想、军民融合式发展思想和精确保障思想等,为提高通用装备保障的软实力奠定了思想基础;重点研究了管理指挥技术、供应保障技术、维修保障技术、软件保障技术和保障训练技术等通用装备保障工程技术体系,为提高通用装备保障的硬实力提供了有效手段;研究探索了通用装备保障组织机构与法规制度和运行机制建设的基本原则、主要内容及措施办法等,为通用装备保障体制机制建设提供了理论依据;全面系统地论述了通用装备日常管理、维修保障、供应保障、保障训练、战备动员、战时保障等通用装备保障业务工作,为通用装备保障实践提供了理论指导;根据形势发展和军队使命任务变化,探索了通用装备保障发展趋势、发展目标、发展思路和发展途径。

本书第一章由崔向华、于洪敏编写,第二章由孟庆龙编写,第三章由徐鹏飞、于洪敏编写,第四章和第五章由陈春良、曹艳华、宋敬华编写,第六章由诸雪征、顾进、李飞、聂坤林编写,第七章由张春润、刘亚东、伊洪冰编写,第八章由赵武奎、刘广宇编写,第九章由张雪胭、于洪敏编写,全书由于洪敏、张春润、陈春良统稿。

　　本书编写过程中,得到了军事科学院杜文龙研究员、国防大学雷红伟教授、装甲兵工程学院杨宏伟教授、总装武器装备论证研究中心田宝社研究员、总装工程兵装备论证试验研究所田平高工、北京军区第三十八集团军装备部朱海涛高工的大力支持,书中参阅了大量参考文献,在此一并向各位专家和文献作者表示衷心感谢!

　　本书编写时间较紧,加之编者水平所限,一定存在诸多不足,欢迎各使用单位、广大读者和专家提出宝贵意见和建议,以便今后修订完善。

编　者

2013 年 9 月

目　录

第一章 绪 论

随着军事装备实践的发展和军事装备理论研究的不断深入,通用装备保障在军队建设中的地位、作用日益提高,通用装备保障理论的发展日渐成熟。毛泽东同志曾指出:"战争的胜负,主要地取决于作战双方的军事、政治、经济、自然诸条件,这是没有问题的。然而不仅仅如此,还取决于作战双方主观指导的能力。"加强通用装备保障理论研究,就是要充分发挥通用装备保障理论的指导作用,不断提高组织实施通用装备保障和加强通用装备保障建设的水平。

第一节 通用装备保障的基本概念

克劳塞维茨在《战争论》中指出:"任何理论首先必须澄清杂乱的、可以说是混淆不清的概念和观念。只有对名称和概念有了共同的理解,才可能清楚而顺利地研究问题,才能同读者常常站在同一立足点上。……如果不精确地确定它们的概念,就不可能透彻地理解它们的内在规律和相互关系。"通用装备保障这一客观事物,从产生、发展到现在,人们对其已经有了大致雷同的认识和称谓,但仍然存在一些分歧甚至误解,为此,必须对通用装备保障及其相关概念做出较为准确的界定和解释。

一、装备、武器装备和通用装备

装备一词,普遍认为是军事专用术语。我国《辞海》中的解释:军队用于作战和作战保障的各种器械、器材等军事装备的统称。《中国军事百科全书(第二版)军事装备总论》的解释:①泛指各类军事装备、民用装备的统称。②武器装备的简称。即武装力量用于实施和保障军事行动的武器、武器系统、信息系统和保障装备及器材。③作为动词,意为"配备",即向部队或分队配发武器及其他制式军用物品的活动。《中国人民解放军军语》的解释:①武器装备的简称。用于作战和保障作战及其他军事行动的武器、武器系统,电子信息系统和技术设备、器材等的统称。主要指武装力量编制内的舰艇、飞机、导弹、雷达、坦克、火炮、车辆和工程机械等。分为战斗装备、电子信息装备和保障装备。②向部队或分队配发武器及其他制式军用设备、器材、装具等的活动。

武器装备，在《中国军事百科全书（第二版）军事装备总论》中的解释：武装力量用于实施和保障作战及其他军事行动的武器、武器系统、信息系统和保障系统，军队战斗力的基本组成部分。

通用装备，在《中国军事百科全书（第二版）军事装备总论》中的解释：两个或两个以上军种、兵种均可使用的武器装备。通用武器装备的简称，包括军械、装甲、工程、防化、通用车辆、陆（空）军船艇、情报、技术侦察、通信、电子对抗、机要、测绘、气象等装备。《中国人民解放军军语》的解释：两个以上军兵种均可使用的武器装备，包括军械、装甲、工程、防化、通用车辆、陆空军船艇、情报、技术侦察、通信、电子对抗、机要、测绘、气象、指挥信息系统等装备。

可见，通用装备是武器装备的一个重要组成部分，具有使用范围广、种类繁多、筹措渠道宽等特点。随着信息化战争形态的出现和不断演变，装备通用化的需求范围将越来越广，标准化程度越来越高，通用装备将进一步加快向系列化、标准化、综合化、低成本化和一体化的方向发展。

考虑到我军目前的通用装备管理体制是在总装备部的统一组织领导下，由总参谋部和总装备部分管有关的装备部门分别组织实施。因此，在本书中，将通用装备界定为目前总装备部通用装备保障部所管辖的装备类别，主要包括军械、装甲、工程、防化、通用车辆和陆军船艇等装备。

二、装备保障和通用装备保障

装备保障，是军事装备保障的简称，是为满足部队遂行各项任务需要，对装备采取的一系列保证性措施以及进行的相应活动的统称。从装备保障的概念看：①装备保障活动的目的是满足军队建设和完成军事任务的需要；②在本质上是一种保障性活动。装备保障是军队装备工作的重要内容，不仅影响战略战术的制定和运用，而且影响战争的进程和结局。做好装备保障工作，是军队建设、训练和作战的客观要求，对保持和提高军队战斗力具有十分重要的作用。从任务上看，装备保障的基本任务是统一筹划和运用装备保障资源，包括装备保障所需的人员、装备、设施、设备、器材、经费、技术和信息资料等，采取多种保障方法和手段，保障军队作战、训练和其他军事行动及任务的顺利完成。从内容上看，装备保障主要包括装备调配保障、装备技术保障、装备经费保障和战场装备管理等。装备调配保障主要是组织实施装备的筹措、储备、补充、换装、调整、退役、报废，以及申请、调拨供应、交接；装备技术保障主要是组织实施装备的技术检查、技术准备、维护、修理、加改装、战场抢救抢修，以及维修器材的筹措、储备、保管和供应；装备经费保障主要是组织实施装备经费的筹措、供应和管理,进行装备经费的清理与结算。此外,战时还将装备应急采购(生产)、装备动员等作为装备保障的内容。

通用装备保障,是对通用装备所进行的一系列保障活动,是装备保障的重要组成部分,与专用装备保障相对应。由于世界各国军队的装备保障体制和装备类别的划分不尽相同,在通用装备保障的组织实施上也不相同。有的按照建制关系组织实施通用装备保障,有的按照区域组织实施通用装备保障,还有的由某一军种负责对其他军种、兵种实施通用装备保障。目前,我军对通用装备保障有两种不同的认识:一种是从纯理论的角度认识,如在《中国军事百科全书(第二版)军事装备保障》中,将通用装备保障按装备类别分为军械装备保障、装甲装备保障、通用车辆装备保障、工程装备保障、防化装备保障、陆(空)军船艇装备保障、情报装备保障、技术侦察装备保障、通信装备保障、电子对抗装备保障、机要装备保障、测绘装备保障、气象装备保障等。另一种是从实际工作的层面界定,如《中国人民解放军通用装备保障规定》明确,通用装备保障,是指对通用军械、装甲、工程、防化、通用车辆、陆军船艇等装备接收入库、储存保管、调拨供应和部队使用直至退役、报废全过程中的技术保障活动。从范围上讲,前者比后者涉及的范围要大,后者只包括总装备部通用装备部所管辖的装备类别,而不包括总参谋部分管的装备类别。

通用装备保障工作是军队装备工作的重要组成部分,是保持和提高部队战斗力的重要保证。其基本任务是贯彻执行党中央、中央军委关于军队建设的方针、政策,依据军事斗争的需要和装备的发展,采用科学的方法和先进的技术,建立和完善通用装备保障体系,保持通用装备良好的技术状态,保障部队作战、训练和其他各项任务的完成。

三、装备保障和后勤保障

后勤保障,是从物质和技术等方面保障武装力量作战、建设和生活需要所进行的专业勤务活动。它主要包括经费保障、物资保障、卫勤保障、交通运输保障、基建营房保障等,是军事后勤的基本职能和中心工作。目的在于运用物质力量和技术手段,及时、准确地保障武装力量作战、建设及其他活动的需要,巩固和提高部队战斗力,保证军事任务的完成。可见,装备保障与后勤保障从属性上看,都是保障性活动,同属于保障范畴,但保障的范围和内容上有明显的区别。由于装备保障与后勤保障属性的同一性,决定了两者之间在部队以下层面可以由一个机构来组织实施,这也是目前师以下部队进行后装合一体制改革的根本原因之一。

第二节 通用装备保障的地位和作用

通用装备保障在现代战争和装备工作中的地位越来越重要,它不仅影响战略战术的制定,而且制约着战争的规模、进程和结局。因此,提高对通用装备保障重要性的认识,加强通用装备保障工作,具有非常重要的意义。

一、通用装备保障是装备工作的重要内容

通用装备保障工作,贯穿装备全寿命的各个阶段,是装备工作的重要内容。首先,通用装备调配保障和通用装备储备是部队通用装备工作的基础。储备规模适度、结构优化、布局合理的装备,适时动用、换装、调整、补充,为部队提供及时的装备供应,是装备战备、训练和使用的前提。其次,通用装备保障涉及装备的研制、生产、使用和退役报废各个阶段。为提高通用装备的可靠性、维修性,在通用装备的研制与生产阶段,通用装备保障部门要协助有关部门进行可靠性、维修性和保障性等特性设计,并研制配套的保障系统。在通用装备使用前,要进行必要的技术准备与检查,确保其处于良好的技术状态;在使用过程中,要进行维修保养,减少通用装备的故障率,修理损坏装备,以恢复其性能;在使用后,要进行保养、封存等。在通用装备退役报废前,要对通用装备进行技术评定,提出有关技术处理建议,决定退役报废后的用途。再次,通用装备经费保障是通用装备工作的重要基础。只有获得足够的经费,并对其进行合理分配和管理,通用装备的研制、生产、采购、维修才可能顺利进行。

二、通用装备保障是保持和提高部队战斗力的重要基础

通用装备是构成部队战斗力的重要物质基础。通用装备保障通过对装备采取一系列的保证性措施,从装备方面促进部队战斗力的保持和提高。首先,通用装备调配保障能够为部队提供及时的装备供应。通过储备、调拨、补充、调整、换装等措施,可以保证部队通用装备的在编率和配套率。其次,通用装备技术保障能够使装备处于良好的状态,促进通用装备效能的充分发挥。通过技术检查与准备、定期保养与维修,消除隐患、排除故障,避免装备过早损坏,可以使通用装备处于良好的战术技术状态。同时,通用装备技术保障有利于改善装备的性能、延长装备的使用寿命。再次,通用装备经费保障是装备购置、改装的前提。利用充足的经费,及时生产、加装与改装部队所需装备,可以保证通用装备的充足供应。特别是信息化条件下联合作战的精确制导武器装备及弹药价格昂贵,没有充足的经费保障不可能保

障作战的顺利实施。

三、通用装备保障是影响作战成败的重要因素

通用装备保障影响和制约着作战的进程和结局。首先,指挥员在考虑作战发起时机时,必须考虑包括通用装备在内的所有武器装备的供应和技术状况,而信息化的通用装备越来越需要更多的时间提前准备,对通用装备进行检测、维修、保养等。如果时间不充分,完成不了相应的准备工作,就必然影响作战发起的时机选择。其次,在筹划作战规模时,需要考虑可参战通用装备的数量及其在一定时间内的完好率,武器、物资器材、弹药的储备及供应能否满足作战的需要。在抗美援朝战争第四次战役中,我军物资补给十分困难,弹药匮乏,每次进攻只能维持 7 ~10 天,大大限制了进攻速度,被美国人称为"礼拜攻势",意即只能进行一个星期的作战。再次,在作战过程中,需要考虑通用装备的修复能力能否保证战损、战伤装备及时修复和重返战场。在第四次中东战争中,以色列凭借强大的装备维修能力在 10 天内抢修了战损坦克总数的 2/3,约 700 多辆,而阿拉伯国家由于装备技术保障能力较弱,大量战损坦克不得不遗弃在战场。以色列将修复的装备投入战斗,很快扭转了不利战局,最终赢得了战争的胜利。

第三节　通用装备保障的任务与特点

通用装备保障作为装备保障的重要组成部分,是一项复杂的系统工程,既具有一般意义上的装备保障任务和特征,又有其区别于专用装备保障的特定内涵、特有表象和特殊内容。

一、通用装备保障的任务

通用装备保障的基本任务:充分发挥各种通用装备保障资源的作用,确保通用武器、武器系统和军事技术器材等完好配套,最大限度地发挥战术技术性能,释放作战能量,满足信息化条件下联合作战的需要。

(一)组织通用装备保障体系建设

加强通用装备保障理论研究,探索通用装备保障基本规律,组织通用装备保障资源建设,构建三军一体、军民一体的通用装备保障体系,建立健全各军兵种相互保障、军民联合保障的运行机制。通常,按照六个体系加强建设,即理论法规体系建设、组织指挥体系建设、保障力量体系建设、管理维修体系建设、储备供应体系建

设、装备人才体系建设。

（二）组织实施通用装备调配保障

通用装备调配保障,是指为满足部队通用装备完好配套的需要,由通用装备保障机关和通用装备保障部(分)队按照分工组织实施的调整与配备活动。通用装备调配保障的主要内容包括通用装备的申请、筹措、储备、补充、调拨供应、换装、调整、交接、退役、报废等。其目的是保持通用装备的在编率、配套率,保障部队战备、训练和作战的需要,保持和提高部队战斗力。调配保障的对象是指通用武器、武器系统和军事技术器材等,具体包括通用武器、通用弹药、通用导弹、通用车辆、通用机械、通用器材和通用装具调配保障等。

（三）组织开展通用装备维修保障

通用装备维修保障,是指为使部队通用装备始终处于良好的技术状态,保障部队完成作战任务需要,由通用装备保障机关和保障部(分)队按照分工组织实施的各项保证性措施及相应活动。通用装备维修保障的主要内容包括通用装备的维护与修理、技术准备与技术检查、装备加改装、维修器材筹措与供应、设备建设、技术管理、专业培训、维修科学研究与改革等。其目的是通过建立和完善适应军事斗争和通用装备发展需要的维修保障体制和通用装备保障力量体系,采用科学的方法和先进的技术,对通用装备实施有效的监控、维护、修理和技术管理,保持通用装备良好的技术状态,保障军队作战、训练和其他军事行动的顺利完成。

（四）组织实施通用装备保障勤务

进行装备物资的登记、统计和信息管理,掌握通用装备数、质量情况和保障需求,提出通用装备保障方案、建议和报告,并组织实施通用装备保障活动;构建通用装备保障训练环境,开展通用装备保障训练,不断提高通用装备保障能力;收集整理通用装备保障资料,开展通用装备保障手段建设,组织通用装备保障战备建设和战时动员,不断挖掘通用装备保障潜力;进行战时通用装备保障力量部署,组织战时通用装备保障分队的开进、展开、转移和防卫,以及战时保障和打扫战场等活动。

二、通用装备保障的特点

通用装备保障的基本特点是由其任务及保障对象的特点所决定的。通用装备保障所涉及的装备种类多、通用性强,使其保障的内容多、范围广、难度大,组织指挥复杂。

（一）保障对象广泛，保障关系复杂

通用装备保障，既涉及陆军的装备保障任务，又涉及海军、空军、第二炮兵的通用装备保障任务，保障对象多，保障关系复杂，组织协调难度大。具体表现在：①保障机构的多元性。现行体制下的通用装备保障，是由原来独立存在或相对独立存在的不同类型装备的各种保障机构共同组成的。这种多元性要求在强调"统"的同时，还应当充分考虑当前仍然存在的不同类型装备所具有的不同保障特点。要"统分结合"，通用的要"统"，专用的要"分"，在全局问题上要集中统一，在局部问题上要突出专业化建设。应坚持在那些涉及通用装备保障和总体建设的共性问题上，进行统一筹划，而在装备保障中的局部问题上，则要积极发挥各业务部门的主动性和自主性。②保障范围的广泛性。陆军、海军、空军、第二炮兵的通用装备分属于不同的管理系统，通用装备保障的组织实施必须与各个军种的装备保障管理机构进行多方的协调和合作，这使得通用装备保障的范围广、协调难度大。

（二）装备种类繁多，保障内容综合

理论上，通用装备保障，涉及除海军、空军和第二炮兵部队专用装备保障以外的所有装备保障任务，其保障内容具有很强的综合性。另外，随着科学技术特别是高技术的迅猛发展，武器装备的高技术含量越来越高。因此，现代武器装备高精度、高智能的特点，要求通用装备保障必须具备很强的综合效能。

与此相适应，我军通用装备保障设备、工具和手段也有了较大的技术更新，通用装备保障开始从一般技术保障走向高技术保障，从单一的专业保障走向综合保障，从机械化保障走向信息化保障，形成了集战略与战役、前方与后方、地面与空中、军队与地方、陆海空一体的多维综合保障模式，使通用装备保障呈现出更大的综合性。我军武器装备建设的发展，不但使武器装备的技术含量越来越高，也使武器装备的种类越来越多。科技含量越高，武器装备的综合性特征就越明显。联合作战是现代战争的主要样式，从客观上要求通用装备保障必须进行包括各军兵种在内的综合保障。

（三）战场环境复杂，保障任务繁重

大量高新技术武器装备在战场运用，杀伤威力增大，不仅使作战呈现出样式多、节奏快、战损率高、强度大等特点，而且通用装备保障的任务也空前繁重。①保障对象构成复杂。高新技术武器装备与一些传统技术装备并存，高、中、低技术结合，多代、多种类的武器装备相参差，使通用装备维修保障对象和内容更加复杂。

通用装备系统大量综合运用了微电子、人工智能、信息工程、生物工程、新材料、新能源等当代世界最新的科学技术,知识、技术密集,结构复杂,需要直接投入的保障装备和人员比例加大。②战场抢修任务重。由于作战持续时间短,战损装备后送难度大,损坏的大量武器装备主要依靠战场上组织实施快速抢修。③技术保障装备自身越来越复杂。通用装备信息化程度的提高,使得对其检测、维修、保养需要依靠相应信息化的仪器和维修设备,这些仪器设备一旦损坏往往非一般的使用操作人员所能维修,这就进一步增大了完成通用装备保障任务的难度。④自身生存面临严峻威胁。信息化武器装备的"精确打击"能力达到了令人难以置信的程度,"发现就意味着被摧毁"已成为可能。随着科学技术特别是信息技术的发展,战场侦察、探测系统越来越完善,战场透明度空前增大,处于技术劣势一方的所有重要目标,将时刻处于对方的严密监视之下,稍有不慎就可能受到对手的致命打击,通用装备保障环境和生存条件将极其恶劣。因此,要求通用装备保障,不但要组织有效,而且还要会隐蔽、善伪装、能机动,提高持续保障能力。

（四）保障力量多元,组织指挥复杂

通用装备保障力量是组织实施通用装备保障活动的主体,是通用装备保障体系的重要组成部分。从总体上看,我军通用装备保障力量主要由部队建制保障力量、军队直属修理工厂、国防军工企业以及社会通用技术保障力量四部分组成。

构建结构合理、规模适度的以部队建制保障力量为骨干、以军队直属修理工厂为主体,以国防军工企业为支撑、以社会通用技术保障力量为补充的多元化的通用装备保障力量体系,是提高通用装备保障能力的客观要求,也是加速推进通用装备保障能力生成模式转变的必然选择。

多元化的通用装备保障力量组成,必然增加组织指挥上的困难性和复杂性。尤其是在力量运用方面,从来源上看,既有建制内的保障力量,又有上级加强的保障力量,还有地方动员的保障力量;从编成上看,既有战略通用装备保障力量,又有战役和战术通用装备保障力量;从保障内容上看,既要开展陆军通用装备保障,还要组织海军、空军和第二炮兵部队通用装备保障。在目前通用装备保障法规还不够健全、任务分工还不够明确的情况下,对通用装备保障指挥的科学性和艺术性都提出了严峻的挑战。

第四节 通用装备保障指导思想与原则

正确的行动,来源于正确的指导。随着信息化的发展,通用装备保障的意识、观念以及由此而衍生的指导思想、指导原则等必须发生变化,同步跟上时代的需要。

一、通用装备保障的指导思想

通用装备保障的指导思想,是对一定历史背景下通用装备保障指导规律的集中体现,是通用装备保障理论的核心,是组织实施通用装备保障实践活动的基本准则和理论依据。当前和今后一个时期,我军通用装备保障应坚持以毛泽东军事思想、邓小平新时期军队建设思想、江泽民国防和军队建设思想以及胡锦涛新形势下关于国防和军队建设的重要论述为指导,深入贯彻落实科学发展观,坚决执行党的路线、方针、政策和中央军委的决策、指示,以新时期军事战略方针为统揽,以联合作战需求为牵引,以“两成两力”建设为中心,统一筹划和运用通用装备保障资源,综合运用多种保障方式和手段,加速推进通用装备保障能力生成模式转变,为部队遂行各项任务提供及时、精确、可靠的通用装备保障。

(一) 以联合作战需求为牵引

以联合作战需求为牵引,就是按照新时期军事战略方针,瞄准打赢信息化条件下战争的目标,紧紧围绕联合作战对通用装备保障提出的要求,加强军事斗争装备保障准备,不断提升应对多种安全威胁、完成多样化军事任务的装备保障能力。

通用装备保障的根本职能和使命,决定了通用装备保障必须服从、服务于军事活动。正是这种自身的保障性特征,要求通用装备保障各项活动的展开必须紧贴未来信息化条件下联合作战形势,按照未来联合作战可能的规模、样式、阶段、行动和战法等,平时不断完善体制机制、加强装备保障力量体系建设、进行装备保障方法手段创新、落实装备战备制度、加强装备保障训练,不断提高装备保障能力;战时针对战场情况变化,灵活机动地释放装备保障能量,以确保联合作战装备保障任务的完成。同时,还要确保非战争军事行动任务的顺利实施。

(二) 以提高保障效率、效益为核心

以提高保障效率、效益为核心,就是要求通用装备保障既要提高军事效益,又要追求经济效益,力求以最少的人力、物力投入,获得最佳的军事经济效益。

通用装备保障本身是一项目的性、指向性很强的工作,人们在长期的通用装备保障实践中逐步形成了以效率、效益为核心的指导思想:①通用装备保障要讲究效率。无论是平时,还是战时,通用装备保障对时效性的要求都越来越高,特别是信息化条件下的战争,由于战争的突发性强,持续时间短,战机稍纵即逝,提高通用装

备保障效率更为重要。②通用装备保障要讲求军事效益。通用装备保障作为军事活动的重要组成部分,主要是为满足部队遂行各项任务需要,通过筹划、运用军队和地方的通用装备保障资源,完成一系列的保证性活动。它服从并服务于军队建设和军事斗争,既具有保障性特征,又表现出军事性特征。因此,通用装备保障必须以满足军事需要为根本目的,不断提高通用装备保障工作的军事效益。这既是通用装备保障的基本出发点,也是通用装备保障所要达到的最终目标。③通用装备保障要注重经济效益。通用装备保障作为一项保障性活动,也具有明显的经济性特征。通用装备保障活动具有很强的消费性特征,需要消耗大量的人力、物力、财力,因此必须以国民经济实力为基础。在新的历史条件下,由于军费供需矛盾突出,提供通用装备保障消费的经费有限,注重投入与产出的效费比、提高经济效益,就成为通用装备保障活动必须注重解决的问题。效率与效益之间,军事效益与经济效益之间又是相互联系的,提高效率不能以牺牲效益为代价。同样,只讲军事效益,不讲经济效益的行为,也当予以纠正和制止;但有时尤其是战时为了达到保障目的,完成通用装备保障任务,可能会牺牲部分经济利益,这不仅是允许的,而且也是必需的。

(三) 统一筹划和运用通用装备保障资源

统一筹划和运用通用装备保障资源,就是要立足于整个作战全局,通过统一筹划和运用诸军兵种通用装备保障资源,军队与地方通用装备保障资源,编组成与联合作战力量相适应的整体保障力量,形成与诸军兵种联合作战相适应的整体保障部署,发挥整体保障效能,以适应诸军兵种联合作战的需要。①统一筹集。要通过统一筹集来形成与通用装备保障任务相适应的通用装备保障力量。②一体组合。要把筹集到的各种通用装备保障力量组合成严密的整体,形成军地一体,诸军兵种一体,各种专业保障力量、辅助保障力量和防卫力量一体的力量体系,实现保障力量的整体优化。③整体部署。要统一部署通用装备保障力量,使之与作战部署相适应,形成上下级通用装备保障力量相衔接、通用装备保障力量与专用装备保障力量相联系、军队通用装备保障力量与地方通用装备保障支援力量相结合的整体部署。④统筹计划。全面兼顾各种保障对象、各个作战阶段和各种作战行动的需要,统筹计划各项保障内容。⑤全面协调。要对各种装备保障力量的保障行动和保障方式实施统一指挥和全面的协调控制,以达到密切配合、互相支援、协调一致的保障。

(四) 实施及时、精确、可靠的保障

实施及时、精确、可靠的保障,既是对通用装备保障工作提出的要求,又是通用

装备保障努力实现的目标。未来信息化条件下联合作战,作战样式和作战行动多样,战场情况复杂多变,保障时效性要求高,通用装备保障必须综合运用多种保障方式方法,提高保障的及时性、精确性和可靠性。及时,就是要十分注重保障的时效性,提高保障效率,尽可能缩短保障与需求的时间差,不失时机地为部队提供保障,避免保障滞后而贻误战机,甚至影响作战的进程和结局。提高及时性,就是强调装备储备和战略、战役装备保障力量部署尽量靠前,实施就近保障;就是强调针对不同作战样式和战场情况变化,灵活采取各种保障方式方法,实施灵活保障;就是强调简化保障层次,减少保障环节,尽可能实施快速直达保障。精确,就是要注重保障的精确性,准确掌握作战需求,准确调配保障资源,准确指挥和调控保障行动,力求在准确的时间、地点为部队提供数量准、质量高的通用装备保障。可靠,就是要以准确的信息,提高保障数、质量的可靠性,尽量缩小保障与需求之间的数量、质量差,尽可能最大限度地满足作战需要。及时、精确、可靠是保障目标不可偏废的三个方面,应把三者有机结合起来,力求以最快的速度为部队提供优质、可靠的装备保障。

二、通用装备保障的基本原则

通用装备保障的基本原则,是通用装备保障指导思想的具体体现,是筹划决策和组织实施通用装备保障活动的准则。由于通用装备保障活动的内容复杂、层次多样、地域广阔、方法多变,因此遵循的原则也是多层次、多方面、多角度的。

(一)任务牵引

通用装备保障从属并服务于军事任务,必须围绕军事任务的需要,根据不同的任务、环境和行动对通用装备保障的需求,谋划通用装备保障、进行通用装备保障决策、制定通用装备保障计划、组织实施通用装备保障行动。

战时,装备指挥员及其指挥机关应在全面了解和掌握作战企图、作战主要方向和地区、作战部署、重要保障措施、作战发起时间及指挥所开设等基础上,根据通用装备保障的实际情况,建立和调整通用装备保障组织,合理使用通用装备保障力量,综合运用各种保障手段和保障措施,为部队提供有力的保障,全力保障作战需要。信息化条件下的联合作战,战场情况复杂多变,当联合作战指挥员的作战决心发生变更时,通用装备保障的任务也将会随之发生变化。因此,装备指挥员及其指挥机关在联合作战实施中,还必须自始至终地主动了解战场情况的发展变化,了解作战指挥员的意图以及对装备保障的指示和要求,根据作战决心的变化,及时采取相应的措施,确保作战装备保障的组织实施与作战行动的发展变化相适应。

（二）统一组织领导

统一组织领导,是指通用装备保障必须在中央军委、总装备部的统一领导下,由全军各军区、军兵种、各级装备机关按照职能分工,在周密计划、密切协同的基础上,分别组织实施,力求形成整体保障合力,全面满足部队通用装备保障需要。

确保通用装备保障的正确方向,是形成整体通用装备保障能力的基本前提。我军通用装备保障工作必须坚持中央军委、总装备部的统一领导,按照军委、总部首长的指示和统一部署组织保障。我军统分结合的装备保障体制,决定了通用装备保障机构要树立整体协同观念,要从军队建设大局出发,树立全军一盘棋的思想,理顺保障关系,明确职责分工,加强相互协调,避免相互掣肘,保证系统正常运行,发挥整体保障效能;要实行层次管理,即总部主要负责宏观指导,制定通用装备保障的方针、政策和法规,重点研究、解决带有全局性的问题;军区、军兵种根据军委和总部的指示,及时发现和研究解决带有普遍性、倾向性的问题;军级以下装备机关通常是加强检查指导,抓好通用装备保障的具体组织工作并实施管理。

通用装备保障既要坚持集中统一指挥,加强整体协调,又要按照通用装备保障任务分工,分别灵活组织实施。这是充分发挥装备保障力量整体保障效能的关键。坚持集中统一指挥,就必须建立具有高度权威、便于实施统一指挥的通用装备保障指挥机构,对事关通用装备保障全局的一些重大问题,实施统一决策、统一计划;对重大的保障行动,实施统一控制与协调;实现各种通用装备保障力量、各种通用装备保障行动的有机结合,形成通用装备保障整体合力。

（三）统筹兼顾

通用装备保障点多面广,时间紧、任务重、要求高。通用装备保障能力有限与作战需求大的矛盾突出,通用装备保障既要统筹全局、全面兼顾,又要注意把握和确保重点。

统筹兼顾,就是指通用装备保障必须统筹全局,全面兼顾各种保障对象、保障空间、保障时间和保障内容,以适应信息化条件下联合作战样式多样、作战力量多元、战场空间广阔、作战部署分散的需要,确保整体作战指导思想的实现。在保障对象上,要全面兼顾参战的诸军兵种部队、武装警察部队,以及地方支前力量;在保障空间上,要全面兼顾前方、后方和陆、海、空、天、电磁各个战场的各种作战行动;在保障时间上,要全面兼顾作战各个阶段、各个时节和连续作战全过程;在保障内容上,要全面兼顾通用装备调配、装备维修、装备管理、装备信息等各项保障。

统筹兼顾还必须突出重点,即在统筹全局、全面兼顾的同时,必须确保保障重点。首先,要准确把握保障重点。应在诸多通用装备保障任务中分清主次、轻重、缓急,选准通用装备保障重点。通用装备保障重点,从空间上讲,通常是主要战场、主要作战方向和作战地区;从时间上讲,通常是主要作战阶段和关键作战时节;从对象上讲,通常是各方向、各阶段担负主要作战任务的部队;从内容上讲,通常是主战武器、急需弹药和器材的供应补充,以及主要作战装备尤其是高新技术装备的保障。其次,要形成通用装备保障重点。应集中使用主要通用装备保障力量,优先保障重点,集中主要指挥精力密切关注重点。再次,要适时转移保障重点。应根据战场情况的变化和联合作战重心的转换,及时、准确地把握重点的变化,适时调整通用装备保障力量和保障计划,迅速形成新的通用装备保障重点。

(四) 讲求效益

通用装备保障需求量大、技术含量高,保障资源有限,必须科学组织,讲求军事、经济双重效益,以最少的人力、物力、财力,为部队提供适时、适地、适量的精确保障,获取军事效益与经济效益相统一的最佳保障效果。首先,必须科学计算,准确预测。应当根据作战的规模、任务和决心等多种相关因素,运用科学的预测方法和先进手段,采用计算机数学模型,对联合作战诸军兵种部队通用装备保障的总需求和各部队、各阶段通用装备保障的具体需求做出较为准确的预测,为决策和计划提供及时可靠的依据。其次,必须正确决策,周密计划。采取定性分析与定量分析相结合的科学方法,对通用装备保障需求和保障资源、能力的实际可能进行客观分析和合理平衡,通过模拟论证、多案比较,做出正确的保障决策,制定周密的保障计划,尽量避免因决策失误或计划不周而造成保障不力或损失浪费的现象发生。再次,必须严格管理,加强控制。要充分发挥各级装备指挥员及其通用装备保障机关的管理作用,严格制定和执行战场装备保障资源的管理规定,合理使用装备保障资源,严格控制消耗,加强装备资源的防护,防止滥用和损失浪费,力求以最少的消耗实现最佳的保障效益,以保证联合作战的胜利。

(五) 一体保障

通用装备保障任务繁重艰巨,仅靠单一军兵种部队通用装备保障力量不能完成,仅靠军队通用装备保障力量也常常难以完成,必须充分发挥人民战争的优势,在综合运用全军通用装备保障力量实施保障的基础上,充分挖掘地方通用装备保障潜力,建立诸军兵种一体、军民融合的通用装备保障体系。既要将参战战区和海军、空军、第二炮兵,以及武警部队的装备保障力量统一整合、统一部署、统一使用,实施三军一体的通用装备保障,又要根据作战对地方通用装备保障力量的动员需求和动员预案,积极动员和合理利用地方通用装备保障资源,如科研院所、工厂、企业等单位的技术人员、技术装备、设施、器材等,参与部队的通用装备保障,形成军民整体保障的合力和优势,实施军民一体化通用装备保障。

第五节　通用装备保障基本规律

规律是指事物之间固有的、本质的、内在的必然联系。它是客观存在的,不以人的主观意志为转移。通用装备保障基本规律是对通用装备保障本质属性以及通用装备保障与其他相关军事活动之间联系的集中反映和高度概括。研究通用装备保障基本规律,对于快速生成通用装备保障能力、有效发挥通用装备保障功能、科学指导通用装备保障实践具有重要意义。

一、通用装备保障能力生成规律

在通用装备保障能力生成过程中,军事需求决定了通用装备保障能力生成的方向,技术创新为通用装备保障能力生成提供了强大动力,外军经验为通用装备保障能力生成提供了有益借鉴,经费投入为通用装备保障能力生成提供了有力支撑。从通用装备保障系统自身来看,保障人员是通用装备保障能力生成的关键要素,其整体素质的高低决定了通用装备保障能力的强弱;保障体制是通用装备保障能力生成的根本保证,其组织结构是否科学、法规制度是否健全、运行机制是否完善,对通用装备保障能力生成具有根本意义;保障理论是通用装备保障能力生成的科学指导,先进的保障理论引领着保障观念的更新、人员素质的提高及装备保障体制编制的优化;装备保障训练是通用装备保障能力生成、巩固和提高的基本途径,作为和平时期通用装备保障人员最基本的实践活动,直接关系到人装结合的紧密程度。

上述因素对通用装备保障能力的生成既有推进和提升作用,又有阻碍和制约作用,从而形成了通用装备保障能力生成的条件和"土壤",很大程度上影响和制约着通用装备保障能力生成的进程和效果。

（一）以军事需求为牵引

军事需求决定了通用装备保障能力生成的方向。改革开放以来,我国经济高速发展,综合国力快速提升,国际影响不断扩大。但随着国际局势的日趋复杂,国家战略利益的拓展又面临着许多前所未有的挑战。军队要有效履行21世纪新阶段我军历史使命,必须着眼于战争形态、作战空间、作战任务和指挥方式的发展变化,尽快形成以保障"打赢"为核心、能够应对多种安全威胁、完成多样化军事任务的基于信息系统的体系作战能力。

从军事需求牵引的角度,国家战略利益拓展到哪里,哪里就应该形成相应的作战能力和保障能力,既然军事需求发生重大变化,通用装备保障也必须积极适应这种变化,在相应领域尽快形成通用装备保障能力。

(二)以技术创新为动力

通用装备保障的发展,始终离不开技术创新的推动,信息时代的到来,信息化战争的发展,要求具备实时信息获取、立体直达保障和远程技术支援能力,这就对通用装备保障的信息化水平提出了更高的要求,例如,通用装备保障平台建设必须向综合集成的方向发展,精简型号、压缩品种、整合功能、提高性能。这些变化一方面对保障人员、保障装备、保障手段和保障方法提出了严峻的挑战,另一方面也为通用装备保障能力的提升开辟了新的途径。首先,信息技术的发展拓展了保障装备的功能,提高了保障装备的性能,加速了保障手段的革新,使精确保障成为可能,如物联网技术的发展使全资可视成为可能,传感器和通信技术的发展使远程技术支援变为现实;其次,信息技术的发展与运用促进了通用装备保障训练方式和训练手段的深刻变化,如模拟化、网络化训练等,这些训练方式节约了训练消耗、提升了训练效果,提高了保障人员对信息化的认知和理解程度,达到了以信息化训练促信息化保障的目的。从这个角度讲,信息技术的迅猛发展,对通用装备保障能力的生成起到了巨大的推动作用。

(三)以外军经验为借鉴

西方发达国家军队装备保障能力生成的经验,是我军研究通用装备保障能力生成的有益借鉴。虽然外军在实现装备保障能力生成模式转变过程中,所基于的内外环境不尽相同,所要达到的目标也不尽一致,但从由机械化向信息化战争形态转变的趋势来看,他们在装备保障能力生成模式转变方面的成功做法和经验对我军具有十分重要的借鉴意义。例如,美军在后勤保障信息系统建设、武器装备全系统全寿命数据工程建设、动员民间力量参与部队装备保障等方面的做法,都给我们提供了有益的启示。

在参考和借鉴外军装备保障能力生成经验时,一方面要结合我军通用装备保障的实际,对其合理部分进行能动吸收和改造;另一方面要切实从我军通用装备保障建设的历史和现实出发,在深入研究探索的基础上,构建具有我军特色的通用装备保障能力生成模式,实现对外军装备保障能力生成经验的理性升华和扬弃。

（四）以经费投入为支撑

经费投入是通用装备保障能力生成的重要支撑。近年来，随着我国综合国力的稳步提升，国防开支的总量也在逐年增加，这为我军通用装备保障能力的生成奠定了重要的经济基础。但是应该看到，现代战争是高消耗战争，国防开支对于军队整体建设与发展而言，仍然是十分有限的。尽管从单装来讲，通用装备保障经费投入不算高，但由于其在全军范围内的编配数量巨大，所以经费总量仍然会十分可观。因此，在有限的国防开支及其分配格局下，必须注重从国家经济社会发展中获取丰厚资源和强大支撑，将军工企业的人才和技术优势延伸到部队装备使用管理和维修保障之中，通过军民融合，增强部队装备保障能力。

（五）以队伍建设为关键

保障人员是通用装备保障能力生成的关键要素，其整体素质的高低决定了通用装备保障能力的强弱。人才队伍建设是事关通用装备保障可持续发展的头等大事，需要以实施通用装备保障人才战略工程为抓手，建立健全以院校、专业训练机构培养为主渠道，以继续教育、生产厂接装培训、修理厂跟修跟训、部队岗位练兵为补充，层次合理、优势互补、规模适当的通用装备保障人才培训体系，加速完善"复合型"装备指挥军官队伍、"专家型"装备技术军官队伍和"技能型"装备技术士官队伍结构，通过多种渠道引进人才、多种途径培训人才、多个部门管理人才、多种方法保留人才，真正建立集"选、训、用、管、留"于一体的通用装备保障人才队伍建设机制，为通用装备保障能力生成奠定坚实基础。

（六）以体制改革为保证

体制反映了系统的静态结构，解决的是功能问题，机制反映了系统的动态运行，解决的是效益问题。通用装备保障系统结构是否合理、运行机制是否完善、法规制度是否健全，对通用装备保障能力生成具有根本意义。结合体制编制调整，探索建立新形势下部队"两成两力"建设模式，构建以军队建制保障力量为主体、以国防军工企业为支撑、以社会科技力量为补充的通用装备保障力量体系，着眼于形成一体化通装保障能力，探索构建在役高新装备一体化保障、在研在产装备全寿命保障、军选民用装备社会化保障的通用装备保障运行机制，着眼于通用装备保障建设科学发展，从战略、战役、战术各保障层次，人力、物力、财力、信息各保障要素，管、供、修、训各保障业务，建立健全法规制度，是在新的起点上推进部队"两成两力"建设深化发展的重要任务。

（七）以保障理论为先导

没有正确的理论,就没有正确的实践。通用装备保障理论贯穿于通用装备保障能力生成的全过程,无论是保障人员素质的提高,还是保障方法手段的改进,无论是保障体制编制的优化,还是保障训练效益的提高,都离不开先进的通用装备保障理论作指导。特别是随着信息技术在军事领域的广泛应用,通用装备种类日益增多、结构日趋复杂、技术更加密集,如果没有科学、先进的通用装备保障理论作为指导,保障能力的生成则无从谈起。自 2000 年以来,着眼于新时期军事斗争准备需要,我军先后开展了"两成两力"建设、"科学化管装"和"联保联训"等探索实践活动,既拓展了通用装备保障能力生成的研究范围,也深化了人们对通用装备保障地位和作用的认识与理解。特别是随着对军民一体化通用装备保障体系建设的深入探索,人们对通用装备保障能力的本质和生成规律的认识得到了进一步加强。所有这些探索与实践经验的积累,既为通用装备保障能力生成理论的深化研究提供了重要的现实基础,也为推进通用装备保障能力生成模式转变的实现途径和方法指明了方向。

（八）以装备训练为途径

装备保障训练是装备保障能力生成的基本途径。胡主席指出:"要实现人与武器装备的最佳结合,提高部队的作战能力,必须进行严格的军事训练。"通用装备保障训练作为军事训练的重要组成部分,是提高通用装备保障能力的重要途径。

随着信息化战争的发展,电磁装备种类繁多、电磁频谱相互交织,电磁辐射极其严重,电磁环境异常复杂,对通用装备保障将会产生严重影响。通用装备保障训练,要求以联合作战为背景,广泛运用网络技术、模拟技术等现代信息技术手段,围绕军事训练大纲要求,拓展训练内容、突出复杂环境、加强保障协同、细化考评标准,按照野战化、基地化、网络化和模拟化组训方式,联合组织实施,在训练中探索装备保障能力生成规律。确保训练内容向科学化发展,训练方式向信息化聚焦,保障能力向一体化转变。

二、通用装备保障效能发挥规律

效能是指事物在一定条件下所起的作用。效能不会凭空产生,也不能独立存在,必须有可寄宿的"主体"和赖以发挥作用的"活动过程"。对通用装备保障效能而言,"主体"就是通用装备保障系统,效能就是通用装备保障系统的功能、质量和效果的统称,"活动过程"就是指挥员组织各种保障资源完成通用装备保障任务的过程。通用装备保障效能是通用装备保障活动有效程度的综合体现,是将潜在的通用装备保障能力转化为实际效果的程度,反映了通用装备保障系统的主体要素、结构机制、运行状态及其共同作用结果。

(一)顺畅高效的组织指挥是通用装备保障效能发挥的重要前提

指挥活动决定保障行动,信息流主导物质流和能量流。未来信息化战争,夺取信息优势,并将信息优势转化为决策优势和战场上的行动优势,是掌握战争主动权,夺取战争胜利的不二选择。通用装备保障只有在战略决策层、组织管理层和操作执行层分别建立军民融合的组织指挥机构,形成上下衔接、职责明确、顺畅高效的组织指挥体系,统筹协调军地双方保障资源,高效组织通用装备保障行动,才能将潜在的通用装备保障能力转化为现实的保障效能。

(二)科学合理的任务分工是通用装备保障效能发挥的重要基础

从管理科学的角度,任务决定着资源分配,资源分配决定着利益调整。通用装备保障效能发挥的重要基础,是科学划分保障任务界面。要充分考虑高新技术武器装备列装规模、技术复杂程度、维修保障需求、现有保障能力等诸多因素,综合运用目标分解、价值分析、效能评估等方法,坚持既要注重保持和提高军方核心能力,又要兼顾地方经济利益的原则,科学区分不同装备、不同阶段、军地双方不同层次保障机构的保障任务;要依据型号装备全寿命周期一体化保障要求,遵循装备保障能力生成规律,坚持平战结合、平衡过渡的原则,不断完善保障任务动态转换机制。逐步建立高新装备"列装初期依托企业保障、形成能力企业辅助保障、规模部署军地联合保障、量少装备企业独立保障"的军民一体化通用装备保障任务分工模式。

(三)军民融合的保障方式是通用装备保障效能发挥的必然要求

机械化条件下,通用装备保障按照不同的军兵种、不同的装备类型、不同的专业门类和不同的部队性质,分别规划建设,造成各单位、各部门、各专业条块分割,分散建设、重复建设现象严重,各军兵种自主保障,保障资源浪费,保障效率低下。

信息化战争条件下,通用装备保障建设必须纳入国家经济社会建设的大局,从国家经济社会发展中获取丰厚资源和强大支撑,把国防军工企业的人才和技术优势延伸到部队装备管理和使用保障中,增强部队装备保障能力。推进军民融合式发展,有助于打破条块分割,减少重复建设,共享装备信息,共用保障资源,提高通用装备保障的集约化和一体化程度,从根本上促进通用装备保障效能的发挥。

（四）系统配套的法规制度是通用装备保障效能发挥的可靠保证

通用装备保障法规制度，是组织实施通用装备保障的依据和标准，是通用装备保障效能得以充分发挥的可靠保证。必须按照层次清晰、结构合理、上下衔接、系统配套的原则，适时调整、补充和修改完善相关法律、法规、制度和标准，对国防军工企业和社会科技力量参与通用装备保障活动的市场准入、信息发布、权利义务、资质认证、合同管理、过程监管、战时动员等进行系统规范；对通用装备保障系统资源开发、修理内容、工艺规程、验收标准和经费结算等，进行量化、细化、具体化。

（五）规范完善的运行机制是通用装备保障效能发挥的关键所在

政策是导向，法制是保证，运行是关键。再好的方针政策，如果不能得到有效落实，终将是一纸空文。要解决影响和制约通用装备保障效能发挥的突出矛盾和问题，必须建立健全规范完善的通用装备保障运行机制。通过整合军地维修资源，融合军地维修力量，理顺军地合作关系，探索建立和完善高新装备一体化保障、在研在产装备全寿命保障、军选民用装备社会化保障的运行机制，走出一条通用装备军民一体化保障体系建设的路子。

三、通用装备保障基本工作规律

抓住规律就是抓住了事物的本质。在通用装备保障实际工作中，只有明确需求、突出重点，并采用科学的方法，积极探索实践，才能将各项具体工作做得扎实有效。

（一）明确需求是有效开展通用装备保障工作的重要前提

组织开展通用装备保障，需要准确掌握装备损坏、装备战损、装备故障，以及弹药、器材消耗规律，高效组织通用装备保障力量、设施设备、维修器材、技术资料等保障资源的配套建设，科学指导通用装备保障部门开展装备使用管理、维护修理、弹药和维修器材储备供应、人员培训以及战备和勤务工作。使部队形成和具备通用装备保障能力，保持和恢复装备作战性能，确保部队有效履行作战、训练任务和值勤任务。

明确通用装备保障需求，是实现科学高效装备保障的前提。信息化条件下，作战节奏加快，作战转换频繁，装备损伤机理多样，弹药、物资消耗极大，装备保障需求不确定性因素多。通用装备保障准备时间紧迫，加之各种不确定因素增多，准确预计装备保障任务的难度越来越大，必须随着作战行动实时掌握装备保障的任务需求,实现通用装备的精确保障。

准确掌握装备战时损伤规律、平时故障规律,以及弹药器材的消耗规律,是科学有效地开展装备保障工作的基础和前提。由于我军多年没有参战经验,准确认识和掌握战时装备损伤和弹药器材消耗规律是非常困难的,理论研究的深入和技术手段的不断提高,为我们提供了相对有效的手段。目前,对装备损伤和弹药器材消耗的测算,主要采用理论计算、经验统计、试验测定和模拟仿真等方法进行。

(1)理论计算法。该方法以装备战损和弹药毁伤理论为基础,通过计算弹药的不同装药量所产生的毁伤作用(能量或力),得到各种毁伤效应所对应的毁伤能力;通过计算各种装备不同部位毁伤后对装备性能的影响程度,确定装备的战损程度,以获得装备战损率。这种方法需要提供各类装备和弹药详细的技术性能参数、装备的物理特性参数和毁伤阈值,结果精度较高,但计算复杂。

(2)经验统计法。该方法以各种装备和弹药的历史毁伤数据为基础,运用统计分析的方法,得到各种毁伤效应所对应的毁伤能力和各种装备的战损数据。这种方法需要提供历次作战各种弹药对不同目标的毁伤数据和装备的战损率。比较简单,但准确性稍差。

(3)试验测定法。该方法以装备战损试验和不同弹药的不同毁伤效应试验为基础,运用数理统计的方法,得到各种装备的战损数据和毁伤效应所对应的毁伤能力。此方法可以结合弹药靶场试验、实打实爆试验和部队训练演习实施,靶场试验数据需要协调试验部门和试验基地获取,实打实爆试验和部队训练演习中需要详细记录各种效应数据。这种方法准确度较高,但实施成本相对较高,对目标设置要求高。

(4)模拟仿真法。该方法借助高性能的计算机,通过建立在弹药爆炸毁伤效应作用下的目标毁伤响应模型和目标毁伤仿真模型获取目标抗毁伤能力和弹药器材消耗数据。这种方法成本较低,结果具有一定的准确性,但需要大量理论和基础数据支撑,同时各种仿真模型非常复杂,构建困难。

装备平时故障和弹药器材消耗规律,同样可以采用上述方法来认识和把握。同时,通过运用现代信息技术手段,实现装备损坏和弹药器材消耗情况的跟踪监控,适时准确掌握装备的技术状态和弹药器材消耗的品种数量,采集识别、收集汇总和传输处理相关数据,并进行理论分析和综合判断,从而更加准确地把握和有效验证装备故障和弹药器材消耗规律。

(二)突出重点是持续提升通用装备保障能力的基本要求

组织开展通用装备保障,重点要在通用装备使用管理、维护修理、弹药和维修器材储备供应,以及保障人员培训和力量建设等领域形成核心保障能力。

（1）通用装备使用管理。加强通用装备使用管理,目的是促进部队正确使用装备,确保其质量稳定和性能正常发挥。按照职责分工,司令部门根据年度军事任务和训练需要,组织装备的动用使用,装备部门配合装备动用使用开展相关工作。主要是根据装备性能要求,提出装备动用使用的有关意见和建议,如结合摩托小时储备要求合理安排动用使用的装备,结合电子装备特点要求定期进行开机通电,按照用旧存新、用零存整原则组织弹药储存和使用,结合车、炮（机械）场日开展装备保养工作,配合落实人员对装备的"三熟悉、四会"等工作。

（2）通用装备维护修理。它是通用装备保障工作的重要内容,目的是保持和恢复通用装备的战术技术性能。开展维修工作的基本程序和方法:①对通用装备进行维修理任务划分,确定通用装备维修体制。目前,通用装备主要采用基地、中继、基层三级维修体制,有些高新技术复杂装备,也采用基地、基层两级维修体制。②确定各级承担通用装备大、中、小修以及维护保养的内容和要求。③确定修理方式,结合部队实际,可采取工间修理和野外修理、定期修理和视情修理、原件修复和换件修理等多种方式。④制定装备维护保养和修理规范、装备战时抢修手册等技术标准,为装备修理工作的实施提供依据。⑤确定维修场所和工装等设施,配套研制或购置相应的检测、拆装、修理、组装等平战时维修机具设备,并按照"通用化、系列化、组合化"原则,进行设备的整合,精干型号系列,形成部队维修设备配备标准。⑥采取有效的方式开展维修设施设备的配套建设,维修设施的建设由装备部门提出需求,协调联勤部门计划实施。维修设备按照不同的类型、功能及重要程度等,实施总部、军区和部队三级实物或价拨配备,各级结合设备来源渠道不同,可采用招投标和审价定价等方式实施筹措。⑦结合通用装备维修工作实际,及时了解和解决存在的矛盾和问题,对通用装备维修工作进行调整完善,不断提高工作的质量和效益。

（3）弹药和维修器材储备供应。组织弹药储备供应,需要在对装备战损和弹药消耗规律研究的基础上,结合平时弹药消耗量和销毁情况,测算出需要订购和储备的数量,再结合不同地域作战任务的需要,调整部队和后方仓库弹药储备的品种、数量,完善弹药的储备布局和供应补给模式方法,实施战时弹药的及时准确供应和补给。做好维修器材储备供应,目的在于确保维修任务的落实。①确定维修器材的品种、数量,明确装备、构件、部件（组合）、零件（单元）、元器件等的层次结构和品种数量,形成装备维修器材备件目录。②结合部队任务,测算维修器材需求的品种和数量,掌握维修器材消耗规律。③明确区分维修器材平时周转和战备储备的品种数量,整合形成器材配发和储备标准。④确定维修器材筹措方式,按照器材的类型、功能及重要程度等,总部、军区和部队三级采用招投标和审价定价等方式实施筹措储备。⑤规范器材包装(集装)运输标准,确保平战时维修器材的有效供应和补给。⑥及时了解和解决维修器材储供中存在的矛盾和问题,提高工作质量和效益。

(4) 保障人员培训和力量建设。保障能力的形成是靠人和装备的有机结合来实现的,开展通用装备保障力量建设和人员培训工作的主要内容和要求:①对通用装备保障工时进行测算,根据平战时通用装备保障任务完成时限要求,确定装备维护保养,大、中、小修以及器材收发作业各环节所需时间,并进行合理分配和综合统筹。②确定专业技术岗位,对完成通用装备维护保养、修理以及器材收发作业各任务及各环节所需要的工种和岗位进行确定,结合通用装备保障任务,提出岗位要求,设置专业技术岗位,建立工种(钳、车、铣、刨、磨、焊等)、学科(机械、液压、电子、光学、化工等)和专业(军械、装甲、工程、防化、车辆、陆军船艇等)相结合的岗位体制。③对每个工种岗位人员能力水平提出要求,确定人员技术职务和等级(技术干部、专业士官、技术兵等)要求,确定岗位能力标准。④提出通用装备保障人员编制意见,结合部队通用装备编配情况和保障需要,提出通用装备保障人员编制需求,纳入编制体制,形成各级保障力量,建立通用装备战略、战役、战术保障力量体系,完善军民一体化保障机制。⑤结合通用装备保障人员岗位变动情况,开展通用装备保障人员院校培养和部队训练,使其具备上岗承担任务的能力。⑥科学指导和实施培训工作,组织拟制培训计划,编写培训大纲,完善训练内容,配套培训教材,改进培训模式,创新培训手段等,建立考评机制,确保训练质量和效果。

(三) 完善配套是组织实施通用装备保障建设的重要内容

加强配套建设是通用装备保障工作的重要内容,应重点突出通用装备保障基础设施配套、维修器材配套和通用装备保障标准的完善配套等工作。

(1) 加强通用装备保障基础设施配套建设。一方面要依靠军内力量,加强通用装备保障的基础设施建设,尤其注重一些专业性较强,军队地方不能通用的基础设施的配套建设,提高经费的使用效益。另一方面要融合社会保障资源,借助社会力量弥补部队通用装备保障资源不足的问题。充分发挥地方技术设施设备优势,预建各类修理场、站、间,弥补通用装备维修场所和维修设施不足;积极利用地方信息技术最新成果开展装备技术革新,提升通用装备保障信息化水平。

(2) 加强通用装备保障维修设备器材配套建设。随着通用装备更新换代速度的不断加快,大量高新技术装备相继编配部队。要坚持高起点、高标准、高质量地抓好保障设备和器材的配套建设。在野战抢救抢修装备的发展上,尽量采用与被保障装备相同的底盘,使其具有与主战装备相同的机动能力和防护能力。野战维修装备一般以修理方舱系列为主,配备适用和精干的修理设备、工具及维修器材,保证其具有良好的机动性能,以便快速灵活地组织野战抢修。检测诊断装备的发展要实现装备状态的实时监控,以求及时发现、预报故障,准确诊断、隔离故障,满足"精确化"保障要求。针对新装备科技含量高的特点,综合测试设备系列、装备故障诊断系统等自动化检测设备,在结构和功能上力求达到综合化、模块化、多功能化、智能化和信息化。

（3）规范通用装备保障配套标准。研究制定通用装备保障配套标准,是抓好通用装备保障配套建设的前提和基础。规范通用装备保障配套标准,要围绕硬件和软件两个方面,研究制定通用装备配套建设的基本标准。紧贴部队战备、训练和作战需要,充分吸纳装备研制生产单位的意见,通过具体试行,分别制定装备维修技术标准、信息系统建设标准以及装备保障和管理标准,并结合试点实践搞好论证,确保配套建设标准符合部队实际,实用、管用、好用。

第二章　通用装备保障历史沿革

纵观我军建军 80 多年的历史,通用装备保障经历了从无到有、从小到大、由弱到强的成长演变过程。系统回顾和认真梳理自我军创建以来通用装备保障思想、保障理论、保障方法、保障手段和体制编制的发展演变,深入探索我军通用装备保障建设的基本特点和规律,对于继承和弘扬我军通用装备保障光荣传统和优良作风,加速转变通用装备保障能力生成模式,确保我军通用装备保障工作又好又快发展具有重要意义。

为了便于研究,将通用装备保障历史沿革划分为创建形成、建设成长和创新发展三个历史发展阶段。

第一节　创建形成时期的通用装备保障

从我军创建到中华人民共和国成立,我军通用装备保障与我军的历史一样经历了土地革命战争、抗日战争和解放战争三个历史时期。这一时期,我军基本上是单纯的陆军,武器装备的来源主要是战场缴获和简易制造,装备保障的主要对象就是通用装备。我军通用装备保障是伴随着人民军队的诞生而建立的,并在战争实践中不断探索创建形成了具有我军特色的通用装备保障。

一、创建形成时期的社会历史条件

(一) 土地革命战争时期的社会历史条件

1927 年,四·一二反革命政变后,以蒋介石为首的国民党新军阀逐步确立了在全国的统治。在政治上,国民党推行一党专政,建立和加强特务控制。在经济上,国民党政府维护封建剥削制度,依靠国家政权聚敛大量财富,逐步形成国民党官僚资本,成为其反动统治的经济基础。在思想文化上,国民党政府推行文化专制主义,把法西斯主义和中国固有的封建伦理捏合在一起,形成其反动思想体系,在各级各类学校实行法西斯教育,钳制舆论,禁锢人民思想,扼杀民主自由。在军事上,国民党建立了一支以黄埔系军官为骨干、拥有近代化武器装备、数量上超过历史上任何一个朝代的反动军队。这支军队主要用于"围剿"革命力量及与其他派系军阀混战。新军阀的连年混战,使千百万人民流离失所,家破人亡,造成了严重灾难。新军阀的混战在客观上给中国共产党在农村建立革命根据地造成了有利时机。

国共合作的国民大革命失败后,1927 年 8 月 7 日,中共中央在汉口召开了紧急会议——"八七会议",这次会议确定了土地革命和武装反抗国民党反动派的总方针。这个方针表明,共产党决心领导农民解决土地问题,并把土地革命和武装斗争及创建工农军队直接联系起来,从此展开了土地革命战争。

以 1927 年 8 月 1 日南昌起义为起点,共产党领导开始武装起义,开展游击战争,创建农村革命根据地。自毛泽东领导湘赣边界秋收起义队伍创建井冈山革命根据后,全国各地相继建立了大小不一的革命根据地,找到了创建革命根据地为形式的保存和发展革命力量的正确道路。经过艰苦曲折的游击战争,红军粉碎了国民党反动军队的多次"进剿"和"会剿",在 1933 年夏、秋间发展到 30 万人。红军的组织编制、政治工作、武器装备、战术技术水平等,都得到改善和提高。但第五次反"围剿"却因王明"左倾"冒险主义错误的影响而失败。1934 年 10 月,中央红军被迫撤离苏区,开始长征。1936 年 10 月,三大主力红军(红一、二、四方面军)在甘肃会宁地区胜利会师,取得了长征二万五千里的伟大胜利,完成了全国主力红军的战略转移。留在南方各根据地的红军进行了 3 年艰难困苦的游击战争,并在斗争中发展壮大。红一方面军为实现共产党直接对日作战的主张,挥师东进和西征,推动了全国抗日救亡运动,为以后出师抗日前线打下了基础。

这一时期创建并发展壮大了红军;创立了人民军队的战略战术;总结了人民军队建设的经验,兵员补充有了一定保证;编制体制逐步趋于完善,司令机关的作战、训练、侦察、通信等部门相继建立,管理教育等各项根本制度逐步健全。特别是在军事制度建设方面有了重大发展,逐步形成了一套适合于人民军队的军事制度,为尔后中国革命的发展奠定了坚实的基础。

(二)抗日战争时期的社会历史条件

1937 年"七七事变"爆发,中国人民开始了长达 8 年的艰苦卓绝的抗日战争。抗日战争时期,中国面临着复杂的国际、国内形势。国内,在共产党的倡导和组织下,建立了以第二次国共合作为基础的抗日民族统一战线。以蒋介石为代表的亲英美派大地主、大资产阶级,是国民党的主体,采取片面抗战政策,并顽固地坚持国民党一党专政,极力限制和削弱共产党领导的人民力量。以共产党为核心的广大抗日民众,是抗战的基本力量。以汪精卫为代表的亲日派大地主、大资产阶级,对抗日一贯持悲观消极态度,并最终叛国投敌。国际上,德、意法西斯是日本侵华战争的积极支持者。美、英等国在抗战初期,对日本侵华采取纵容妥协的两面政策,企图利用中国抗战削弱日本实力,同时又想借日本之手来削弱中国革命力量,并把战火引向苏联。直到 1941 年太平洋战争爆发后,美、英才转而支持中国抗战。苏联等各国人民是中国抗战的坚决支持者。抗战爆发不久,苏联就和中国签订了《中苏互不侵犯条约》,并在人力、物力、财力上积极援助中国。

全民族的抗战开始后,中国共产党领导八路军和新四军实行全面的、全民族的抗战路线和独立自主的山地游击战的战略方针。根据这一战略方针,八路军、新四军分散兵力积极开展游击战争,创建抗日根据地,开辟了广阔的敌后战场,牵制了大量的日军,有力地支援了正面战场国民党军队的作战,对制止日军的战略进攻,加速战略相持阶段的到来,起了重要作用。

1938 年 10 月武汉失守后,抗日战争进入相持阶段。针对日寇对华政策的改变,中共中央决定了巩固华北、发展华中的方针,到 1940 年底,八路军、新四军和华南游击队由 5 万多人发展到 50 多万人,在敌后建立了大小 30 多块抗日根据地。敌后抗日根据地成为全国抗战的支柱和夺取抗战胜利的前进基地,敌后战场已成为全国抗战的主要战场。1941 年 12 月太平洋战争爆发后,抗日根据地军民开展以武装斗争为中心的军事、政治、经济和思想文化的全面对日斗争,并同蒋介石政府坚持消极抗日、积极反共方针进行了坚决抵制。从 1944 年 2 月开始,为牵制日军行动,配合国民党正面战场作战,进一步扩大解放区,对日伪开展了攻势作战,开始局部反攻。1945 年 8 月 8 日,苏联政府对日宣战,随即向日本在中国东北的关东军发动大规模进攻。各抗日根据地军民在共产党的领导下,展开全面大反攻。9 月 2 日,日本被迫在投降书上正式签字。至此,中国人民抗日战争胜利结束。

抗日战争中,八路军、新四军、华南游击队等人民抗日武装,抗击了 60% 以上的侵华日军和 95% 以上的伪军,共对敌作战 125165 次,消灭日军 527422 人、伪军 1186695 人,缴获各种枪支 694726 支,各种炮 1852 门。人民军队主力由 3 万多人发展到 127 万多人,民兵发展到 268 万人,解放区人口由 150 万人发展到 1.25 亿人,为争取民主革命在全国的胜利,奠定了牢固的基础。

(三)解放战争时期的社会历史条件

解放战争,是中国人民革命力量同国民党蒋介石为代表的反革命力量进行决战的战争。人民解放军在中国共产党的英明领导和全国人民的大力支援下,同强大的敌人进行了 4 年的英勇奋战,推翻了帝国主义、封建主义和官僚资本主义在中国的反动统治,解放了全国(除台湾省外)人民,建立了中华人民共和国,从而开辟了中国历史的新纪元。

经过 8 年抗战,战后的国内形势发生了很大变化。中国共产党领导的革命力量空前壮大,国民党统治区的爱国民主运动进一步高涨。但是,国民党蒋介石政府坚持独裁、内战、卖国三位一体的反动政策。四大家族的巧取豪夺、美国垄断资本的严密控制和经济侵略,以及庞大的内战经费和战争的破坏,使国民党统治的经济危机空前严重。

1946 年 6 月 26 日,蒋介石大举围攻中原解放区,全面内战爆发。从中原我军胜利突围,到西北、华东我军粉碎敌重点进攻,及晋冀鲁豫、东北、晋察冀我军展开战略性反攻,人民解放军经过一年多苦战,歼敌正规军 97 个半旅,112 万人,赢得了随时随地立于主动的战略性胜利。

1947 年 6 月 30 日,刘伯承、邓小平率晋冀鲁豫野战军 12 万大军在鲁西南强渡黄河成功,揭开了我军战略进攻的序幕。经过一年作战,先后打破了敌人的全面防御和分区防御,共歼敌正规军 94 个旅,连同地方部队共 152 万人,解放军的武器装备得到进一步改善,新建立的 35 个炮兵团配备重型火炮 1100 余门,奠定了与敌军主力进行战略决战的基础。

1948 年 9 月 16 日,济南战役揭开了战略决战序幕。中央军委因势利导,逐次发动了具有决定意义的辽沈、淮海、平津三大战役。从 1948 年 9 月 12 日起,到 1949 年 1 月 31 日止,歼敌 154 万余人,使敌精锐丧失净尽,大大加速了解放战争的胜利进程。1949 年 4 月 21 日,我军发起渡江战役,23 日解放南京。渡江战役后,人民解放军迅速彻底追歼残敌,向东南、中南、西南、西北进军,先后解放县以上城市 1000 余座,肃清了敌人在大陆上的残余军队,1951 年 5 月 2 日和平解放西藏。至此,除台湾省外,中国大陆全部获得解放。

人民解放军在解放战争中共消灭敌人 8071350 人,击落敌机 190 架,击毁坦克 156 辆,舰艇 9 艘,缴获各种枪支 3161912 支,各种机枪 319958 挺,各种炮 54430 门,坦克、装甲车 1011 辆,汽车 23028 辆,飞机 189 架,舰艇 200 艘,还有大量弹药和其他装备。

二、创建形成时期的通用装备保障

(一) 土地革命战争时期的通用装备保障

土地革命战争时期我军的通用装备保障工作,是中国共产党独立领导革命战争后的通用装备保障工作,是我军初创时期的通用装备保障工作。这个时期,我们党把马列主义的普遍真理同中国革命的具体实践相结合,从中国革命的特点出发,开辟了农村包围城市的武装斗争道路,创建了人民军队,制定了一条无产阶级军事路线,规定了人民军队的建军原则和人民战争的战略战术。这个时期军队的通用装备保障工作,是随着我军的创立、发展而逐步建立起来的,经历了从无到有、从小到大的曲折历程,发展成为适应人民军队建设和人民战争需要的通用装备保障工作。

1. 组建通用装备保障机构

红军在组建军事、政治机关的同时,也在后勤机构内组建了通用装备保障机构,大多设有军械处、修械所等机构,负责枪械修理等保障任务。从此在我军的历史上,第一次出现了遂行装备保障任务的单位,并将其纳入了后勤的工作范畴和体制。据有关历史资料记载:1927年10月,参加秋收起义的工农革命军在江西宁岗县茅坪步云山白云寺建立修械所,中共东江特委在广东惠丰县中峒乡建立军械厂。1928年4月,成立工农革命军第四军时组建了军械处,下设2~3个科和1个修械所,战时除修械所留在后方归留守处领导外,其余均随部队行动,担任枪械和弹药的收集、计划及分发等工作。1931年12月,中央革命军事委员会总经理部设军械科,后改为供给部军事处军械所。军械科下属兵器仓库、修械厂、兵工厂,负责红军的武器制作、修理、储存和军械物资供应。各革命根据地的部队由军械和军实科(股)负责军械保障,并相继建立修械所。1936年12月,红军三大主力会师后,成立了中央军委总后方勤务部,下设总供给部等机构,总供给部军实处辖军械科。红军军械工作的这一保障体系是今天我军通用装备保障工作组织体制和作业体系的雏形。

2. 组织通用装备保障工作

土地革命战争时期,红军各根据地处于敌人严密封锁和包围之中,部队流动性大,斗争残酷激烈,根据地资源贫乏,红军的保障条件极为艰苦。武器装备的保障主要是取之于敌,利用缴获敌人的武器、弹药等装备来补充自己。据不完全统计,1928年间,红四军缴获枪支3000多支,还有大量弹药和其他军用物资;第一至三次反"围剿"期间共缴获各种枪5万多支,并缴获了大批弹药和军用物资。

土地革命战争时期,通用装备保障的重要任务之一是对损坏的武器装备实施简单维修,虽然保障能力较弱,但对补充部队供应、保障部队战斗,起到了一定作用。为使武器装备得到擦拭保养,在根据地经济十分困难的情况下,军委于1932年规定了各类武器装备擦拭的经费标准,如规定山炮、陆炮每门每月3元;迫击炮、重机枪每门(挺)5角;自动步枪、轻机枪每支(挺)2角;步枪、手枪每支5分。

虽然取之于敌是当时红军武器装备的主要来源,但在革命根据地逐步巩固后,也建立了少量的兵工厂,制造简易武器及弹药,并补充到主要作战部队。例如,光山县的鄂豫皖边区兵工厂,不仅能修理枪械,还能制造手枪、步枪以及枪弹、手榴弹。从 1930 年春到 1932 年冬,共生产手枪 3500 多支、步枪 800 多支。该兵工厂还在黄安(今红安)、麻城等地设立了分厂,为部队维修枪械。

(二)抗日战争时期的通用装备保障

抗日战争期间,中国共产党领导的八路军、新四军和抗日游击队,抗击了侵华日军的大部和几乎全部伪军,打退了国民党反动派的多次反共高潮。中国共产党领导下的人民军队担负任务之重,战役战斗规模之大,作战时间之长,装备保障任务之艰巨是前所未有的。在敌后的艰苦环境中,八路军、新四军发扬独立自主和自力更生的革命精神,通过多种方式保障了战争需要。抗日战争时期军队的通用装备保障工作,比之土地革命战争时期,向正规化方向迈出了一大步。

1. 建立逐级保障体制

抗日战争时期,为适应我军深入敌后开辟根据地,开展游击战争的需要,按照统一领导、独立自给的原则,在后勤系统内建立了由上至下的逐级保障体制。1937年 8 月,中国工农红军改编为国民革命军第八路军,八路军总供给部成立,下设军实科负责军械工作。八路军总部开赴抗日前线后,组建了野战后勤部,在其供给部编成内,下设军实处。在师、旅后勤机关内设置了军需(主管被服、军械)科、股和枪工,而团则在供给处下设置枪工来担负部队的装备保障工作。这种保障思想和组织形成较好地适应了作战的需要。虽然保障能力有较大的局限性,但在保障的组织形式上已经形成了逐级保障的体系。

2. 取之于敌与自力更生相结合

抗日战争时期,八路军、新四军的通用武器装备补充来源主要是依靠取之于敌和自力更生制造简易武器及弹药。武器、弹药仍以取之于敌为主,但根据地已能生产部分炸药、地雷、手榴弹等作为补充。

抗日战争初期,国民党政府曾按国共合作抗日协定向八路军和新四军提供弹药等。例如,1938 年 4 月,八路军曾收到国民政府下拨的 100 万发子弹和 25 万枚手榴弹。但国民党政府为了限制中国共产党领导的抗日武装力量的发展,对八路军和新四军分别按 4.5 万人和 1.8 万人拨付,且经常拖欠和短缺,到 1940 年 11 月就完全停供了。因此,我军通用武器装备来源主要依靠取之于敌。抗日战争中,我军共缴获各种枪支 694726 支,各种炮 1852 门。另外,抗战初期,还大量收集国民党军溃逃中遗弃的大批武器弹药。例如,1937 年 10 月,第 115 师兵站在临汾等地搜集了国民党军遗弃的大批武器、弹药,装备了刚刚组建的部队。

各地起义的游击队,武器装备没有固定和可靠的来源。许多游击队只有九响枪、土造枪、鸟枪、土炮、松树炮、土地雷,甚至是靠梭镖、长矛和大刀;有的是将散存于民间的手枪、步枪集聚起来而拉起的队伍;由正规军编组的游击队,为适应分散活动的特点,也采取轻装轻武器的办法以达"机动灵活"。在弹药补充上,主要靠打小股敌伪军,袭击敌人运送武器弹药的运输队来补充自己。在较大的游击区则设法动员一些工匠建立修械所,修理武器,翻造子弹、手榴弹和地雷等。1937 年底至 1938 年上半年,在鲁中、鲁南、渤海、胶东和滨海等地,随着武装起义的发生,各游击队陆续建立了修械所、炸弹厂等,自力更生地修理武器、生产弹药,以解急需。

为打破日军封锁和国民党限共政策造成的困难局面,中共中央、中央军委决定,以新建立的根据地为依托,努力发展军工生产。从 1939 年上半年起,八路军总部、新四军、晋察冀军区、冀鲁豫军区及其他根据地相继成立军工部,开始把所在地区分散的小型兵工厂和修械所,按专业集中,组成一定规模的专业工厂。八路军总部所在的晋冀鲁豫根据地,依托太行山建立起军工企业 93 个,其中,军械工厂 35 个。晋察冀根据地内各军工厂每月生产的数量达到步枪 320 支、掷弹筒 288 个、炸药 2020 斤、手榴弹 1 万枚、子弹 4.9 万发,在一定程度上弥补了部队武器装备的不足。1941 年 4 月,中央军委发出《关于兵工建设的指示》,不仅八路军、新四军在华北、华中的部队普遍地建立了自己的军事工业,而且在山东军区的鲁中区、鲁南区、渤海区、胶东区和滨海区,也都先后建起了具有相当规模的、适应战场需要的、品种比较齐全的、相对独立的兵工生产体系,生产了相当数量的武器弹药。到 1944 年底,新四军第 1、2、3、4 师兵工生产人员达到 2000 人以上,最高可每月自产步枪、机枪弹 8 万余发,手榴弹 4 万余枚,地雷 5000 余个,迫击炮弹 1500 余发,并研制、改造迫击炮,变曲射为平射、曲射两用,适应了山区和平原作战的不同需要。到抗战胜利前夕,各根据地共拥有固定设备 10 台以上的兵工厂 50 余个,兵工队伍 3 万余人。据统计,这一时期,各军区的兵工厂一般可每月生产步枪 100 支到数百支,手榴弹数万枚,还可生产一定数量的小口径火炮及大量子弹、炮弹、炸药、刺刀等。各军分区兵工厂可以成批生产手榴弹、地雷和炸药,月产量在数万枚到十万多枚。琼崖纵队和各支队也相继建立军械厂,开始生产少量的武器弹药。由于这时战场上缴获大量增加,加上根据地兵工厂生产的发展,到大反攻时,八路军、新四军的主力部队武器装备比过去有很大改善。

3. 建立广泛的兵站线

为了适应通用装备保障在内的后勤保障发展的需要,使前后方交通运输经常不断地进行,八路军、新四军建立了比较广泛的兵站线。由总部制订的《兵站工作条例》指出,"兵站是军队后方勤务工作的组成部分之一,它担负着军队中一切军用物资器材、文件和人员等前后送任务。"其具体任务包括按时输送部队所需粮秣、机械、弹药、服装、工兵器材和人员、马匹等,保证军队战斗和生活需要,随时将前方伤病员、缴获的武器和被俘人员等向后输送等。例如,在黄桥战役中,新四军提前 3 天,用一个化装特务队护送,将皖南军部的 600 箱弹药紧急送往苏北,保证了战役的胜利。百团大战中,为了前送弹药等物资,后送战利品并接待来往人员,临时规定由各分区组建兵站、中站和分站,沿途每 20 公里路设一个地方交通站,各兵站、交通站配备一定数量的民兵和牲口,承担运输勤务,较好地完成了保障任务。

4. 建立并贯彻制度

各部队把制度的建立和贯彻作为通用装备保障工作的重要环节,视为加强军队正规化建设的重要步骤。强调"制度一经确立,任何人不得例外",要求"供给机关人员,要成为执行制度的模范"。1941 年以前,由于八路军、新四军处于频繁的作战环境之中,各抗日根据地长期受敌分割包围,装备保障来源主要依靠部队就地自筹,独立保障,因此供应制度和办法不完善、不健全,管理混乱,制度不严,直接影响装备保障工作的顺利进行。进入 1941 年后,从总部到各部队,以极大的精力抓规章制度建设。1941 年 4 月,八路军野战供给部颁布了《连队供给工作暂行条例》。1942 年 2 月,中央军委制定和颁布了《八路军、新四军供给工作条例》。1943 年 12 月,制定了《简明供给法规》,将供给工作归纳为财政、粮秣、被服、军械和部队生产 5 个方面,并制定了相应规定。1945 年,八路军总部颁布了《第 18 集团军暂行供给法规》,在"军械问题"中,对械、弹等的预算、决算、供给、储藏等制度均做了规定。除上述内容外,作为各章的附则,还分别制定了"实施细则",就各专业的具体工作做了详细规定,并对各类各级供给干部的职责予以明确。各军区、各部队根据这些条例又制定了相应的制度、标准和实施办法。在此期间,八路军和新四军相继建立了一些汽车队,并制定了有关汽车使用、管理和维修的简要规则。由于受战局变化等因素的影响,各项标准制度时有改变,有时甚至不能执行。但这些标准制度对保障部队的供应,加强装备保障工作的管理,促进装备保障工作的发展,都起到了积极作用。

（三）解放战争时期的通用装备保障

解放战争时期,是我军通用装备保障工作发展过程中的一个重要时期。这一时期,部队由抗日战争时期的大分散小集中,逐步走向大集中小分散,特别是缴获了一定数量的火炮、汽车、坦克,组建了炮兵、坦克大队,武器装备的技术含量增加,通用装备保障已经不再是原来意义上的简单地枪械修理,通用装备保障工作的地位和作用更加突出。我军紧紧依靠人民群众,以"一切为了前线胜利"为指导思想,坚持"我军人力物力的来源主要在前线"的原则,克服了重重困难,完成了通用装备保障任务,通用装备保障自身也得到了发展与壮大。

1. 积极进行战前准备

抗战胜利后,面对国内外的复杂局势和国共两党的力量对比,我党提出了"一切作持久打算"的工作方针,通用装备保障工作也依此方针做了大量的准备工作。1945 年 8 月 24 日,毛泽东主席亲笔起草《日寇投降后华中工作方针》的党内指示。其中第 8 条方针是"一切作持久打算,依靠人民;"第 9 条方针是"设法向敌伪购买子弹愈快愈多愈好,同时注意从敌伪撤退区收集军用资材,为持久计。"并在 12 月 15 日,将"一切作持久打算"列为 1946 年各解放区的 10 项工作方针之一,纳入粉碎国民党发动内战的准备工作之中。同时,为适应我军由分散的游击战向集中的运动战转变,我军扩充和加强了野战部队各级通用装备保障机构,在总后勤部编成内下设有军工部,各大军区、野战军设有军械部(处),师、团设有军械科、股,组织武器弹药的修理、制造和供应工作,保证了部队作战需要;加强了通用装备保障制度建设,1945 年 9 月至 1946 年 6 月期间,各战略区都相继制定了军械工作制度等制度,进一步加强了战略区内装备业务工作的制度化管理;进一步发展军事工业,1946 年,各解放区较正规的兵工厂由抗战胜利前的 50 多个发展到 110 多个。

2. 根据战争不同阶段灵活采取通用装备保障方式

在解放战争的过渡阶段和战略防御阶段,我军通用装备保障以经略东北战略后方基地和建立防御作战所必需的军政民一体化保障体制为重点。在经略东北方面,以抢运和转移武器弹药与军工生产设备为主。在沈阳,突击抢运了机器设备 1500 吨、弹药和被服 5000 余马车;在抚顺,抢运机器设备和汽油 240 火车皮,弹药 450 火车皮;在通化,抢运弹药、物资 1000 余火车皮;在南满和北满其他中小城市,抢运物资设备 3000 余火车皮。以从沈阳、通化抢运出来的机器为基础,东北民主联军建起了 4 个兵工厂,不久即生产掷弹筒弹 20 余万枚、子弹 30 万发、手榴弹 12 万枚。在北满,利用从哈尔滨抢运出的机器、物资、器材,分别在鸡西和佳木斯建起7 个兵工厂。东北逐步成为全国解放战争的军事工业基地,共拥有 9 个办事处,74 个兵工厂及 1 所工业学校,大型机器设备 11033 部,职工达 4.3 万余人。为人民解放军提供的武器装备计有:手榴弹 499.5 万枚、子弹 2806 万余发、掷弹筒弹 22.9 万发、炮弹 305 万余发、火炮 3135 门、枪 1 万余支及大批通信、工程器材和军工原材料,还修理枪炮 3 万余支(门)。

1946 年 6 月至 1947 年 6 月,各解放区军民进行了为期 1 年的内线防御作战,主要以集中实施运动战为主,规模大、消耗多、机动地域广、持续时间长,对通用装备保障的要求高。在这种情况下,单靠军队系统的装备力量,很难适应作战保障的需要。为此,从 1946 年下半年起,我军通用装备保障在后勤保障体制内也逐步形成了一种新的军政民一体化的保障体制。军政民一体化的保障体制,就是军队、解放区政府和广大人民群众在统一机构组织下,对战役实施统一保障。首先,把过去军队和地方的后勤及战勤机构合在一起,建立由当地政府和军队联合组成的战勤机构。其次,实行常备民工制,建立了随军常备民工、二线常备民工、临时民工三结合的动员体制,使民工动员和支前工作纳入科学的组织管理之中。再次,完善根据地内兵站和民站线,基本上满足了在运动中保证部队的补给任务的需要。军政民一体化的保障体制的建立与发展,不仅较好地克服了保障力量不足的困难,而且最大限度地强化了保障力度,在总体劣势的物质基础上,达成了一个个具体战役战斗的保障优势。例如,1946年4月至5月的四平保卫战中,在地方党政和人民群众的大力支援下,部队所需弹药及时得到补充,仅自通化一带运往前线的弹药就有20列车(200余个车皮),其中各种子弹8400余万发。

解放战争进入第二年后,我军转入战略进攻,大部分主力部队转入外线作战。为适应部队外线进攻作战的需要,各野战军开始统一组织战略区包括通用装备保障在内的后勤工作,由过去的就地取给、分散保障为主,逐步转变为由战略后方实施统一供应为主,进而向区域统一的装备保障过渡。通过建立战略区后方基地,统一战略区内后勤组织机构,实行战略区统一供应体制,有利于统筹动员整个战区的人力、物力、财力,更好地保障野战军实施外线作战的通用装备保障。例如,晋冀鲁豫军区兴建了迫击炮弹厂、步兵炮弹厂、子弹厂等一批军工企业,1947年6月30日以前,共向刘邓大军补给山炮弹1890发、迫击炮弹8.16万发、炸药8800千克、子弹40万发、手榴弹82万枚;为陈谢大军补给山炮弹800发、迫击炮弹1.8万余发、子弹40万发、手榴弹40万枚、炸药2750千克、炮203门。

人民解放军转入外线进攻作战后,实行了"人力物力的来源主要在前线"的原则,把战场俘获作为军队武器的主要补给来源。为了充分利用战场缴获,还详细规定了各类缴获物资的处理权限和办法,"一切缴获要归公"成为全体指战员必须遵循的法令和自觉行动。据统计,从1947年6月至1948年6月的1年间,总计缴获长短枪59.7万支、各种机枪5.44万挺、各种火炮1.39万门、子弹9135.8万余发、炮弹100.3万余发、手榴弹97.2万余枚、坦克31辆、电台1038部、掷弹筒及枪榴弹筒6028具、火焰喷射器27具以及大量其他物资器材。

1948年秋,解放战争开始进入战略决战和战略追击阶段。我军通用装备保障方式由外线作战阶段的就地取给、取之于敌为主逐步向以后方统一供应为主转变。辽沈战役的弹药主要靠后方生产补给。战前,东北军区后勤部共拨给部队炮弹20万发、枪弹1000万发、手榴弹15万枚、炸药2.5万千克及大批其他物资器材。淮海战役中,后勤部门在后方分别建立军区、野战军和豫皖苏军区弹药库,并在一、二线设置了弹药囤积点。平津战役,弹药主要由沈阳、通辽、阜新等地前运。渡江战役弹药储备标准为,重武器弹 12 个基数、轻武器弹 4 个基数。战役装备保障的统一实施,使各个分散的保障力量和支前力量形成统一指挥、统一部署、统一行动,达成整体保障的合力,实现对人力、物力、财力资源的最充分利用,极大地提高了战役装备保障的能力和效率,为大规模歼灭战的实施奠定了坚实的物质基础。

3. 加强通用装备保障的领导

为了加强对包括通用装备保障在内的后勤工作的领导,中共中央于 1948 年 1 月决定,中央军委副主席周恩来亲自组织领导全军后勤工作。6 月,军委后勤部成立,设军需、兵工军械和兵站运输三个参谋组,其职责是负责协调各战略区的后勤工作。1948 年 12 月 22 日至 1949 年 1 月 13 日,全军后勤工作会议召开,确定逐步实行全军集中统一供应的后勤工作原则,制定了人民军队历史上第一个全军统一的供给标准制度,规定了 1949 年的兵工生产任务,通过了《中国人民解放军各级后勤暂行组织大纲(草案)》,开始为建立全军统一的后勤工作创造条件。随后,军委总后勤部制定了统一的军械保管、移交、统计报告、消耗与补充、检查、修理等制度,为通用装备保障工作的全面建设奠定了基础。

4. 积极组织装甲、火炮、车船、工程等新式装备保障

随着解放战争胜利步伐的加快,缴获敌军装备的数量不断增多,我军炮兵、装甲兵、工兵、防化兵等特种兵部队规模也逐渐增大。解放战争中,我军不仅成立了炮兵师、旅和数十个炮兵团及大量炮兵分队,有些军区还成立了炮兵司令部;不仅有地面炮兵,还有高射炮兵。中华人民共和国成立时,炮兵已有 4 个师部、77 个团、3 所学校及大量分队,各种火炮 2 万余门。早在 1945 年 12 月 1 日,炮兵学校坦克大队(后称东北坦克大队)正式成立,揭开了人民解放军装甲兵的历史序幕。随着战争的进展,坦克部队进一步发展壮大,1949 年 2 月,人民解放军第一个战车师——第四野战军特种兵战车师在天津成立,并在 5 月正式命名为中国人民解放军战车第一师。到建国前,坦克部队已发展至近万人,拥有日、美各型坦克 410 余辆,装甲车 360 余辆。早在 1937 年初,中国工农红军总部有了汽车,在延安创办了摩托学校,为部队培养了第一批汽车专业人才,到 1949 年末拥有汽车 2.2 万余辆,各大军区、各野战军所属汽车团 18 个,汽车修理工厂 15 个,在战争中发挥了重要作用。1947 年下半年,胶东军区成立的烟台海防办事处船队,成为我军第一支陆军船艇部队;1949 年,陆军第 21 军在浙江象山湾,以军械修理所为基础组建了船艇装备保障的第一个船艇修理厂。早在土地革命战争、抗日战争时期,我军就拥有了工兵部队,解放战争时期,各野战军先后组建了工兵团,军、师、团大部分分别建立了工兵营、连、排。为防御国民党军队使用化学武器,华东野战军曾组建了专业分队。对坦克、装甲车等新式装备的保障既无现成设备,又无现成器材,技术力量和保障经验又十分缺乏。为此,我军一是要求部队全体人员,人人学技术,人人参与保障,为正确使用保养武器装备,弥补器材不足打下了基础。二是建立保障机构,实施随队保障,在现地和浅近后方完成修理任务。从而使我军具备了具有现代意义的初期装备保障思想和方法,并以此为基础,对今后我军的通用装备保障的发展起到了积极的推动作用。

三、创建形成时期通用装备保障发展的基本经验

我军的通用装备保障工作,同我军的发展历史一样,是从无到有,从小到大,从分散到集中统一,几经曲折,逐步发展起来的。在一个相当长的历史时期内,根据地被分割,军队分散作战,通用装备保障工作基本上采取集中领导、分散经营、独立保障的原则,有效地保障了军队作战、生活和建设的需要。到了解放战争时期,集中领导的范围更大一些。在中国共产党领导下,在人民群众的大力支援下,我军通用装备保障工作取得了辉煌的成绩,积累了丰富的经验。

(一) 必须始终坚持党对通用装备保障工作的绝对领导

通用装备保障工作必须执行党的路线、方针、政策,经常用马克思列宁主义、毛泽东思想教育部队,不断提高全体装备保障工作人员的政治觉悟和执行党的路线、方针、政策的自觉性。我军通用装备保障工作,从一开始就置于党的绝对领导之下,各级通用装备保障部门都建立了党的组织。这是我军通用装备保障工作的根本制度和光荣传统,是完成各项任务的根本保证。在历次革命战争中,我军通用装备保障工作,在党的领导下,依靠坚强的思想政治工作,把进步的思想灌注到广大指战员之中,发扬艰苦奋斗的精神,战胜了艰难险阻,完成了历史使命。在战争年代,通用装备工作贯彻了"一切为了部队"和"一切为了前线"的思想,开展了"三爱"(爱伤员、爱物资、爱装备)活动和立功运动;加强对干部的政策纪律教育,严格执行三大纪律、八项注意,遵守和执行地方党和政府的各项政策与规定,尊重地方党和政府的工作人员,反对无组织无纪律和本位主义等不良倾向;坚持政治思想工作同各项保障任务相结合,针对战线长、分散执行任务和临时编组多的特点,采取建立临时党组织,指定负责人,业务和思想工作同时布置、检查和汇报等措施;坚持政治和业务的统一,加强思想领导,把思想政治工作渗透到各项业务工作中去,以保证通用装备保障任务的完成。

(二) 必须坚定依靠广大人民群众的支持

人民军队伟力之最深厚的根源,存在于人民之中。我军是来自人民,为了人

民,全心全意地为人民服务的,而广大人民群众把我军当作自己的子弟兵,看成是自己利益的保卫者。人民群众对我军的拥护和支持,是我军战胜困难,取得胜利的根本保证。我军的通用装备保障工作,离开了人民的支援,就不可能完成。在历次革命战争中,人民群众在党和政府的领导下,积极地援助军队,甚至不惜牺牲自己的生命来运送、保护我军武器弹药。特别是在解放战争战略决战阶段的三大战役中,支前时间之长,物资之多,人力之众,达到了空前的规模,给革命战争提供了雄厚的物质基础,创造了可歌可泣的英雄事迹,在我国革命战争史上写下了光辉的一页。

(三) 必须坚持取之于敌与立足于自我相结合

革命战争时期,我军通用装备的来源主要来自于敌人,同时在条件允许的情况下,积极进行军工生产,立足于自我保障。土地革命战争时期,由于条件恶劣,我军的武器弹药主要从敌人手中夺取,仅有极少数的兵工厂及修理工厂。抗日战争时期,我军在积极从日、伪军手中夺取武器弹药的同时,建立和发展了军工生产,创办和扩大了各种类型的军工厂,修理各种枪支火炮,制造各种枪、手榴弹、地雷及部分炮弹,克服了困难,补充和保障了武器弹药,并培养了技术人员。解放战争时期,我军不仅从国民党军队手中夺取武器装备,还在东北等比较巩固的解放区建立兵工系统,为保障部队作战胜利做出了较大贡献。

(四) 必须建立与我军发展相适应的通用装备保障形式

我军的通用装备保障工作,是适应军队的发展需要而逐步建立和健全起来的。尽管在各个历史时期,通用装备保障的组织形式与工作方法是各式各样的,但基本的根据和出发点都是相同的:第一,适应军队的作战形式。在游击战的条件下,人民军队深入敌后作战,无稳定的后方;部队战斗频繁,行动迅速,装备保障主要在战区就地取给,后方补给很少。因此,装备保障组织必须精干,基层装备保障工作要特别坚强,要既利于行动,又能独立自主完成任务。在运动战、阵地战的条件下,一般战役战斗规模较大,持续时间较长,通用装备消耗很大,装备保障任务更为艰巨复杂,无论部队打或走,装备保障都要跟得上。为适应这种需要,就要加强装备保障与各项工作的统一计划性和组织严密性。例如,解放战争时期,为了保证大规模运动战、阵地战的胜利,我军各战略区的军队的装备保障工作,逐步向集中统一过渡。第二,适应军队的组织形式。在革命战争年代,我军有主力军与地方军。主力军是机动部队,一般执行机动作战任务,作战地区不固定,其通用装备保障工作要依托军区、地方。地方军同地方关系密切,机动较小,作战地区较固定,通用装备保障的组织与工作的范围可以扩大一些,根据具体条件,可建立军工工厂等各种部门,除了完成本部队装备保障任务外,还要为主力军解决部分或大部武器弹药。第三,适应具体的环境条件。革命战争年代,我军分布广泛,既有巩固的根据地,也有不巩固的游击区;既有山区,也有平原;等等。大致说来,巩固的根据地和山区,环境比较稳定,通用装备保障组织与工作可以较集中,规模也可以较大。而在游击区,通用装备保障组织与工作就要采取分散、隐蔽、小规模的形式。总的来说,我军的通用装备保障工作,就是从人民军队、人民战争的实际出发,打什么样的仗建立什么样的通用装备保障工作,什么样的军队组织形式建立什么样的通用装备保障工作。

(五) 必须注重通用装备保障制度建设

做好通用装备保障工作,必须建立和健全规章制度,使武器装备的使用、管理有所遵循,以保证最大限度地发挥武器装备的效用。我军通用装备保障工作历史上曾经制定过若干的标准、制度、办法和规程。土地革命战争时期,我军就对武器装备的使用保养规定、业务管理制度等进行了探索。抗日战争时期,中央军委根据抗日战争的形势与特点,坚持统一性与多样性相结合,中央对通用装备保障工作实行统一领导,统一制定方针、政策和基本制度,各部队、各地区根据中央统一的方针和政策,结合当时当地的具体情况,制定具体的规章制度,包括各项供给标准、预决算和审计制度、检查制度,以及分发、储存、保管、统计等制度。解放战争时期,特别是战略进攻阶段开始以后,中央军委加强了通用装备保障工作的集中领导,完善和统一了全军若干通用装备保障制度,如《供给标准制度》、《军械工作条例(草案)》等。这些规章制度,虽然不尽完善,但都是我军通用装备保障各项工作的经验总结,都适应了当时对通用装备保障工作的要求,发挥了历史的作用,也是我军通用装备保障工作走向正规化的基础。

第二节　建设成长时期的通用装备保障

从中华人民共和国成立至1998年总装备部成立,是我军通用装备保障的建设成长时期。在一切为了保障战争胜利、全心全意为部队服务的思想指导下,我军通用装备保障建设取得了重大进展,通用装备保障能力不断提高,为保证军队作战和现代化建设发挥了重要作用。

一、建设成长时期的社会历史条件

(一) 基本完成社会主义改造和全面建设社会主义时期的社会历史条件

中华人民共和国成立以后,人民解放军在继续追歼国民党军队残部,清剿武装匪特,完成解放全中国的任务的同时,着手进行正规化、现代化国防军的建设,还进行了抗美援朝作战。到 1953 年底,解放了全国大陆,肃清了武装匪特,取得了抗美援朝战争的胜利,人民解放军也实现了由单一兵种向诸军兵种合成军队的转变。

新中国建立初期,国际国内形势错综复杂。国际上,世界人民反法西斯战争的胜利,社会主义理论的发展和各国人民民主力量以及殖民地、半殖民地民族解放运动力量的大大增强,为我国革命和建设提供了有利的国际条件。特别是中国革命的胜利,打破了帝国主义东方殖民体系的锁链,使中华民族得到了解放和独立。但是帝国主义特别是美帝国主义,不甘心在中国的失败。在政治上,采取不承认政策,并利用国民党残余势力进行破坏和扰乱。在军事上,悍然发动朝鲜战争,威胁我国的安全;在经济上实行禁运和封锁,妄图把新中国扼杀在摇篮之中。

在国内,新民主主义革命还没有完全取得胜利。在政治上,国民党溃退时在大陆残留的 200 万武装土匪、60 多万特务分子、60 多万反动党团骨干分子和各种反革命势力,进行着各种破坏颠覆活动。官僚资产阶级在政治上已被打倒,但是官僚资本主义企业正在被改造中。在占全国人口 2/3 的新解放区广大农村,土地改革尚未进行,广大农民仍然没有摆脱封建剥削的枷锁,封建地主阶级仍然是反革命复辟的社会基础。在城市和工矿企业中,民主改革尚未进行,国内政治形势十分严峻。在经济上,生产力低下,经济秩序混乱,国家税收有限,整个国民经济是一个千疮百孔的烂摊子。在军事上,国民党尚有 100 多万残余部队盘踞在西南、华南和一些沿海岛屿,妄图等待时机,卷土重来。从军队建设的客观实际看,建国后,人民军队已经开始进行现代化、正规化国防军的建设,对通用装备保障建设提出了新的要求。

当中国人民集中全力为恢复国民经济,巩固新生的革命政权而斗争的时候,1950 年 6 月 25 日,朝鲜战争爆发,战火很快烧到中朝边境。10 月 19 日,中国人民志愿军赴朝作战,同朝鲜军民并肩抗击美国侵略者。从 1950 年 10 月至 1951 年 6 月,中朝人民军队进行了五次大规模的战役,把美国侵略者从中朝边境赶回三八线附近,从根本上扭转了朝鲜战局,迫使美国于 1951 年 7 月 10 日同我方进行停战谈判。经过两年多的谈谈打打、以打为主的斗争,美国不得不于 1953 年 7 月 27 日在朝鲜停战协定上签字。通用装备保障在抗美援朝战争中经受了严峻考验。

1953 年 12 月 7 日至 1954 年 1 月 26 日,中央军委在北京召开了全国军事系统党的高级干部会议,确定了把人民解放军建设成为一支优良的现代化的革命军队的总方针和总任务。会议的召开,是我军从低级阶段向高级阶段发展的一个重大转折,我军进入了正规化、现代化建设时期。我军正规化、现代化建设是在特殊的国际、国内大环境下进行的。

在国际上，中国人民抗美援朝的胜利，使得以美国为首的帝国主义势力遭到第二次世界大战结束最沉重的打击。尽管他们仍然坚持扩军备战、称霸世界的方针，但在短时间内，已无力再发动大规模的侵略战争。中国的国际威望大大提高，与苏联等社会主义国家的关系进一步发展，国家安全环境大大改善。

在国内，历时三年的国民经济恢复时期已经胜利结束，并开始按第一个五年计划进行大规模经济建设。国家经济实力进一步增强，工农业总产值超过800亿元，工农业主要产品产量已经超过建国前最高水平。但是，国家工业化水平仍然很低，其中，现代工业产值还不到总产值的30%。

从军队自身看，经过抗美援朝战争的锻炼和国内三年的由战时状态向建设现代化国防军的过渡，人民解放军进行现代化、正规化建设的基础已经初步确立。1953年，兵工企业开始大规模生产苏式制式武器，5个造船厂也开始仿制5种海军舰艇。人民解放军已开始从长期的"小米加步枪"向"步枪加飞机、大炮"转变。根据全国军事系统党的高级干部会议精神，从1954年开始，人民解放军以建设现代化、正规化国防军为总目标，首先做好调整编制体制、改革军事制度、改善武器装备和加强正规的军事训练等工作。这期间，通用装备保障工作也要"随着军队逐步正规化、现代化的建设，提高到指挥战斗、组织供应、保证战争胜利的更高阶段"。但是，与发达国家的军队相比，在现代化和正规化水平方面，仍有很大差距。从通用装备保障建设上看，需要与可能之间还有很大矛盾。

（二）"文化大革命"时期的社会历史条件

"文化大革命"前夕，经过几年的调整，我国经济的恢复和发展都比较迅速，社会生活比较稳定。在广大群众迫切要求搞好建设，改善生活的时候，1966年5月16日，中共中央政治局扩大会议通过了发动"文化大革命"的《中共中央通知》（即五一六通知）。

这一时期强调的是经济建设为备战服务，提出了建设项目要"靠山、分散、进洞"和"边勘测、边设计、边施工"的方针，造成了人力、物力和财力的巨大浪费和损失。如果按照正常年份百元投资的应增效益推算，10年间国民收入损失达5000亿元。"文化大革命"期间，国民经济的主要比例关系严重失调，重工业由1966年的32.7%上升到1976年的38.9%；而农业同期却由35.9%下降到30.4%；轻工业同期由31.4%下降到30.7%。同时，科学文化事业也遭到严重破坏。从总体上看，整个国民经济已濒临崩溃的边缘。

但是，我国经济社会在极其艰难情况下，仍然取得了一定的发展。从1966年到1976年这10年间，工农业总产值按可比价格计算，平均每年增长7.1%。粮食生产保持了比较稳定的增长,粮食产量 1976 年达 5726 亿斤,比 1966 年增加了 1836 亿斤。建设了一批技术比较先进的大型工业企业,如大庆油田、四川攀枝花钢铁厂、湖北第二汽车制造厂等。科学技术方面取得一批重要成就,在灿型杂交水稻的育成推广、核技术(包括氢弹爆炸成功)、人造卫星、运载火箭等尖端科学技术研究和制造方面取得了丰硕成果。

(三)社会主义现代化建设新时期的社会历史条件

1976 年 10 月粉碎"四人帮"之后,党的十一届三中全会确定了解放思想、开动脑筋、实事求是、团结一致向前看的指导方针,果断停止使用"以阶级斗争为纲"的口号,做出了把党和国家工作中心转移到经济建设上来、实行改革开放的历史性决策。我国进入了社会主义现代化建设的新时期。

党的十一届三中全会以后,我们锐意推进各方面体制改革,在不断深化经济体制改革的同时,不断深化政治体制、文化体制、社会体制以及其他各方面体制改革,不断形成和发展符合当代中国国情、充满生机活力的新的体制机制,为我国经济繁荣发展、社会和谐稳定提供了有力制度保障。我们坚持对外开放的基本国策,打开国门搞建设,加快发展开放型经济,国际竞争力不断增强。

改革开放以来,我军建设实行了战略性的转变。第一次战略性转变是 1985 年邓小平同志做出的划时代的决策:从立足于"早打、大打、打核战争"的临战状态,转到和平时期建设的轨道上来。第二次战略性转变是 1993 年江泽民同志强调把军事斗争准备的基点,放在打赢现代技术特别是高技术条件下局部战争上。以先后裁减员额 100 万和 50 万为标志,我军军体制编制实行了重大变革,朝着"精兵、合成、高效"的方向发展,军队建设正逐步实现由数量规模型向质量效能型、由人力密集型向科技密集型的转变。

为适应改革开放、发展经济的需要,我军先后开放了 101 个机场、29 个港口码头、300 余条铁路专用线、90 余条通信线路和近 500 个边境口岸,还开辟了民用航线 460 条,为支援国家的改革开放事业做出了重大贡献。

二、建设成长时期的通用装备保障

(一)基本完成社会主义改造和全面建设社会主义社会时期的通用装备保障

建国初期,随着人民政权的建立和巩固,国家经济建设的发展,1951 年 1 月党中央和中央军委向全军发出了"为建设正规化、现代化的国防军而奋斗"的口号。我军在装备保障上也仿效苏军建立了相应的装备保障体系,通用装备保障工作有了新的发展。特别是经过抗美援朝战争的实践,我军的通用装备保障积累了丰富的经验。军队进入正规化、现代化建设的新时期以后,我军的通用装备保障工作在中央军委领导下,继承和发扬战争年代的优良传统,贯彻"为国家负责、为部队负责"的指导思想,各方面建设均取得了重要进展。

1. 建立专业组织机构

新中国成立前,由于全军的通用装备保障是以各战区为主组织实施的,因此各级装备保障机构的设置不统一、不健全。新中国成立后,为了适应正规化、现代化国防军建设和组织全军统一供应任务的需要,中央军委在整编军队和建立新的军兵种时,逐步建立军械、装甲、车辆、工程、防化等通用装备保障各专业组织机构。1950 年 1 月,在战略层次成立了中央军委后勤部军械部,在总参谋部统一计划下,负责指导和组织全军的装备保障工作。此后,各军区、海军、空军、第二炮兵也陆续编设军械部,军、师、团编有军械处、科、股,连队编有军械员,形成总部、军区(海、空军)、部队三级管理体制。1950 年 8 月 1 日,中国人民解放军炮兵司令部成立,下设军械部等部门,鉴于全军军械管理工作中炮兵所占比例较大,同年 9 月,总后勤部军械部划拨炮兵建制,改称军委军械部,统一掌管全军的军械工作。1954 年 11 月,军委军械部升格为总军械部,隶属军委炮兵,1955 年 6 月改隶国防部。1957 年 7 月 1 日起,总军械部划归总参谋部,改称总参军械部。1959 年 3 月,总参军械部转隶总后勤部,更名为总后军械部。1950 年 9 月 1 日,装甲兵领导机关成立,编有装甲兵技术部,下辖车务、修理、器材等业务部门,各军区装甲兵也设有技术部,各装甲师、团也都有对口的业务部门。1950 年 1 月,总后勤部成立运输部(后改为车辆管理部),车辆保障工作开始走向统一。1951 年,颁发了《军用汽车管理暂行规则草案》,统一了陆、海、空三军车辆管理的规章制度;初步形成了车辆勤务的组织体系,有效地保障了部队作战和训练的需要。1953 年 9 月,总后勤部车辆管理部编设船舶管理处,随后有关军区相应成立船管科。1951 年 3 月,中国人民解放军工兵司令部成立,统一领导工程装备的管理保障等工作。1952 年,以防化兵组建为契机,成立军委军事建筑部并在军委军械部武器处成立防毒器材科。1953 年,军委军械部武器处防毒器材科扩编为防化学器材供给处。1953 年至 1954 年,志愿军及各大军区、军、师和团成立了防化部队或分队(1955 年成立了中国人民解放军防化兵)。1956 年,成立军委防化学部并将军委军事建筑部改称国防工程建筑部,防化器材供给处转隶防化学部。1959 年,军委防化学兵部转隶总参防化学兵部。各总部及各兵种领导机关的成立,有利于建立统一的组织体制,加强通用装备保障建设。

2. 转变装备物资供应方式

在革命战争年代,人民军队所需的武器装备主要靠取之于敌,利用战场缴获武装自己。新中国诞生以后,人民解放军在完成解放全国大陆、保卫陆海边防作战中,以及中国人民志愿军赴朝参战初期,也经常使用缴获的战利品。这些装备型号杂乱,仅志愿军使用的武器就有 110 种,在 274 种弹药中有 82 个口径,分别产自 24 个国家 98 家工厂。这种状况,很不适应新时期军队作战和建设的需要。为保障军队作战和建设的需要,主要通过进口换装和国内生产订货解决通用装备物资筹措问题。从 1950 年至 1954 年间,中国向苏联购买了各种枪 88.4 万支(挺),火炮 8900 多门,雷达、探照灯 800 多部,观测器材 9.8 万件,枪弹 8.6 亿发,炮弹 1069 万余发;工程车辆 990 多辆和一批防化、爆破器材;另外,还向东欧一些国家购买了枪弹和军械器材。这对保障抗美援朝作战的急需起了一定作用。与此同时,国内兵工生产有了较快的发展,1951 年至 1953 年生产各种枪 66.33 万支(挺),各种炮 1.2 万门,各种枪弹近 15.1 亿发,炮弹 1506 万发,手榴弹和地雷 1590 万个,不仅保障了志愿军出国作战和国防建设的需要,也为以后兵工生产的发展创造了条件。

在此期间,通用装备的供应保障逐步走向正规。一方面,整修、新建了一批军械、装甲器材、汽车材料等仓库,解决了通用装备的储存和保管问题。到 1953 年底,全军共新建 13 座军械库和一批汽车材料等仓库。1950 年 11 月组建装甲兵第 1 中心仓库后,各军区装甲兵和各坦克师、团相继组建了坦克器材仓库,初步形成军委装甲兵、军区装甲兵、坦克师、坦克团 4 级器材储供体系。另一方面,快速建立了正规的供应制度,尤以军械供应制度建设最快。1950 年 5 月,全军第二届军械工作会议提出,全军的军械物资实行集中统一管理。1951 年 9 月,中央军委批准了总后勤部颁发的《军械工作暂行条例》,规定了各级军械部门的任务、组织分工、职责权限及请领登记等事项,使军械物资的供应工作初步走上正规化轨道。1951 年 9 月和 1952 年 4 月,总参谋部先后两次颁发《关于军械部门与各特种兵及有关部门分工规定的通令》,规定陆、海、空军部队所需的通用军械物资,由总部军械部负责统一筹划,各级军械部门组织供应;海、空军及特种兵的专用军械物资则由海、空军和特种兵自行负责筹供。1952 年底,总参谋部颁发《关于统一军械物资管理的规定》,将全军的通用军械物资统计、保管、调拨等工作,均划归军械部统一掌管;对部队、学校、民兵、地方武装和援外所需军械物资,由军械部根据中央军委和总参谋部的指示,按批准的年度计划负责办理调拨手续;调拨给各军区用于训练和作战的武器弹药,军区军械部门依照军区首长指示具体实施分配。这样,我军的军械物资供应工作就形成了统供与专供相结合的供应制度,建立了全军统一计划下的总部—军区和空、海军—部队三级按建制系统分级管理的供应制度。

3. 规范装备管理秩序

人民军队具有爱护武器装备的优良传统。新中国成立后,有些部队曾一度放松了武器装备管理。1950 年,中央军委两次发布通令,要求全军开展爱护武器装备的教育运动,部队武器装备管理状况有了改善。1951 年 8 月,总后勤部颁发了《军械管理暂行规则》,对武器、弹药、器材实行分类储存,制定统一的质量分级标准,采用合理的弹药堆积方法,初步建立科学的储存管理秩序。同期颁发的《军械仓库管理规则》,从库址选择、新库接收、警戒防护、物资储运保管等方面,概括地提出了防险、防火、防潮、防热、防冻、防虫、防腐、防特、防盗、防浪费等十项要求。1951 年 1 月,装甲兵召开首届技术工作会议,研究制定了车场勤务规则、各种制度和暂行规定。同年 7 月,经总参谋部批准,颁发了《中国人民解放军装甲兵车辆勤务与车辆使用条例(草案)》,初步奠定了车场勤务工作的基础。1952 年 10 月,总后勤部转发了《苏联武装部队汽车运用条令》。要求各汽车部队以此为基准开展车管工作。1953 年 4 月,总参谋部、总后勤部联合下发陆军船舶普查鉴定规定。各业务规章制度的确立,推动着通用装备管理工作日趋规范。

进入正规化、现代化建设时期,我军根据部队多年实践和借鉴苏军装备使用管理经验,不断加强制度建设,深入进行爱护武器装备的教育和各种评比竞赛活动,多次开展装备检查和整顿,通用装备管理水平进一步提高。首先,装备管理制度建设得到了进一步加强。例如,1955 年 3 月,总后勤部印发陆军运输船舶管理、修理、保养等三个规则(试行草案),5 月 12 日,总后勤部颁发《陆军运输船舶属具、杂具、工具供应标准(试行草案)》。1957 年,总后勤部汽车拖拉机管理部,根据平战时汽车使用与管理的经验,拟制了《中国人民解放军汽车拖拉机管理条例》(草案),使汽车的使用、管理、维修、训练、器材供应、预防事故和登记统计等专业工作逐步走上正规化的轨道。1960 年 6 月,总后勤部颁发《陆军船艇管理制度》。1963 年,颁发了《中国人民解放军装甲兵技术工作条令》,总结了十几年装甲兵技术工作的经验,阐明了关于坦克使用、维护修理和器材等工作的基本原则,规定了计划制度、质量检查制度、技术安全制度、责任制度等主要规章制度。其次,深入进行爱护武器装备的教育和各种评比竞赛活动。1956 年 2 月,国防部要求全军建立和健全维护、保养、检查制度,使每个军官、士兵了解和掌握所用武器装备的构造、性能及使用、维护方法。为保证各项规定的落实,中央军委和总参谋部还根据不同时期的实际情况,对加强武器装备管理和爱护武器装备教育,提出了不同要求,做出了具体规定。1958 年,全军开展了武器装备"四无"(无丢失、无损坏、无锈蚀、无霉烂变质)单位评比活动。1960 年,"四无"作为部队武器装备管理的基本要求,正式写入《连队管理教育工作条例》。第三,根据通用武器装备发展状况,战备形势的需要和管理中发现的问题,在全军多次开展了对武器装备的检查和整顿。1955 年,国防部和总参谋部为了掌握全军对苏式武器装备的使用和管理情况,对全军的武器弹药器材组织了一次技术大检查。总参谋部在 1961 年、1962 年对全军武器装备进行了一次大检查;1964 年,又对战备值班部队和守岛部队进行了战斗装备普查;1975 年,对进口和国产主要武器装备的使用和保管情况进行了重点检查。每次检查,既肯定了武器装备管理的成绩,总结了经验,又发现了问题,制定了改进措施。第四,完善供应方法。1959 年 3 月,总参谋部、总后勤部确定全军装备、训练、业务使用的弹药由过去分别供应改为统一供应。1964 年初,实行陆、海、空军,公安部队及院校的通用弹药,均由所在各大军区统一组织划区供应。1957 年以前,军械维修器材主要由总部军械部统一筹措,对部队进行实物供应。1957 年 10 月,总部军械部统一制定各类军械维修器材的供应标准,实行总部、军区(军兵种)、部队三级军械部门分别筹供不同类型物资的办法,使实物供应与经费供应结合起来,调动了各级的积极性,保证了及时准确的供应。装甲部门自 1959 年起实施器材保障统一计划,分级负责,定额供应的办法,并修旧利废、开源节流,使器材供应逐步好转。车辆部门积极筹措,一方面扩大器材来源,另一方面开展收旧利旧活动,规定汽车部(分)队收旧器材修复利用率必须达到 50% 以上,器材自给率不断提高。

4. 全力做好战时通用装备保障

抗美援朝战争中,我军遇到了自创建以来从未遇到过的对手和从未遇到过的挑战。同我军进行的以往战争相比,由于作战对象和作战环境发生了根本性变化,我军的通用装备保障呈现出新的重要特点:一是各次战斗的主要装备消耗远远超过国内各个革命战争和抗日战争时期的历次战斗消耗;二是通用装备保障物资来源由多渠道筹措转变为依托战役供应为主;三是车辆等现代化武器装备所占的比例增大,维修保障任务加重。针对上述情况,我军进一步加强了对通用装备保障的研究,确立了按建制实施保障的体制和各级保障力量尽量靠前配置的指导思想,采用现地修理与后送修理相结合的方法实施保障。上述做法,形成了环环相扣的保障体系,提高了持续保障能力,并使通用装备保障与部队的战斗紧密地融合成一个整体,提高了保障的时效性。抗美援朝战争初期,由于储备数量有限,加之敌机封锁,前运困难,物资供应难以充分保障。1951 年底,依照周恩来总理的指示,在朝鲜境内紧急储备了三个月的弹药需要量,到 1952 年初,志愿军完成从前沿到后方的弹药储备任务,被动局面逐步好转。

通用装备修理最初因工具设备不全和备件材料供应不足,致使战损武器的修复率很低,枪械修复率仅为 5.8%,火炮修复率只达 16.1%。1951 年下半年,志愿军各级军械修理机构陆续完善,形成了志愿军后勤修械厂、军修械所和炮兵师修械所三级修理体系(当时步兵师没有编修械所);同时,还组织军械修理工厂和地方军工厂到前线部队进行巡回修理。由于修理力量明显加强,军械装备修复率显著提高,枪械修复率达到 62.5% ,火炮修复率达到 81.2% ~91.3% 。到战争后期,志愿军大力开展阵地抢修,部队修械所自修的枪械达 91.6% ,火炮达 86.6% 。在上甘岭战役中,炮二师组织精干的修理小组,到阵地巡回修理,历时一个月,共抢修火炮 24 门次,保障了部队持续的作战能力。至 1953 年,共修复、收集各式防毒面具 30 余万具,防毒眼镜、防毒油膏 100 余万件和少量防毒衣,并制作防毒口罩 30 余万套。这些"杂、土、洋"器材经过处理,用于对美军使用化学武器进行化学防护及部队和院校训练。抗美援朝战争通用装备修理保障的实践证明,我军的通用装备保障已经较好地适应了现代战争的需要。

5. 实现通用装备制式化和国产化

正规化、现代化建设时期,我军仍然从国外进口了部分武器装备。例如,1955 年苏军从旅大撤走时,以折价方式移交各种枪 194 支(挺)、火炮 1113 门,枪弹 17.1 万发、炮弹 81.1 万发,军械器材 8127 件,防化器材 6.5 万件等武器装备。以后我军还从国外进口了少量军械装备和样品。在从国外进口武器装备的同时,我军开始仿制苏式装备,并逐步实现了国产化。早在 1950 年 10 月,东北兵工部门开始仿制苏联 1941 年式冲锋枪及枪弹。这种枪,经毛泽东主席批准命名为"50 式冲锋枪"。1951 年大量投产后装备部队。1953 年,周恩来总理批准了 1953 年至 1957 年第一个兵工生产五年计划,从此,国内兵工生产进入了有计划地仿制苏式装备的新阶段。1953 年至 1955 年,成批生产的产品有各种枪械、火炮、弹药及器材共 70 余种。到 1955 年底,军队用进口和国产的新式装备,更换了旧杂式装备,初步实现了通用装备的制式化。1958 年,开始进行全军第二次大规模换装,到 1965 年底,全军的通用装备基本实现了国产化,武器装备的现代化程度有了明显提高。

6. 加强维修保障能力建设

随着通用装备数量的不断增加,装备维修保障需要也在增加,迫切要求加强维修保障能力建设。为此,通用装备保障相关部门,大抓修理分队、修理工厂建设,大搞技术革新,修理质量不断提高,维修保障能力不断加强。军械部门组织广大修理技术人员,积极研究改进修理方法,改革修理工艺,研制修理机工具。军械修理工厂改造落后设备,建立修理专用线,改变小手工业的生产方式和落后的修理方法;部队修械所按军队统一标准,配备和补充了修理设备和工具,积极开展技术革新活动,研制应用了一批专用工具,并普遍建立了计划预防修理制度,把装备的修理和日常的维护保养紧密地结合起来,提高了军械装备的可靠性和使用寿命。装甲部门大力开展技术革新运动,培养了一大批大、中修技术骨干,部队修理能力明显增强,修理质量不断提高。车辆部门确立了"保养为主、修理为辅"的保障原则:①在维修上实行工厂修理和部队修理相结合,在军、师、团建立修理分队,担负车辆小修、中修任务,总部和大军区的修理工厂,担负车辆大、中修任务。②建立保养制度,按行驶里程实施以清洁、紧定、调整、润滑为主要内容的三级保养制度,并开展以保养为中心的年度车辆普查整顿工作。③改进保养方法,提高保养效率。各修船厂和修理所在维修木质船的基础上,向维修钢制船转变。工化装备维修保障能力也得一定提高。

(二)“文化大革命”时期的通用装备保障

“文化大革命”时期,我军的通用装备保障建设遭到前所未有的冲击,但也得到一定程度的发展。

1. 遭受重大冲击

科研和生产秩序被打乱,工厂停工,设备遭破坏,已经开始实施的科研和生产规划被迫中断,武器装备研制和生产的规模和水平远远不能适应军队的需要。部队通用装备严重缺编。截止 1973 年,大口径火炮即使按 4 门制的编配标准,也未全部按编制配齐;1/3 的坦克团只有 40 ~ 50 辆坦克,全军缺编坦克 1280 辆。与此同时,许多性能相当落后的装备不能淘汰,一些火炮、坦克还是苏联 20 世纪 30 年代的产品,团以下部队大量以骡马为运输工具。另外,否认掌握技术和技能的必要性,部队装备使用混乱,管理不力,严重失修的坦克、火炮、车辆占现役装备相当大的比例,器材供应紧张,车辆事故发生较多。储备的装备品种长短不齐,遇有紧急情况不能配套装备部队。

1967 年 5 月 19 日,63 式自动步枪列入军队装备体制,但由于“文化大革命”的影响,没有达到预期的质量和技术标准,部队普遍反映其精度差、故障多,射击时向后喷火,并多次发生炸壳现象。1978 年,63 式自动步枪被迫全部淘汰。1974 年,部队开始试用的 67 式轻重两用机枪,发现不少质量问题,不得不重新设计,直到 1978 年改进后的 67 - 1 式重机枪定型并装备部队。1974 年设计定型的 74 式班用机枪同样存在待解决的质量问题,不能按计划取代 56 式班用机枪。当时,总后勤部提出“军械、汽车大修不出师”,装甲兵提出了“三不出”(即坦克大修不出师、中修不出团、小修不出连),各级修理人员技术水平和设备条件的限制,使修理质量明显下降。这些都深刻地反映了“文化大革命”对通用装备建设的消极作用。

2. 通用武器装备得到一定发展

人民解放军的通用武器装备在这一时期有所发展,某些方面甚至取得长足的进步。到 1975 年底,人民解放军拥有的国产装甲车辆、工程机械、火炮等已分别占全部装备的 75% ~ 97%。各种枪械,通信、防化装备和舟桥、渡河器材则全部实现国产。

20 世纪 70 年代初,人民解放军火炮的数量较之 20 世纪 60 年代初增加了 1 倍,性能也有改进,反坦克武器在"文化大革命"的 10 年中得到较大发展。1969 年,65 式 82 毫米无后坐力炮和 69 式 40 毫米火箭筒开始装备部队。根据装备体制要求,在此期间设计定型的反坦克武器还有 70 - 1 式 62 毫米单兵火箭、73 式 100 毫米滑膛炮以及 75 式 105 毫米无后坐力炮等。1971 年,炮兵部队装备的 82 毫米以上口径压制火炮数量比建国时增加近 4 倍。步兵师装备的压制火炮一次齐射弹丸总质量和有效杀伤面积分别比 1956 年增加 3.2 倍和 1.95 倍。到 1972 年,全军拥有各型高炮 1 万余门,其中国产炮占绝大多数。由于炮瞄雷达、指挥仪等有了相应发展,高炮部队的全天候作战能力大大加强。

坦克、装甲车辆得到发展。1974 年,装有 100 毫米线膛炮和双向火炮稳定器的 69 式中型坦克设计定型。这种坦克的射击精度、夜视性能和机动性等都比 59 式中型坦克有改进。同时,1968 年至 1973 年,一批与坦克配套使用的战斗保障车辆和技术保障车辆研制定型,包括坦克牵引车、坦克抢救车、坦克修理工程车等。这些配套装备提高了部队的保障能力和装甲车辆的战场再生能力。20 世纪 70 年代初,人民解放军拥有的坦克数量仅次于苏联和美国,居世界第三位。

在主战武器系列逐步发展和完善的同时,工程、雷达和防化等主要保障装备的战术技术水平也有明显进步,从而保证了作战、训练等任务的完成。1969 年珍宝岛战斗以后的几年中,69 式磁性定时雷、69 式防坦克地雷、72 式防坦克地雷、74 式火箭布雷车等地雷爆破器材先后研制成功。62 式重型舟桥、63 式轻型舟桥、69 式机械化桥、74 式重型舟桥和特种舟桥这一时期陆续装备部队。20 世纪 60 年代中期以后,64 式履带式挖壕机、74 式轮式挖掘机、74 式轮式推土机、74 式轮式装载机等工程装备陆续仿制或研制成功。基于对未来战争中,可能遭受原子、化学、生物武器袭击的设想,防化装备的研制和生产得到了必要的重视。1964 年,符合中国人头型、质量小、防毒性能好、佩戴舒适、能通话的 64 型防毒面具研制成功,1966 年装备防化部(分)队。1971 年和 1975 年,65 型防毒面具和 69 型防毒面具先后装备部队。1975 年定型了 75 型核爆炸观测仪,用以装备防化部(分)队。防化侦察车、70 型辐射仪、74 型丙种射线报警器以及 75 型射线指示仪、62 型个人剂量检查仪先后设计定型,陆续装备部队。

3. 提高供应保障能力

1969 年以后,总部给军区掌握的机动弹药增至 1 个基数,进一步提高了军区保障能力,便于战区自行调剂余缺和实施就近供应,使弹药供应更加符合平战结合要求。20 世纪 70 年代,在军械物资储存供应方面,重点抓了武器、弹药的补缺配套,加强对反坦克、高射武器弹药和大口径火炮弹药的供应,并按照纵深梯次配置、便于机动的原则,对储备布局进行了调整,使其适应了当时战备任务的需要。装甲兵根据"坦克器材供应应以战区为主"的原则,从1970年开始建设了一批坦克配件工厂,使器材缺项、供应紧张的矛盾得到缓解。1972年9月,总后勤部车管部门将器材供应方法由统一筹措、分级供应改为由总部统一订货,分签合同;军区、军兵种和部队分工筹措,按级负责供应,调动了各级业务部门的积极性,克服了过去统得过多、管得过死的弊病。1974年1月29日,南海舰队奉命执行西沙自卫反击作战任务时,广州军区后勤部装备部从军区后方基地和海南地区仓库共发出弹药696吨,及时补充了作战部队的急需。

(三)社会主义现代化建设新时期

1976年"文化大革命"结束后,特别是1978年12月中共十一届三中全会后,我国全面改革开放,进入了社会主义现代化建设新时期。随着我国工作重点的转移,我军建设指导思想也实现了战略性转变,进入以现代化建设为中心,全面加强军队革命化、现代化、正规化建设的轨道。通用装备保障也随着国家军队的调整改革不断调整改革,在保障军队建设和作战任务中,加强自身建设。社会主义建设新时期,我军通用装备保障工作重新确立了以现代化为中心的正确道路,在全面整顿的基础上,逐步推进各项改革,开创了通用装备保障建设的新局面。

1. 加快通用装备更新换代步伐

1976年10月以后,国防科学技术研究和军工生产逐步恢复,新式通用装备的研制、生产有了较快的进展,并取得一批成果。在"六五"计划期间,人民解放军开始有了第一代国产反坦克和防低空的导弹系统、频率捷变炮瞄雷达、步兵侦察雷达系统、微光观测器材、激光测距仪,以及采用电子计算机技术的地炮指挥系统等新式装备。坦克采用多种先进技术,增大了威力,缩短了射击反应时间,提高了野战和生存能力,并研制生产了一批与坦克配套使用的坦克装甲指挥车、抢救牵引车、坦克架桥车、修理工程车。国产第一代军用越野汽车先后装备部队,淘汰了苏式和杂牌车辆,到20世纪80年代,军用车辆实现了国产化。到80年代,具有中国特点,品种比较齐全的工程装备已基本形成,技术性能明显改善,如探雷、布雷、扫雷以及攻坚爆破使用的装备,79带式舟桥和汽艇、84式重型机械化桥等舟桥渡河器材,82式军用推土机等野战工程机械,84式伪装网等伪装器材。防化装备形成了以基本品种为主,观测、侦察、防护、洗消配套的防化装备体系。1984年,中华人民共和国建国35周年阅兵时,展示出中国自行研制生产的新型大口径火炮、装甲履带式自行火炮、多管火箭炮、新式导弹系统以及各种通用装备,标志着我军通用装备技术水平有了新的提高。此后,围绕部队建设急需,坚持缩短战线、突出重点的原则,不断加大通用装备科研的投入,通用装备的更新换代步伐大大加快,新型自行火炮、雷达、大型导弹和自动化指挥控制系统等新装备陆续列装,呈现出系统配套、系统发展的新局面。

2. 提高通用装备管理水平

"文化大革命"结束后,通用装备管理重新得到加强。一方面,加强了管理制度建设。有关部门陆续颁发《部队武器装备管理规定》《关于野战条件下武器装备管理要求》《陆军雷达技术勤务保障规定》《陆军战术导弹装备技术管理规则》《坦克技术工作条令》《中国人民解放军车辆管理条例》《中国人民解放军陆军船艇条例》《中国人民解放军陆军单船(艇)管理规定》等文件,恢复和发展了过去行之有效的规章制度。另一方面,加强了库存和部队通用武器装备的管理整顿。1978 年9 月至1981 年11 月,对库存武器装备进行了全面的检修保养,解决了武器装备的生锈、缺件、坏件,油液变质、漏油、漏液、漏气等问题。1980 年,总参谋部、总后勤部颁发《部(分)队装备管理好的五条试行标准》,要求基层单位的干部对所属分队的各种装备,入伍一年以上的战士对所使用的装备做到会使用、会检查、会保养、会排除一般故障(简称"四会")。此后,各部队普遍开展了"四会"考评。从1980 年起,用三年时间对部队装备进行了检查整顿。整顿中,各部队按"三分"(携行、运行、留守)、"四定"(定人、定物、定位、定车)、"一垫五不靠"(下垫枕木、四周及堆顶不靠墙壁和顶篷)的办法,将物资分类存放,做到有账有卡、账物相符,并检修了大量的枪械、火炮、坦克、装甲车、汽车等装备,各类装备的完好率分别提高了10% ~15% 。与此同时,爱护武器装备、管好武器装备的教育和"四无"评比活动又在全军部队开展起来。从1978 年起,还广泛开展了"坦克标准车""红旗车驾驶员""红旗船员""红旗船"等活动,取得显著成效。通过一系列的有效措施,各级领导对装备管理的重视程度有了提高,广大指战员爱护武器装备的自觉性有了增强;恢复和完善了装备管理的规章制度,提高了管理水平;装备保管条件有了较大的改善,全军约有三分之二的火炮、雷达等装备有了库房,连队兵器室的设施也比较完备,装备严重失修的问题基本得到解决,通用装备管理水平进一步提高。

3. 提高通用装备维修保障能力

"文化大革命"结束后,我军通用装备保障相关部门在军内修理工厂、器材供应及维修技术革新等采取了一系列措施,恢复并进一步提高了通用装备维修保障能力。在修理工厂建设方面,1977 年,国务院、中央军委要求加速军内修理厂的建设,在1985 年前,逐步建成按大军区配套的修理能力。为此,总后勤部专门拨出经费,改建和扩建了各修理工厂的一批老厂房和修理车间,部队修理分队改建、新建了工房,基本上实现了大区范围内的综合配套。各修理工厂生产管理、技术管理、质量管理、财务管理等规章制度进一步健全,管理水平进一步提高。1979 年以后,在器材供应方面,总后勤部军械部除了对 400 多种大型备件实施统筹统供外,把部队需要量大的维修器材 7000 多个品种交给军区(军兵种)和部队自筹自供;1987 年,总后勤部军械部又把 400 多种大型备件和每年的维修器材经费拨给军区(军兵种),由他们建立供应中心,自筹自供,总后勤部军械部只负责组织军区(军兵种)和部队直接向国防工业部门订货。在装甲器材方面,在大抓坦克器材生产供应的同时,还进一步加强了坦克器材仓库的建设,完善器材管理手段,颁发了《坦克装甲车辆专用配件各级库存周转标准和配备办法》《装甲兵器材仓库业务管理制度》《装甲兵器材仓库建设标准》和《机械化建设验收标准》等,使装甲兵的器材工作更加规范化和制度化,有效地保障了部队训练和战备的正常进行。总后勤部制定、颁发了船艇器材供应标准,建立起总后勤部、军区和部队三级供应体制,积极进行器材筹措,并组织军内工厂生产一部分船艇主机配件及其他器材,较好地保障了船艇维修的需要。1992 年,车船部同军交部合并,成立总后勤部军事交通运输部。在总部和军区(军种、兵种)两级设立军车监理所(站)和器材供应站(20 世纪 80 年代后期称器材供应中心)。1996 年,总后勤部下发了军队车船器材筹措供应管理暂行规定。工化等器材供应也都进行了调整改革。在技术革新方面,通用装备维修积极采用新技术,使修理技术手段得到明显改进。1978 年以来,全军大力开展自动检测技术的研究应用,提高了检测效率,加快了装备检测仪器化的步伐。20 世纪 80 年代以来,军械研究所和各级军械技术人员,又先后研制出一代可靠、实用、先进的性能检测和故障诊断设备、第二代修理工程车和方仓等主要保障装备。装甲装备采用了等离子喷涂工艺、刷镀技术等先进工艺。车辆装备开发了体积、质量小,快速灵活,一机多用,操作方便的机工具和检测仪器。船艇装备建立了各类船艇维修工艺。同时,通用装备保障各专业运用现代维修工程理论,以确保装备的可靠性为中心,开始进行了视情维修等装备修理的改革,增强了通用装备维修保障能力。

4. 组织战时通用装备保障

1979 年初,中越边境自卫还击作战中,各级机关和部(分)队在"一切为了前线,一切为了胜利"的思想指导下,表现出顽强的战斗意志和良好的精神风貌,较好地完成了通用装备保障任务。①保障大部队长距离输送,在使用火车的同时,在战役后方和战区内集中 10 多个汽车团,并动员 1.1 万辆地方支前车辆,保障大部队摩托化开进和完成其他运输任务。②组织通用装备供应。向广西、云南两个方向调运、储存大批弹药及其他物品,其中弹药战前调运、储存量为实际消耗数的 6

倍,基本做到枪、炮不缺弹。③搞好技术装备的保养和抢修。战前,对部队的武器、车辆等技术装备逐台逐件地进行检修和保养,保证轻武器、火炮、光学器材的完好率达 100% ,车辆完好率达 98% 以上,坦克参战率达 95% 。作战期间,采用伴随修理、巡回修理和定点修理等办法,检修保养车辆 3.3 万余台次,修复火炮 3400 余门、轻武器 3900 余支(挺),并使 75% 的战伤坦克恢复了战斗力。

在保障过程中,修理保障主要是组织各方面的修理技术力量,做到战前全面检修,战中实施阵地抢修。各级修理机构逐级前伸,重点搞好火炮的阵地抢修和车辆的伴随保障,积极开展换件修理,提高了一线部队武器装备的修复率。参战部队各类修理机构,向下逐级加强力量,实施伴随修理和阵地抢修。某炮团在作战中发射炮弹 1.2 万余发,发生火炮故障 337 次,都及时排除,没有 1 门炮离开火线。对穿插和攻坚的营、连步兵分队的技术保障,通常是把团修理所的主要力量加强到营、连,紧跟部队开展伴随保障。为了保证车辆在运行中能迅速排除故障,各部队采取以伴随修理为主的方法。军、师、团一般把修理力量编成 3~5 人的伴随保障组,配属运输分队,实施修理保养。坦克部队还组织战地修理所和一线抢修组进行抢救抢修。军区派出的抢修力量一般在战区后方开设修理站,负责抢修过往车辆和战场上伴随保障组难以修复的车辆。除了战损枪械和团属火炮以补充为主以外,军、师火炮和战损车辆主要采用换件修理的办法,损坏严重的车辆则实行拼装修理。为此,军区在后方修理点储备了车辆大小总成和军械大型备件,部队修理所储备了小件总成和零配件,并加大了某些易损配件的储备量。

三、建设成长时期通用装备保障发展的基本经验

建设成长时期是新中国成立后我军通用装备保障发展的一个重要阶段,既有通用装备保障的全面快速发展,又有"文化大革命"等的干扰与影响。这一时期,我军通用装备水平得到较大提高,并在完成作战保障中不断成长完善。

(一) 必须建立相对集中统一的通用装备保障体系

建立集中统一的组织体制,是我军一贯的通用装备保障建设指导原则。在战争年代,由于各方面环境和条件的限制,"集中统一"主要体现在全军通用装备保障工作方针、政策方面的统一和供应标准的大体一致。建立集中统一的通用装备保障体系,包括统一领导、统一组织、统一计划、统一供应。新中国成立后,为了适应正规化、现代化国防军建设和组织全军统一供应任务的需要,中央军委在整编军队和建立新的军兵种时,逐步建立军械、装甲、车辆、船舶、工程、防化等通用装备保障各专业组织机构,相对统一了通用装备保障的编制体制。在此期间,通用装备各

专业部门的供应保障逐步走向正轨,确定了全军统一计划下的统供与专供相结合的供应制度,统一的供应标准,建立起相对集中统一的通用装备保障体系。随着我军组织机构的调整变化,通用装备保障各部门的隶属关系也相应发生变化,但都基本保持了通用装备保障的集中统一。

（二）必须把"为国家负责,为部队负责"作为通用装备保障建设的重要指导思想

"为国家负责,为部队负责"是我国进入社会主义建设时期以后,中央军委确立的第一个后勤建设指导思想。通用装备保障当时作为后勤工作的重要组成部分,也贯彻落实了这一指导思想。"为国家负责,为部队负责",是对社会主义建设时期军队建设与国家经济建设关系的一次初步的规范和调整。在这一思想的指导下,在大力压缩军费开支,支援国家经济建设的同时,合理使用有限军费,保证军队建设重点。在通用装备方面,优先保障装备购置费,1955 年和 1965 年全军两次换装,通用武器装备基本上达到制式化和国产化;优先保障武器装备的修理和国防工程建设及维修,建设了大批军械仓库,保证了战备需要;优先保障了抗美援朝、炮击金门、中印边境自卫反击作战、东南沿海紧急战备等作战行动和军事演习。在改革开放的新形势下,面对国家工作重点转移和军费在国家财政支出中的比例不断下降的客观情况,通用装备保障建设服从和服务于大局,坚持忍耐中求发展,把保障重点放在军队现代化建设的急需上,并坚决支援国家经济建设。重点保障通用装备建设,使部队通用装备现代化水平不断提高;重点保障教育训练,使部队教育训练工作不断发展;重点保障主要作战方向基础设施和应急机动作战部队的建设,使部队应付突发事件的能力不断加强。"为国家负责,为部队负责"思想的贯彻落实,较好地适应了形势、任务发展变化的需要,保障了军队现代化、正规化建设的顺利进行。

（三）必须把不断提高通用装备技术水平作为通用装备保障建设的重要基础性工作

在革命战争年代,我军大部分武器装备是从敌人手中夺取的,通用装备的技术水平很低,自己制造的部分武器装备技术水平更低。建国后,我军大力提高武器装备现代化,通用装备技术水平有了很大提高。在从国外进口武器装备的同时,发展国内兵工生产,仿制苏式装备,并逐步实现了国产化。到 1955 年底,军队用进口和国产的新式装备,更换了旧杂式装备,初步实现了通用装备的制式化。1958 年开始进行全军第二次大规模换装,到 1965 年底,全军的通用装备基本实现了国产化,武器装备的现代化程度有了明显提高。到 1975 年底,人民解放军拥有的国产装甲

车辆、工程机械、火炮等已分别占全部装备的 75% ~ 97%。各种枪械,通信、防化装备和舟桥、渡河器材则全部是国产的。在主战武器系列逐步发展和完善的同时,工程、雷达、防化等主要保障装备的战术技术水平也有明显进步,从而保证了作战、训练等任务的完成。在这一时期,维修技术手段也得到了改进。部队逐步采用苏军的修理技术规范,进口了一些仪器、设备、工具,积极研究改进修理方法、改革修理工艺、研制修理机工具,修理技术条件开始有了改善。到 20 世纪 60 年代中期,部队的修理技术装备开始向小型化、野战化、多用途的方向发展。

（四）必须把完成作战保障任务作为推动通用装备保障发展的重要动力

建设成长时期,我军根据中共中央、中央军委的战略决策,先后进行了多次作战,主要包括 1949 年 10 月到 1951 年 12 月向陆、海疆进军,统一祖国大陆的系列作战行动;1950 年 10 月至 1953 年 7 月的抗美援朝战争;1955 年 1 月的解放一江山岛作战;1955 年 8 月开始的炮击金马作战;1959 年 3 月至 1961 年的平息西藏武装叛乱作战;1962 年 10 月至 11 月的中印边境自卫反击作战等。各级通用装备保障部门,在各地政府和人民群众的大力支援下,因时、因地、因战制宜,分别采取各种不同的保障措施,有效地保证了各次作战和进军的胜利,积累了丰富的通用装备保障经验,促进了通用装备保障工作的发展。例如,抗美援朝战争中,实行划区供应与建制供应相结合的供应体制、建设"打不烂、炸不断的钢铁运输线"等思想;一江山岛作战对现代条件下实施渡海登岛作战通用装备保障一般规律的科学认识;中印边境自卫反击作战特殊地理条件下实施通用装备保障的宝贵经验等都对以后通用装备保障的建设发展起到了重要的推动作用。

第三节　创新发展时期的通用装备保障

1998 年总装备部成立后,全军通用装备保障的发展进入了创新发展时期。在中央军委和总装备部党委的正确领导下,全军通用装备保障工作始终以党的创新理论为指导,以新时期军事战略方针为统揽,以反"台独"军事斗争准备为龙头,以"两成两力"建设为中心,圆满完成了军委和总装备部党委赋予的各项任务。

一、创新发展时期的社会历史条件

1998 年以后,特别是进入 21 世纪以后,我国进入了一个新的历史时期。2002 年,党的十六大指出,"综观全局,21 世纪头 20 年,对我国来说,是一个必须紧紧抓住并且可以大有作为的重要战略机遇期。"国际上,21世纪初叶,周边和国际环境总体上对中国相对有利,我国有可能争取到一个较长时期的及平发展大环境。这个战略性的大判断是有根据的。国际格局多极化和经济全球化的趋势及我国加入WTO,为我国带来了广泛参与国际分工、合作及利用境外资源及市场的新的机遇。以信息技术、生物技术等为标志的新科技革命的兴起,使我国面临生产力跨越式发展的历史机遇。国内,20多年改革开放的成就和经验,处在发展完善过程中的市场经济体制,比较稳定的社会环境,为一个新的发展期提供了必要的社会保证。2010年,党的十七届五中全会进一步强调:"综合判断国际国内形势,我国发展仍处于可以大有作为的重要战略机遇期。"

战略机遇期,不是保险期。为了清醒地把握和抓住机遇,必须充分估计困难和风险。国内的物质基础底子还很薄,国内深层次的不平衡、不稳定因素不容忽视。国际上,美国企图确立全球霸权,几个"火药桶"对我国有潜在威胁,我国台湾形势存在着不确定性和风险。我们还必须有准备地应对各种突发和不测的事件与灾难。

为适应国际战略形势和国家安全环境的变化,迎接世界新军事变革的挑战,我军按照建设信息化军队、打赢信息化战争的目标,深化改革,锐意创新,加强质量建设,积极推进以信息化为核心的中国特色军事变革。我军把信息化作为现代化建设的发展方向,逐步实现由机械化、半机械化向信息化的转型,推动火力、机动力和信息能力的协调发展,加强以海军、空军和第二炮兵为重点的作战力量建设,全面提高军队的威慑和实战能力。按照精兵、合成、高效的原则,以组织结构调整和指挥体制改革为重点,建立和完善规模适度、结构合理、机构精干、指挥灵便的军队体制编制。2003年9月,我国政府决定,2005年前再裁减军队员额20万,军队总规模将保持230万人。这次裁军在压缩规模的同时,着重优化结构、理顺关系、提高质量。

我军立足于打赢信息化条件下的局部战争,突出加强武器装备建设。陆军的武器装备在火力压制、装甲突击、野战防空、机动作战及支援保障等方面都取得了长足进步;海军武器装备初步形成了海上机动作战、基地防御作战和海基自卫反击作战的装备体系,海上机动编队开始具备立体反潜和超视距反舰能力;空军武器装备基本形成歼击机、对地攻击飞机、运输机和多种支援保障飞机相配套的装备体系,构成了高空、中空、低空与远程、中程、近程相结合的防空火力配系和与国土防空相适应的对空情报网;战略导弹部队武器装备初步形成了固体与液体并存,核导弹与常规导弹兼有,近程、中程、远程和洲际导弹配套的武器系列;电子信息装备的数字化、综合化、一体化、保密和抗干扰能力有所提高。我军拥有了一些克敌制胜的先进作战手段,使打赢信息化条件下局部战争的能力有了较大提高。

二、创新发展时期的通用装备保障

创新发展时期,我军通用装备保障工作坚持作战牵引、信息主导、体系建设、持续推进,构建了以理论法规、组织指挥、保障力量、管理维修、储备供应、人才训练为主要内容的通用装备保障体系,全面建设跃上新台阶,成功保障了1998年抗洪抢险,澳门驻军,50周年国庆阅兵,首都防空演习,联合军演,应急作战联合演习,新装备、新弹药作战效能检验,2008年抗震救灾,60周年国庆阅兵等急、难、险、重任务,开创了通用装备保障建设的新局面。

1. 狠抓以军事斗争装备准备为龙头的通用装备保障战备建设

我军通用装备保障工作,始终以军事斗争装备准备为牵引,以临战的姿态、实战的标准和与时俱进的精神狠抓战备建设。①通用装备保障指挥手段建设取得明显成效,组织开展了一体化装备指挥平台通装保障系统建设,形成了统一规范的战略通用装备保障信息平台,启动了战略通用装备保障综合信息系统、应急作战通用装备保障仿真评估系统建设。各军区建立健全了装备指挥中心,研制了野战装备保障指挥系统,初步形成了野战装备保障体系。②通用装备保障方案预案配套完善,按照应急作战要求,细化、实化通装保障战备方案和预案,不断修订完善应对重大事变战略支援通用装备保障计划。③通用装备保障战备储备布局进一步调整优化,基本完成了战略、战役通用装备保障战时保障基地(点)战场建设和部分保障手段、器材、设备的战场预置。④扎实推进应急作战部队通用装备保障准备,制定了10种类型参战部队装备保障法、27个任务部队通装保障准备标准和检查评定办法,形成了按标准抓配套、按保障法抓训练、按评定办法抓落实的通用装备保障准备思路和方法。⑤狠抓战略通用装备保障力量建设,拟制了应急作战战略通用装备保障力量编成方案,提出了力量筹组、动员需求和配套建设需求,并配备了部分野战保障机具设备。应急作战战略通装保障力量按需求完成了抽组,展开训练演练,初步形成了战略支援保障能力。同时,组织部分军区进行了通用装备大修、中修"不出疆、不出岛、不出藏"建设,形成了相对独立的重点地区装备保障能力。

2. 逐步推进通用装备"两成两力"建设

围绕"两成两力"建设这个中心,主要走了五步,逐步探索形成了一整套具有我军特色、符合部队装备工作实际的通用装备保障建设思路,有力促进了通用装备保障现代化建设的长足发展。第一步是1999年以装甲6师和31集团军新装备形成作战能力和保障能力建设为代表的"两成两力"建设,形成了以人才、教材、器材、设施、设备、工具、法规等"七配套"为主要模式的新装备建设思路和方法,解决了部队新装备形成作战保障能力建什么、怎么建的问题。第二步是2000年至2004年以应急机动作战部队、战略预备队和边海防部队为重点的"两成两力"建设,通过2000年抓广州军区,2001年抓南京、济南军区,2002年抓北京、沈阳军区,2003年抓兰州、成都军区,同时向军兵种部队、边海防部队拓展,至2004年上半年,全军应急机动作战部队、"十五"期间建设的战略预备队、战役装备保障部(分)队和东南沿海方向海防部队,基本成建制、成系统形成了作战能力和保障能力,实现了中央军委确定的"两成两力"建设阶段性目标。第三步是以"0510"集训为标志的"两成两力"建设,主要是按照细化、量化、具体化的要求,建立了以保障法、配套标准和评定办法为支撑的应急作战通用装备保障理论体系、标准体系和评估体系,解决了应急作战通用装备保障准备什么、怎么准备、准备到什么程度等问题。第四步是以装备保障训练改革为突破口的"两成两力"建设,初步形成了以复杂电磁环境下装备保障为切入点,按新大纲施训、依指导法组训、以考评促训、以配套建设保训的通用装备保障训练机制,基本解决了通用装备保障训练转变"转什么""怎么转",信息化条件下通用装备保障训练"训什么""怎么训"等问题。第五步是按照一体化联合作战对装备保障的新要求,总装备部在济南军区对通用装备保障改革成果进行综合集成和试点建设,探索形成了"四合四统"的总体建设思路,着力提高信息化条件下一体化综合保障能力。这一阶段实现了由分专业建设向基于信息系统、成体系建设的跃升,进一步提升了"两成两力"建设的深度和广度。可以说,这五步,一步一个重点,分步递进、重点突破、整体跃升,开创了部队装备工作的新局面。

3. 积极推进通用装备保障能力生成模式转变

紧紧围绕提高我军打赢信息化条件下局部战争这个核心军事能力,准确把握通用装备保障发展方向,深化通用装备保障改革创新,集中突破重点难点问题,积极推进通用装备保障能力生成模式转变。①深化通用装备保障体制改革,按照总部级装备修理工厂区域整合、军区级修理工厂逐步转型的思路,论证形成依托直属工厂建立新型装甲、自行火炮、大型导弹、新型雷达等维修保障基地,依托军区装备修理工厂从以老旧装备修理为主向以新装备修理为主转变的全军装备修理工厂调整优化方案,深化完善了一般装备三级保障和新装备两级保障相结合的保障体制。②深化维修保障模式改革,积极推进通用装备保障社会化改革,初步建立了高新技术装备合同商保障机制,以及军选民用车辆依托装备制造厂家、地方维修企业大修保障机制。探索了军区直属装甲修理机构维修改革,通过完善维修手段、调整力量编成、健全运行机制,形成了装备整装换件中修、部件集中项修、零件规模修复、高新技术系统巡修能力。深化队属修理机构维修改革,通过配套平战通用的维修手段,落实平战兼容的力量编成,实行平战一致的训练方法,提高了部队装备保障平战一体化水平。③深化器材保障方式改革,组织开展了以"基数化储备、集装化运输、信息化管理、野战化补给"为主要内容的战备维修器材保障改革,以"总成部件成套供应、易损器材分级组配、旧品器材集中回收、待修部件批量送修、修复部件优先使用"为主要内容的周转维修器材保障改革。积极推行车辆器材网点保障模式改革以及工程和防化仓库的机械化、自动化、信息化建设,进一步提高了供应保障能力。积极探索"实物储备与经费储备、技术储备、信息储备相结合,军队储备与地方储备相结合,成品储备与原材料、总成件储备相结合"的多样化的储备供应方式,筹措供应方式更加灵活高效。④深化通用装备保障手段创新,积极构建通用化、系列化、组合化新型野战保障装备体系,推进通用装备保障信息化建设,以通用装备保障"全资可视化、全程可控化"为重点,通用装备自动检测技术、自动识别技术、远程支援技术、快速修复技术和现役保障装备信息化改造取得新进展。

4. 稳步提高通用装备保障管理的质量效益

紧紧围绕提高通用装备保障管理的质量和效益,始终把管理工作作为经常性、全局性、长期性任务,坚持依法治装、科学管装,狠抓装备安全管理,通用装备保障管理水平稳步提升。①加强装备经常性管理,广泛运用现代管理思想和先进技术手段,不断提高装备"三化"管理水平。根据部队战备训练和装备保障实际,研究制定了坦克装甲车辆、自行火炮、工程机械、通用车辆摩托小时(行驶里程)限额标准,雷达、导弹等电子装备训练开机时间消耗标准,以及战备、训练装备比例,会同有关部门制定了装备动用使用管理措施,健全完善装备管理责任制,严格技术规范和操作规程,杜绝因管理不善、操作不当造成的各类人为事故。严格按动用比例、分配摩托小时(车公里)和储备要求动用使用装备,确保了部队装备始终处于良好技术状态和战备水平。深入开展部队装备"三熟悉""四会""四无"达标和修理能力认证、修理质量检查等活动。组织了全军装备修理工厂现代企业管理培训、装备业务部门领导集训等业务培训,提高了各级领导的装备管理水平。②加强装备质量管理,以应急作战参战部队和大型复杂装备相对集中部队为重点,以装备设计生产、随装配套、使用管理等问题为主要内容,采取逐部队成建制整改,大型复杂装备成系统整改的方法,集中组织了现役陆军通用装备质量整改。通过整改,现役通用装备质量稳定性、可靠性和安全性得到较大改善,部队装备质量管理机制、责任机制和考评机制基本形成。③加强装备安全管理。始终坚持把通装保障安全管理特别是通用弹药、地爆器材、防化危险品报废处理工作摆在突出位置,加强规章制度建设,加强处废机构建设,强化专业人员培训,形成了科学规范的通用装备安全管理机制。

5. 逐步深化通用装备保障训练改革

全军部队以军事训练转型为契机,准确把握形势与任务,认真研究通用装备保障训练的特点、规律和训练模式,完成了传统练兵向科技型练兵的转变,初步实现了机械化、半机械化条件下训练向信息化条件下训练的转变,适应了战争形态、作战样式和武器装备发展变化的需要,有力保障了战备、演练和其他军事任务的完成,部队成建制成、系统装备保障能力明显提升。①改革了通用装备保障训练内容体系。按照全军编修新一代大纲的统一部署,着眼于提高信息化条件下作战保障能力,组织编修了《陆军军事训练与考核大纲》(装备保障)5类22部试训大纲,以及装备机关和装备使用分队装备保障训练2部拓展纲目。重点充实、拓展、调整和完善了信息化知识学习、信息化保障技能训练、新装备保障训练、装备保障指挥训练、综合训练,以及使用分队装备保障训练等内容,初步构建了信息化条件下通用装备保障训练内容体系。②创新了通装保障训练方法体系。按照提高信息化条件下装备保障能力的需要,抓住装备保障能力生成的关键要素,改革组训方式和程序,组织编修了《部队通用装备保障训练指导法》,重点充实完善了基地训练、网络训练、模拟训练、野战训练等装备保障训练方法,初步构建了信息化条件下通用装备保障训练方法体系。③规范了通装保障训练保障条件体系。按照需求牵引、统筹规划、科技主导、资源共享、注重效益的建设思路,明确部队通装保障训练所必需的训练保障条件,论证起草了《通用装备保障训练保障配套建设标准》,探索了利用修理设施设备构建通装保障基础训练平台、利用部队军官训练中心构建通用装备保障指挥训练练障平台、利用合同战术训练场构建通用装备保障野战训练平台的训练保障条件建设路子,明确了相应的配套标准。④开展了复杂电磁环境下通用装备保障训练重难点问题攻关。组织有关院校、科研院所和部队,在研究试验复杂电磁环境下通用装备失效机理、战损模式,以及相应的装备保障方法的基础上,重点探索了复杂电磁环境构设、模拟训练系统开发和复杂电磁环境下通装保障训练内容与方法,初步解决了装备保障训练转变"转什么""怎么转"的问题。

6. 培养造就通用装备保障人才队伍

紧紧围绕培养造就一大批高素质新型装备保障人才群体这一战略目标,着眼于提高信息化条件下装备作战保障能力,以实施装备保障人才战略工程为抓手,狠抓机构建设、组织超常培训、完善管理机制,通用装备保障人才建设取得了丰硕成果。建立健全了以装备院校、专业训练机构培养为主渠道,以继续教育、生产厂接装培训、修理厂跟修跟训、部队岗位练兵为补充,层次合理、优势互补、规模适当的通用装备保障人才培训体系;围绕培养"复合型"装备指挥军官队伍、"专家型"装备技术军官队伍和"技能型"装备技术士官队伍,不断加大对装备院校、军区专业训练机构和部队装备训练基地的投入力度,完善学科专业体系,加强新装备教学能力和配套设施建设;通过多种渠道引进人才、多种途径培训人才、多部门联合管理人才、多种方法保留人才,初步建立了集"选、训、用、管、留"于一体的人才管理机制,营造了装备人才生成、人才发展和人才保留的良好环境。

7. 构建完善通用装备保障理论法规体系

针对新的装备管理体制建立以来理论体系不完善的实际,依托市场、面向战场,积极适应战争形态、作战样式、新装备发展和使命任务变化需要,构建了由基础理论、应用理论和专业技术理论组成的结构体系,形成了以《战略装备保障学》《战役装备保障学》《战术装备保障学》和《装备战损学》等为主要标志的基础理论,以《装备可靠性工程》与各种作战样式和各种战法配套的装备保障法、合同商保障为标志的应用理论,以军械、装甲、车辆、工程、防化、陆军通用船艇六大装备为标志的专业技术理论,以解决实际问题作为研究的出发点,在通用装备保障法、装备保障信息化建设、新装备形成作战和保障能力、现有装备保持和恢复作战能力等方面取得了一大批学术成果,为开创我军通用装备保障建设新局面打下了坚实的理论基础。按照依法管装、依法治装的要求和按标准抓建设的思路,初步构建了以通用装备保障规定、各专业装备技术保障规定(条例)、全军通用装备"两成两力"建设纲要、"两成两力"建设标准、企业化装备修理工厂、装备维修部队分队、装备仓储部队分队战时保障条令、应急作战参战部队通用装备保障准备标准、战时通用装备修理工时标准、修理供应单元标准、弹药导弹消耗限额标准、维修器材基数标准为主要内容的法规标准体系,为通用装备保障建设健康、协调、持续发展提供了有力的制度保证。

8. 不断加强非战争军事行动通用装备保障能力建设

通用装备保障各级部门以军委《军队非战争军事行动能力建设规划》为依据,深化对装备保障任务的理解,在着力提升打赢信息化条件下局部战争装备保障核心能力的同时,积极应对非传统安全威胁的新挑战,根据通用装备保障的具体特点和要求,按照预有准备、快速反应、军民融合、突出重点、靠前保障、精确高效的原则,科学构建非战争军事行动通用装备保障指挥体系,形成三军一体、军地协作、陆空协调的联合保障指挥机制;实行以三级保障体制为主体,以两级保障为补充,以装备承研承制单位支援保障为重要形式的维修保障体制;统筹考虑非战争军事行动装备物资的筹措、储备和供应,调整优化储备规模、布局和结构,建立布局科学、结构合理、规模适度的装备物资储供体系;针对非战争军事行动装备保障需要,重点加强战略、战役支援保障力量建设,特别是抢险救灾所需要的工程、防化等兵种专业装备保障力量建设,并在总部的统一组织协调下,与地方政府、军工企业集团、装备研制生产厂家共同配合,按兵种、分专业、有计划地指导抓好地方技术保障力量的动员筹组准备,形成上下衔接、军地联合、平战结合的通用装备保障力量体系。通过按计划、分步骤、有重点的准备,非战争军事行动装备保障能力不断提高。

三、创新发展时期通用装备保障发展的基本经验

创新发展时期,通用装备保障工作适应国内外的新形势,取得了长足进步。创新发展时期的通用装备保障建设实践表明,只有坚持学习和贯彻党的创新理论,只有坚持集中统一的领导体制,只有坚持服务部队的意识,只有坚持"两成两力"建设的中心地位,只有坚持务实创新、科学思谋、锻造伟大精神,只有加强机关自身建设,才能不断开创全军通用装备保障建设工作的新局面,通用装备保障工作也才能不断地从胜利走向更加辉煌的胜利。

(一)必须坚持把党的创新理论作为战略指导

党的创新理论是马克思主义理论与中国实际相结合的历史产物,是我们党几代领导集体经过长期实践探索的科学结晶。既是经济建设的行动纲领,又是指导国防和军队建设的科学指南,更是通用装备保障建设的根本指针。通用装备保障建设发展的实践证明,只有坚持用党的创新理论特别是装备建设思想武装头脑、指导实践、推动工作,紧紧围绕推进中国特色军事变革和对"台"军事斗争准备,坚决履行我军"三个提供,一个发挥"的新使命,着眼于武器装备发展和提高部队战斗力,着力解决部队装备建设的全局性、根本性问题,才能确保通用装备保障建设始终沿着正确的方向发展。

(二)必须把集中统一管理作为组织保证

1998年,新的装备管理体制建立以后,通用装备实现了集中统一管理,打破了以往通用装备管理相对分散的局面,理清了战略、战役、战术三级间的业务关系,形成了自上而下且相互独立的装备保障组织体系,建立了横向到边、纵向到底的装备保障工作局面,确保了通用装备保障建设的内在一致性,解决了长期以来制约装备工作发展的根本性问题,使通用装备保障资源的聚合和集中使用效益大大增加,通用装备保障集中人才、物力和财力,办大事的能力进一步增强,打破了以往"均衡用力没有力"的状况。通用装备保障发展历程和建设成就一再证明,中央军委的关于加强全军通用装备保障集中统一管理的英明决策是完全正确的。只有通过集中统一管理,才能优化保障资源,集中人力、物力和财力办大事,才能加速通用装备保障建设形成和发挥整体合力的步伐,才能确保通用装备保障形成整体合力。

（三）必须把服务部队作为基本准则

紧贴装备、服务部队是通用装备保障工作最为显著的特点,必须把服务部队、解决部队装备保障建设中存在的主要矛盾和问题作为通用装备保障工作的基本原则。通用装备保障发展历程和建设成就表明,只有转变机关职能,端正工作指导思想,改进工作作风,大力加强服务型、保障型机关建设,通用装备保障建设才能为部队树立新形象。只有坚持从实际、实战、实效出发,牢固树立正确的政绩观,以部队装备工作为着眼点,大力开展老旧装备性能整治和新装备形成作战保障能力建设,通用装备保障建设才能有新举措。只有深入部队一线搞调查、抓建设,才能搞清部队装备工作的现状和需求,准确把握装备工作的特点、规律和装备保障建设的关键点,才能推动装备保障建设取得新进展。只有坚持心往基层想、劲往基层使、钱往基层投,以部队反映的重难点问题为突破口,才能从根本上解决部队装备工作中存在的新问题。

（四）必须把改革创新、求真务实作为根本动力

通用装备保障建设最为鲜明的本质特征就是实战性、现实性、整体性和动态性,必须坚持改革创新和求真务实。改革创新是通用装备保障建设的不竭动力,求真务实是改革创新的基础。通用装备保障的发展历程和建设成就表明,只有坚持理论、方法、机制和技术创新,通用装备保障建设才能有新思路、新成就,才有动力、有作为、有地位,才能形成蒸蒸日上、蓬勃发展的良好势头。通用装备保障建设工作是一项动态性、技术性、综合性要求很高的业务工作,是常抓常新的事业。求真务实是通用装备保障建设始终坚持的基本要求。身处变革的时代,只有坚持改革创新,通用装备保障建设工作才有出路、有希望,才能适应这变革的时代,只有坚持求真务实,才能始终立足于现实求得真知,务得实效。只有坚持两者的结合,在求真务实的基础上进行改革创新,才能保证改革创新的成果真正转化为通用装备保障建设与发展的推动力,才能真正推动通用装备保障建设取得开创性的进展和未来。

回顾建设的历程,总结实践的经验,我们深切感到,通用装备保障建设的实质,就是适应我军现代化建设和军事斗争准备的需要,遵循武器装备建设的客观规律,以战斗力为标准,以系统配套为核心,以综合集成为途径,以科技创新为动力,以人才建设为根本,通过重点突破、整体建设,最大限度地提高部队现有装备的作战能力和保障能力。就全军而言,通用装备保障建设目前还处在快速发展阶段,在实际工作中,还存在一些亟待解决的问题、不足和困难,还将遇到许多新情况、新问题,我们必须保持清醒头脑,深化认识、抓紧工作、推动实践,不断把通用装备保障建设推向新的阶段。

第三章　通用装备保障面临的形势

通用装备保障的实施、建设与发展离不开一定的环境,只有不断应对环境变化所带来的挑战,并进行与形势任务要求相适应的变革,通用装备保障才能实现又好又快的发展。当前,世界新军事变革加速推进,国际军事竞争日趋激烈,我国周边安全形势日益复杂,军队维护国家主权、安全和发展利益的任务空前艰巨。经过多年的建设与发展,我国的综合国力不断提升,为军队建设与发展提供了强大的经济基础。为适应新军事变革的要求,我军转变战斗力生成模式,以军队组织形态现代化为重点的国防和军队改革正在加速推进,军队职能使命向执行多样化任务拓展,信息化建设进入关键阶段,生成和提高基于信息系统的体系作战能力,对通用装备保障及其建设提出了新的、更高的要求。

第一节　我国综合国力不断增强

综合国力,是反映一个国家盛衰、强弱的重要指标,是一个国家的国际地位和国际影响的重要基础。综合国力是指在某一时间点上,主权国家生存与发展所拥有的全部实力及国际影响力的合力。从构成要素上来看,综合国力主要包括经济、科技、军事、资源四个方面。一个国家的综合国力是通用装备保障实施、建设和发展的重要基础,对通用装备保障系统的各要素以及通用装备保障的思想、方法、手段等都有重要的影响。

建国60多年以来,特别是改革开放30多年以来,我国综合国力显著提高。经济方面,我国已经成为全球GDP排名第二的经济大国。科学技术突飞猛进,在载人航天、探月工程、超级计算机等前沿科技领域都实现了重大突破。国防和军队建设成就突出,有力地维护了国家利益和世界和平。国际地位和影响力显著提高,在国际事务中发挥了重要的建设性作用,全方位外交取得重大进展。成功举办北京奥运会、上海世博会等重大国际活动,实现了中华民族的百年梦想,中国社会迸发出前所未有的活力和创造力。无论是从现有的综合实力上,还是未来的发展潜力上看,中国都是正在崛起中的最大的发展中国家,国际地位的重要性日益凸显。

随着我国综合国力的不断增强,国防和军队现代化建设也取得重大成就,一方面,国防实力和军队战斗力不断增强,为通用装备保障的改革与发展提供了坚实的物质、科技和文化基础。另一方面,国家整体实力跃升的同时,在我国国家和国防军队建设中都出现了新的矛盾,通用装备保障建设发展的环境发生变化,制约因素也在增多。

一、经济实力不断增强

国家经济实力是影响通用装备保障的重要因素。通用装备保障的建设、发展和组织实施,既需要以国家的经济力为支撑,同时又受其制约。国民经济的发展直接或间接地影响通用装备保障系统的构成要素,进而对通用装备保障能力的高低以及保障效率的高低产生影响。

经济发展水平一直在综合国力构成诸要素中居于中心地位,从世界历史来看,经济实力的竞争一直都是综合国力竞争的中心内容。尤其是冷战结束之后,经济在综合国力诸要素中的地位更是不断上升,目前,在经济全球化的大背景下,世界各国都在大力发展经济,努力增强经济实力。

改革开放 30 多年来,我国经济保持了较快的增长速度,社会发展取得了空前的进步。2011 年,我国国内生产总值达到 47.2 万亿元,财政收入达到 10.37 万亿元。2007 年—2011 年,我国年均经济增长率达 11.2%,目前仍处于经济周期的上升阶段,今后,经济高增长还会延续相当长一段时期。2010 年,我国国内生产总值跃居世界第二位,国内生产总值占世界的份额由 2001 年的 4.2% 提高到 2011 年的 9.5%,人均 GDP 则由 1952 年的 15 美元提高到 4396 美元。同时,重要工农业产品的产量也跃居世界前列,主要农产品中,谷物、肉类、棉花、花生、油菜籽、茶叶、水果等产品产量已位居世界第一位,甘蔗、大豆分别居第三、四位,主要工业产品中,钢、煤、水泥、化肥、棉布、糖产量居第一位,发电量居第二位,原油产量居第六位,其他主要产品产量的位次也明显前移。我国正成为当今世界经济发展最迅速、变化最活跃的一支力量,经济增长对世界其他地区的发展起到积极的作用。如今,我国正处在几千年历史中发展最快的时期,国际地位正在随着经济实力的快速增长而逐步提高。

我国经济实力的不断增强,市场经济的不断发展和完善,为通用装备保障建设与发展奠定了坚实的基础,也提出了新的要求,主要表现在以下几个方面:

(1)为通用装备保障建设提供了充足的经费保障。通用装备保障系统的组成要素主要包括信息、人员、保障装备、设施以及经费等。从这些构成要素来看,通用装备保障信息系统建设、通用装备保障人员培训体系建设、通用装备保障部队建立、通用装备保障训练、通用装备保障理论研究、通用装备保障设施建设、通用装备保障物资器材储备、通用日常装备管理等,都离不开强大经济实力的支撑。尤其是保障装备,作为通用装备保障能力构成的基础性要素,经济实力的高低,直接决定通用装备保障装备系统投入的多少,进而决定通用装备保障能力的高低。随着高新技术武器装备系统的发展,建立与之相适应的通用装备保障装备系统,必然需要巨额的财力投入。我国经济实力的不断增强,为通用装备保障建设提供了坚实的基础。

（2）国民经济发展为建立军民融合的通用装备保障体系提供了良好的基础。改革开放以来,我国国民经济持续快速增长,综合国力显著增强。现有国家经济与科学技术高度发展的成果,为构建完成多样化军事任务、军民融合式通用装备保障体系提供了有利条件。

（3）尽管目前通用装备保障建设的经济基础比较雄厚,但是仍然要注重效益、注重向科技要战斗力。当前,在我国以经济建设为中心的历史条件下,一方面,通用装备保障不可能有很大的投入,制约了其发展的规模;另一方面,要完成准备保障打赢现代技术特别是信息化条件下局部战争,完成多样化军事任务的历史使命,必须加强通用装备保障建设,为此,必须坚持服从国家建设大局、服从部队需要的原则,坚持科技兴装、科技创新,提高综合装备保障效益,充分发挥有限的通用装备保障资源的效能,走出一条投入较少、效益较高的路子。

二、自然和人口资源居世界前列

资源是构成国家综合国力的物质基础,在这方面,我国无疑拥有天然的优势。我国是世界上陆地面积最大的国家之一,拥有绵长的海岸线和众多的岛屿。自然资源方面,我国耕地面积约15亿亩,草原面积为4.3亿亩,森林面积为18.3亿亩;水能蕴藏量近6.8亿千瓦,居世界第一;矿产资源储备在世界6大资源国之列。人口资源方面,我国拥有13亿人口,56个民族,是世界人口第一大国。庞大的人口基数、丰富的人力资源,奠定了我国成为具有全球影响力的基础。但是,由于人口数量多、基数大,总量上居于世界前列的自然资源平均起来,人均拥有量就变得非常有限,因此,如何处理好人口增长与资源短缺及不断消耗的矛盾,充分发挥每个人的潜力,把人口优势转变为人才优势,有效利用资源,是我国发展建设中必须认真思考和加以解决的重要课题。

作为综合国力的重要组成要素,资源因素也对我军通用装备保障建设与发展有着不可忽视的影响。一方面,丰富的自然资源,是包括通用装备保障在内的军队建设的重要基础,为其提供坚实的物质保障;另一方面,国土面积广阔,地理环境复杂多样,也给通用装备保障提出了更高的要求,即必须在统一规划管理的基础上,要根据不同地域的地理和自然环境特点,因地制宜地探索符合战区特点的通用装备保障模式和建设方法。

人口资源方面,丰富的人力资源为通用装备保障提供了坚实的人力和智力支持,但是,由于目前我国国民整体素质还有待提高,受传统文化和计划经济体制的影响,人们的思想观念、行为方式还有很多方面不适应信息化时代和市场经济的要求,如何提高通用装备保障队伍的整体素质,吸收大批高素质人才到通用装备保障队伍,是摆在各级通用装备保障管理者面前的一个重要课题。

三、科技实力不断增强

科学技术是第一生产力,更是第一战斗力,就通用装备保障而言,科学技术直接影响装备保障的对象、保障的手段、保障的方式,进而影响通用装备保障力量、通用装备保障体制及通用装备保障理论的建设和发展。

科学技术的实力和水平高低,是综合国力的构成要素,是衡量一个国家综合国力强弱的重要指标。在现代国际社会中,科学技术的竞争是国际竞争的制高点,谁占据了它,谁就能在竞争中占据主动地位,并为该国确立政治、经济、军事乃至文化优势打下坚实的基础。国与国之间科学技术的竞争,不仅体现在科技成果的水平和创新的速度上,也体现在科学技术成果商业化的速度上。当今世界各国都普遍重视科学技术的发展,加大科研经费的投入,构建有利于科技创新的良好环境。许多国家都瞄准科学技术的前沿问题,如基因工程、纳米技术、数字电视等,制定了不同类型的科技发展规划或项目计划,投入较大的财力、物力,组织科技人员攻关,并抓紧实现科研成果向现实生产力的转化。

经过60多年的建设与发展,我国科技水平和实力不断增强,在诸多领域取得突破性的进展,目前,我国的科技事业正以全新的面貌呈现在世界面前,并在国际竞争中占有一席之地。例如,在科技人力资源方面,我国拥有一支规模庞大的队伍,科技人力资源总量位居世界第一位,研发人员位居世界第二位。我国在基础研究、高技术研究重大产品开发方面的能力和水平得到稳步提升,在载人航天、纳米技术、造血干细胞、非线性光学材料、量子信息和通信、并行计算技术、超强超短激光等高技术研究方面,取得了举世瞩目的成就。高新技术产业近十年处于调整增长的阶段,已成为引导我国经济增长和结构调整的重要力量。例如,通过著名的"杂交水稻之父"袁隆平等众多农业科学家的努力,农作物单产不断提高,年人均粮食供应量从130千克增加到了400千克;再如,在三峡工程、青藏铁路工程等重大建设项目的建设过程,一大批世界性技术难题得以攻克;在人口与健康方面,针对严重危害人民健康的重大疾病开展了系统的诊断技术和治疗技术研究,依靠科技成功地抑制了SARS和禽流感重大传染病的蔓延,积极组织开发了一批具有自主知识产权的新药等。

我国科技实力的不断增强,不仅给通用装备保障提供了新的机遇而且提出了新的要求。具体而言:①高新技术特别是军用高新技术的飞速发展,加速了我军武器装备更新换代和信息化的进程,新型武器装备对通用装备保障提出了新的要求。②现代科学技术在装备管理、维修中的运用,特别是信息系统、先进故障诊断技术、维修技术等的发展,为通用装备保障提供了新的技术手段,运用得当,必将带来通用装备保障效益的提升。③现代科学技术的发展不仅体现在科研成果的涌现和运用,同时也体现在现代科技思想的发展和传播,如求真、求实、尊重规律、尊重科学、尊重知识、尊重人才等,都对传统的通用装备保障思想、模式带来触动,并要求装备保障能力生成模式发生转变。

四、国防和军队建设水平迈上新的台阶

军事力量不仅是解决国家之间矛盾的重要手段,也是综合国力竞争中最具威慑性的手段,是国家之间综合国力竞争的"后盾"。在国际关系史上,国力竞争的重点往往直接表现为军事力量的竞争。冷战结束之后,世界范围内的军事斗争和武装冲突曾经一度有所缓和,但近年来,军事斗争在国际政治中的表现和影响又突出了出来,并有了一些新的特点。主要表现:①军费开支明显增长。例如,美国近年来军事预算和拨款的数量直线上升。②核武器竞赛抬头。由于美国加紧研制和部署国家导弹防御系统和废除《反导弹防御条约》,大大刺激了世界范围的军备竞赛,为维护自身安全,一些中等国家也加紧研制核武器。③高技术武器装备竞赛成为军事竞争中新的热点。美国等国家大力开发高新技术武器装备,如信息化作战平台、精确制导武器、航天武器、隐身武器、夜视器材,以及其他新概念武器等,并应用于战场。近年来的几场高技术局部战争,如海湾战争、阿富汗战争等,成为美欧试验新式武器的最佳场所。④军火交易日益扩大。美国作为世界第一大武器贸易出口国,占世界武器销售市场一半以上的份额。俄罗斯等国也放宽对武器出口的限制,扩大在世界军火市场上的份额。⑤谋求军事优势,不断进行军事上的较量。一些热点地区军事冲突此起彼伏、接连不断。一些世界大国动辄以武力干预相威胁。高技术条件下的局部战争成为当代运用军事手段的主要方式。

经过几十年的建设,我国的国防实力不断提高,满足了维护国家主权和国家利益的需要。目前,我国已经建立起了完整的国防科技和国防工业体系,不仅能独立研制和生产各种型号的坦克、火炮、飞机、舰艇,以及科学试验卫星、通信卫星、侦察卫星等各种人造卫星,而且能制造原子弹、氢弹,并具有中远程运载和打击能力。

我军已发展成为包括陆军、海军、空军、战略导弹部队和其他技术兵种在内的诸军兵种合成军队,现代条件下的防卫作战能力大大增强,不仅能为反击外来侵略、保卫国家安全和社会主义建设事业顺利进行提供坚实保障,而且还能起到稳定国际局势、促进世界和平的重要作用。

通用装备保障,是国防和军队建设的重要组成部分,通用装备保障建设水平和能力,一方面受到国防和军事实力的制约,与其建设发展进程保持一定的同步;另一方面也影响着国防和军事实力的提升。随着我国国防和军事实力的不断增强,我军通用装备保障能力也不断增强,同时,在我军信息化建设进程不断加快和推进战斗力生成模式转型的大背景下,通用装备保障也应不断进行改革和发展,转变保障能力生成模式。

第二节　国家安全形势日趋复杂

国家安全形势和所处的战略环境,是一个国家确立建设发展目标和进行军事斗争准备的最重要依据。积极做好军事斗争通用装备保障准备,要密切跟踪国家安全形势的发展变化,依据国家和军事战略,围绕未来作战对象、重点作战区域以及主要作战样式来确立和谋划通用装备保障建设的目标、步骤、措施和重点。

近年来,尽管我国国家安全形势整体较为稳定,为我国的建设与发展提供了难得的环境,但是从全球国际战略格局的演变以及周边安全形势来看,不确定因素和冲突诱因增多,发生战争的风险增多,国家安全形势的发展变化给通用装备保障提出了新的要求,必须要增强紧迫感,以战斗力为第一标准,不断加强通用装备保障建设,做好军事斗争装备保障准备。

一、国际局势稳中有变

冷战结束以后,国际战略格局发生了复杂而深刻的变化,目前,国际力量对比正朝着渐趋均衡的方向发展,国际格局多极化发展趋势进一步显现;世界各主要国家加紧调整各自的对外战略和外交政策,大国关系稳中有变,又有新的发展;世界总体和平,但传统安全问题与非传统安全问题相互交织,国际安全形势依然严峻。

(一)国际格局多极化的发展趋势进一步显现

冷战结束后,国际战略格局从以美苏争霸为核心的两极对立转向多极化发展。美国作为当今世界唯一的超级大国,凭借其独具优势的经济、科技和军事实力,逆多极化潮流而动,欲建立由其主导的单极国际秩序,为此不惜连连发动战争。

随着欧洲一体化进程加快,作为当今世界上规模最大、一体化程度最高的地区经济集团,欧盟在冷战结束后,特别是近年来,其力量不断增长,自主意识与日俱增,逐渐对美国产生了离心力;经济上与美国、日本角逐全球经济的主导权;军事上则加强独立防务建设,与美国争夺北约领导权和军事指挥权。而美国则通过制定北约"战略新构想",以及将北约拖入科索沃、阿富汗战争等方式,在一定程度上加强了对欧盟的控制。

苏联解体后,俄罗斯的实力和国际影响力大大削弱。但从总体上看,俄罗斯仍具有较强的综合国力和巨大的发展潜力,并在国际战略格局中扮演着有重大影响的角色。外交政策上,俄罗斯的对外政策已从过去的亲西方调整为力求在世界和地区事务中显示其大国影响力,并加速推进独联体国家军事一体化。目前,俄军仍然是当今世界上唯一能与美军抗衡的军事力量。为弥补综合国力的不足,俄罗斯越来越把核战略作为提高国家地位的支柱,放弃不首先使用核武器的承诺,以此应对由于北约东扩、美国插足中亚对自己战略空间的挤压。

日本是仅次于美国的世界第二大经济强国。近年来,随着经济和科技实力增强,日本已经不满足于单纯经济大国的地位,提出了以经济力量为后盾,以强大的军事力量为保证,以自主外交为手段,逐步发展成为世界性政治、军事大国的战略目标,竭力在国际政治舞台上扮演重要角色。伊拉克战争后,日本实现了向海外派兵的多年夙愿,向成为世界军事大国的目标迈出了实质性的步伐。

我国作为联合国常任理事国,始终奉行独立自主的和平外交政策,是维护世界和平与地区稳定的积极力量,在反对霸权主义,促进世界和平与发展以及解决国际争端等方面发挥着重要作用,树立了良好的国际形象。随着综合国力的不断增强,我国在国际战略格局中的地位和作用必将进一步提高。

此外,印度、巴西、东盟等国家或地区集团,经济迅速发展,综合国力不断增强,在全球和地区事务中发挥着越来越重要的作用。

(二)大国关系竞争与合作又有新的发展

近年来,世界各主要国家加紧调整各自的对外战略与外交政策,引起大国关系出现新的变化,大国之间的博弈也更加激烈。其中,美国奥巴马政府调整美国全球战略,西退东进,战略重心向亚洲转移,成为影响国际局势与大国关系的最大的一个变数。

美国战略重心东移为亚太地区带来新的不安定因素。推动美国战略重心东移的基本原因是,美国的海外经济重心日益向亚洲倾斜,其在亚洲的投资已超过它在欧洲的投资,同亚洲国家的贸易额是其与欧洲贸易额的 2 倍,面对迅猛发展的亚洲地区合作,美国也担心被排除在这一合作进程之外。随着我国的快速发展,美国已把我国视为需要大力防范与遏制的主要对手,对我采取接触加防范两面下注,继续在我国台湾问题、涉藏问题和人权问题上干涉我国内政,指手画脚。另外,正是基于同样的考虑,美国进一步加强美日、美韩军事同盟,将美日韩同盟作为其亚洲安全战略的基石,威慑朝鲜,遏制中国、俄罗斯的崛起。

俄欧关系与俄美关系得以发展。近年来,奥巴马政府宣布放弃在波兰和捷克部署导弹防御系统,暂缓北约东扩进程,俄罗斯在独联体国家的影响逐渐加强,为俄欧、俄美关系的改善创造了有利条件。但是,俄美在反导和北约东扩问题上矛盾突出,俄罗斯的战略空间受到美国的挤压,俄罗斯不能不有所动作。与俄欧、俄美关系得到发展不同,俄日关系因领土争端而出现紧张。由于在主权问题上难以妥协,俄日领土争端已成为长期困扰两国关系的一个突出问题。

总之,今后一段时期,大国之间的关系将会变得更加复杂多变,斗争也会不断增加,给我周边安全环境带来的变数也在增多。

(三) 国际安全依然面临诸多挑战

目前,国际安全形势在总体和平与基本稳定得以继续维持的情况下,依然面临着来自传统安全领域与非传统安全领域的诸多挑战,世界并不安宁,形势不容乐观。

在传统安全领域,对于地区安全构成严重威胁的是朝鲜半岛局势的演变,朝鲜半岛依然是全世界军备兵力最为密集、爆发战争概率最高的地方。除朝鲜半岛以外,在世界其他热点地区,如伊拉克和西亚,安全形势仍不容忽视。目前,伊拉克国内局势并不稳定,恐怖暴力事件不断发生。在西亚,阿富汗的安全局势也并未因奥巴马政府向阿富汗增兵而出现明显改善。

从非传统安全威胁来看,经济安全依然是国际社会关注的首要问题。2008年国际金融危机后,全球经济的复苏十分脆弱,美、欧、日经济难以在短时期内再现活力。在全球经济复苏不均衡的背景下,贸易保护主义有可能进一步抬头,汇率摩擦和纠纷亦有可能激化,对全球经济的复苏和各个经济体的经济安全产生严重冲击。

国际恐怖主义继续在世界范围不断制造麻烦,威胁国际社会的安全。以"基地"组织为主的恐怖活动,在北也门、德国、比利时、瑞典、法国呈增加之势。在其他非传统安全领域,环境安全形势依然严峻。由温室气体效应引发的全球气候变暖对于人类的生产、生活乃至生存的威胁正在逐渐显现。由于利益取向不同,国际社会要达成有效的气候保护协议还需继续努力。

从世界各种力量发展的情况可以看出,国际战略格局正呈现出多极化趋势,尽管合作与对话在处理国际事物包括国际争端中日益受到重视,但军事领域的竞赛更加激烈,称霸与反霸、干涉与反干涉、控制与反控制的矛盾错综复杂,大国围绕世界和地区主导权的斗争空前激烈。军事力量在国家战略和国际政治斗争中的地位和作用不但没有因为冷战结束而下降,反而发挥着更加重要的基础性作用。为了占据有利地位,世界各国积极主动地推进军事变革,力求在新的军事竞争中掌握和保持主动。

二、周边安全形势日趋复杂

近年来,我国周边安全形势总体缓和、局部紧张;总体和平、局部战争;总体稳定、局部动荡。部分地区热点问题呈现出缓和趋势,但局部问题凸显,高危因素和敏感因素增多。朝核问题、伊核问题,依然是影响亚太区域安全的重大问题。随着金融危机后续效应释放,亚洲国家经济风险突出,一些国家国内已经出现比较严重的经济问题,国内局势不稳定因素增多,也给亚太地区的稳定带来了新的变数。在这样的背景下,尽管未来我国周边局势有望继续保持稳定,但原有矛盾爆发和新安全热点出现的可能性增大,面临着更严峻的挑战。

(一)周边安全环境复杂,形势严峻

我国既是一个大陆国家,也是一个海洋国家,国土面积广阔,陆地边境线和海岸线漫长。从陆地上说,我国陆地边界线长达2.2万多公里,与俄罗斯、朝鲜、蒙古、越南、印度等15个国家接壤。周边的陆上邻国,从意识形态和社会制度上看,既有社会主义国家,也有资本主义国家;从经济发展和国民生活水平上看,既有发达国家,也有发展中国家,还有苏联解体后的转型国家。这些国家中有的国内政局动荡,民族问题突出,矛盾不断激化;有的政权腐败,贫富悬殊,局势不稳;有的扩军备战,制造并拥有大规模杀伤性武器;有的驻扎有大国军队,建有基地,经常举行有针对性的军演;更有甚者,支持流亡的中国分裂势力,并对我国提出无理的领土、领海主权要求。这些均对我的国家安全构成了直接威胁。

从海洋上说,我国海岸线长达1.8万多公里,与韩国、日本、菲律宾、马来西亚、印度尼西亚、文莱等6个国家海上为邻。周边的渤海、黄海、东海和南海总面积约为472万平方公里,根据1982年制定的《联合国海洋法公约》,应归我国管辖的海洋专属经济区为300万多平方公里。周边海洋中,除渤海为我国内海外,黄海、东海和南海均与其他海上邻国存在海域或大陆架划界的争议问题:与朝、韩两国有18万平方公里的争议海区;与日本有钓鱼岛和16万平方公里海域的争执;在南海与东盟国家更有130多万平方公里海区和几十座岛礁的纠纷。由于历史、地缘战

略和日益紧张的资源争夺等原因,我国广袤的海域被分割、资源被掠夺、岛屿被侵占的局面十分严重,也给海洋强国对我实施"由海到陆"的突袭战略带来了可乘之机,海上安全问题的复杂性不可低估。

(二) 军事竞争日趋激烈,部分热点问题继续升温

目前,我国周边军事竞争更加复杂尖锐并日趋激烈。①美俄之间的争斗为周边安全形势带来变数。美国加速了在东欧地区部署导弹拦截系统的工作,在捷克和波兰建立反导基地。美国继续推动武器研究和更新,还计划组建"全球打击司令部",专门负责对洲际导弹和核导弹部队的指挥和管理。为了应对美国部署全球反导系统,俄罗斯总统梅德韦杰夫宣布取消裁撤驻科泽利斯克的导弹部队三个团的计划,在俄罗斯西部加里宁格勒州部署"伊斯坎德尔"导弹系统,以应对美国新的反导设施并实施电子压制。另外,俄罗斯还在乌拉尔、太平洋、大西洋、波罗的海、地中海等地相继举行了一系列军事演习,向西方展示自己不断增长的军事实力。②各大国在外空领域的争夺更加激烈。尽管我国和俄罗斯多次在日内瓦裁军谈判全体会议上做出了防止外空军事化的努力,但美国仍然强烈阻挠,并不顾其他国家的担忧和反对,测试其新型外太空武器,加速太空武器化的进程。③美国"重返亚洲"的步伐不断加快,美国利用我国周边国家对于我国迅速崛起的复杂心态,大力加强与东盟、印度的关系。我国周边国家对美倚重增加,新加坡与美国签订了新的军事协定,韩国在战略上力争强化韩美同盟关系。④日本军事实力不断增强,成为亚太地区新的威胁。日本一直渴望重新成为政治、军事大国,其自卫队的行动范围已扩展到周边地区,并不断向海外派兵,而且其国内要求修改和平宪法,重建正规军队的呼声也甚嚣尘上,其相关举动正给亚太地区的安全带来新的威胁。上述因素的存在无疑会使我国周边地区的局势日趋复杂,安全环境也将更加严峻。

(三) 三股势力威胁继续上升,反恐压力不断增大

近年来,我国周边地区恐怖活动活跃,反恐形势日趋严峻。印度和巴基斯坦恐怖事件频发,两国很多地方都遭到了恐怖袭击,造成了大量人员伤亡和财产损失。三股势力(暴力恐怖势力、民族分裂势力、宗教极端势力)继续向我国国内渗透。"基地"组织对"东伊运"的援助由来已久,伊拉克和阿富汗境内的基地"圣战"组织也与"东伊运"有着千丝万缕的联系,这对我国的国家安全和边疆稳定构成了严重的威胁。

周边安全形势的发展变化决定着我国改革开放和经济发展将在什么样的环境下进行,它是谋划军事斗争准备的基点,也是我军做好通用装备保障建设的依据。

目前,复杂多变的周边安全局势,给我国建设和发展带来了更多的困难、压力和挑战,也对军事斗争准备和通用装备保障建设提出了更高的要求。①尽管目前全球安全局势总体趋向稳定,但不稳定因素依然存在,国际政治经济新秩序建立的过程中,由于大国间的博弈,发展进程和方向存在着新的变数,因此,必须保持警醒,居安思危,不能放松包括通用装备保障建设在内的各项军事斗争准备步伐,加强规律研究,扎实做好建设,不断提高能力。②由于我国周边邻国多,影响国家安全的因素多,周边安全局势日趋复杂,不同的热点地区可能发生的军事冲突的强度、规模和样式都会有其自身的特点,军事斗争和通用装备保障也必须根据不同热点地区的特点有针对性地开展。③由于我国境内和周边恐怖主义的威胁日益严峻,通用装备保障建设有必要根据恐怖组织、恐怖行动和反恐行动的特点,有针对性地做好装备保障,加强建设。

应对周边安全环境变化多带来的挑战,加强通用装备保障建设,就要用新的思路和方法来进行谋划、建设和实施。要明确未来作战的对手、军事行动的主要类型,确定通用装备保障建设的发展重点和方向,针对不同战略方向、不同安全威胁的特点、不同地理环境的特点、不同对手的特点以及军事斗争准备全局,合理预测、合理布局,有针对性地做好通用装备和物资器材的储备,抓紧装备保障训练,推进通用装备保障建设与转型。

第三节　新军事变革加速推进

回顾人类的历史,军事领域各要素总是随着技术、政治、经济的发展不断变化,并产生军事领域的革命。目前,世界军事领域正在进行着以信息化为核心的新军事变革,以信息技术为核心的高技术群在军事领域的广泛应用,引发了武器装备、战争形态、军事理论等方方面面的深刻变化。

世纪之交发生的几场信息化战争,使世人真切地感知到新军事变革所催生出的巨大威力。新军事变革对传统的通用装备保障产生了巨大的冲击,其影响是全方位的、深层次的、根本性的。在世界新军事变革深入、广泛发展的情况下,应认真研究新军事变革的特点、规律和发展趋势,有针对性地做好通用装备保障转型,以适应信息化军事形态和打赢未来信息化战争的要求。

一、世界新军事变革的主要特征和总体趋势

世界新军事变革总的趋势是由机械化军事形态向信息化军事形态演变,是信息化因素逐渐取代机械化因素成为决定战争形态主导因素的过程,具有明显的跨

越式特征。

（一）增强军队的信息优势是推进新军事变革的首要目标

在未来信息化时代,信息化战争将成为最主要的战争形态。因此,增强军队信息优势也将成为新军事变革的首要目标。

20世纪后期,计算机、雷达、通信、导航、制导、航天、激光、微电子等技术快速发展,在这些技术基础上发展起来的侦察与监视系统、精确制导武器、电子战系统、夜视系统、隐身反隐身武器系统等在多场局部战争中广泛应用,促进了信息对抗在军事领域的迅速发展。尤其是20世纪90年代以后,以信息技术为核心的新技术革命迅猛发展,制信息权的斗争延伸至以计算机网络为支撑的信息处理系统和指挥控制系统。这在美国等国家先后进行的海湾战争、科索沃战争、阿富汗战争、伊拉克战争中表现得尤为突出。

增强军队信息优势是争夺一种综合性控制优势,主要围绕着争夺电磁优势、网络优势和心理优势展开。增强军队信息优势的斗争主要体现在信息获取、信息传递和信息处理等基本环节上。以心理战、电子战和计算机网络战为主要作战方式,通过运用侦察与反侦察、干扰与反干扰、破坏与反破坏、摧毁与反摧毁、控制与反控制等手段,干扰和破坏敌方信息系统,削弱其信息获取、传递、处理和使用能力;同时,保护己方信息和信息系统的安全。

未来战争中,增强军队信息优势的装备将更加先进、手段更加多样、方法也更加灵活。增强军队信息优势将成为作战内容的重要组成部分。世界各国都在努力开展信息化战争的研究并尝试建设信息化军队,为未来的信息化战争做准备。由于美国在信息技术领域保持着世界领先地位,拥有全面的技术与装备优势,其信息战理论已成为世界各国军队效仿的样板。

（二）体系之间的对抗成为未来战场对抗的基本特征

目前,世界新军事变革已开始进入新的质变阶段。未来信息化战场将不再是过去那种单一要素或某些要素之间的较量,而将是系统与系统之间的较量,体系与体系之间的对抗将成为未来战场对抗的基本特征。

1. 战争对抗的物质基础是武器装备体系的对抗

随着信息技术等高新技术群的迅猛发展和在军事领域的广泛应用,武器装备的功能和结构也在发生质的飞跃,武器装备信息化、智能化、一体化程度越来越高。从装备作战效能有效发挥的角度看,未来信息化战场将是装备体系之间的对抗。在未来的战争中,作战装备系统将是由相互关联、相互依赖、相互制约的各个分系统组成的有机整体。

2. 战争对抗的实质是军队组织体系的对抗

为了使军队能够综合运用各种作战力量和作战手段,提高应付不同强度战争以及非战争军事行动的能力,军队的编制体制和作战编成已逐步向模块化、一体化方向演变。一体化的结果导致编制体制和作战编成内部结合更紧、编组方式更活、作战能力更强。未来战争敌对双方军事力量对抗的实质将是军队组织体系之间的对抗。

3. 系统结构破坏的瘫痪战将成为主要作战样式

未来作战空间将向陆、海、空、天、电磁多维领域扩展,信息技术可以将各种作战部队和各类武器装备连为一体,形成一个完全网络化的战场环境。全方位、全天候、全频谱的高技术侦察系统,能够为指挥员全面、实时掌握战场情况提供可靠依据。在 C^4ISR 系统的支持下,精确制导武器可以做到指哪打哪,发现即摧毁。利用远程精确打击武器,采用"点穴式"打击方式彻底瘫痪对方整个作战体系的战法将成为未来战争的重要作战样式。采取"点穴式"打击方式,集中打击对方指挥控制系统、通信系统、侦察预警系统、电子对抗系统、后勤补给系统、信息化武器系统,以及机场、港口、交通枢纽等重要关节点,能使其各系统运行失调、力量结构失衡和整个系统运转失灵,从而使对方整个作战体系瘫痪,失去整体抵抗能力。

4. 战场保障主要表现为保障体系的对抗

美军在《2010 年联合构想》中,提出了"聚焦式后勤"的新思想,各军种也相继提出了本军种的后勤理论,如陆军的"即时后勤"、空军的"灵敏后勤"、海军的"灵巧后勤"和海军陆战队的"精确后勤",其实质都是将信息、后勤和运输技术融为一体,从根本上改变了投递和保障方式,实现精确、高效的集约化保障,使任何一支远离基地的作战部队都能得到及时的保障。从保障的角度看,未来信息化战场的保障也将是作战双方整个保障体系之间的对抗。

(三) 争夺制太空权成为世界军事竞争新的战略制高点

太空是人类发展的新边疆,取得太空竞争的优势将极大地提升一个国家在未来世界格局中的地位。当太空进攻和防御技术取得突破性发展,太空进攻和防御武器开始大量生产和部署时,争夺制太空权的斗争将会更加激烈,制太空权的争夺将成为世界军事竞争新的战略制高点。

在未来战争中,掌握空间优势,取得制太空权,将是掌握战争主动权的前提。目前,发达国家军队在航天侦察监视、航天支援方面的理论已基本成熟,并正在加紧探索和试验航天进攻与防御作战的有关问题,以期形成一整套"控制高地"的天战理论。在争夺制太空权的斗争中,最可能的作战样式将包括:卫星攻防战,如使用陆基定向能武器打击近地轨道敌军卫星、采用天基动能武器对付敌近地轨道卫星、使用载人空间站打击敌在近地轨道和地球同步轨道以及高轨道的卫星、借用轨道飞机和航空航天飞机对卫星实施攻击等;空间反导战,如用天基激光或动能武器,摧毁敌导弹或导弹系统等;天基对地攻击战,如向地面发射激光、粒子束、动能武器等;空间作战平台攻防战,如在航天飞机上配备武器进行交战等。

(四) 非接触、非线式、非对称作战成为重要作战方式

随着军事信息技术水平的不断提高,高技术武器装备的抗干扰能力、远距离侦察与打击能力、精确打击能力迅速提高,使远程防区外打击成为可能,也使非接触、非线式、非对称作战在现代高技术局部战争中的地位凸显出来,非接触、非线式、非对称作战样式将成为未来战争的重要作战方式。

1. 非接触作战

非接触作战是相对于接触作战而言的一种作战样式。它是指敌对双方或一方作战单元借助网络化侦察监视系统、信息系统和远程武器,在对方防区之外进行的超视距精确打击的作战方式。从理论上说,非接触作战是作战双方均可实施的行为,但从实践中看,特别是近观海湾战争以来的几场高技术局部战争,人们不难发现,非接触作战,是在敌对双方武器装备形成的"代差"中,优势一方在采取有力保护措施的前提下,通过利用、限制、压缩对方的作战能力范围,使己方主要作战部署和有生力量的行动脱离对方主战兵力兵器的有效还击范围,进而对其实施打击的行为。它是在信息化条件下强者对付弱者的有效手段,在军事对抗中处于弱势的一方是无法主动进行非接触作战的。

由于技术还不完善等因素的制约,非接触作战有时作为独立的战争样式存在,有时还需与接触作战交叉运用。但发达国家的军队特别是美国军队,正在以更大的决心、更高的投入、更切实的步骤和更快的速度,推动军事技术的升级换代和革命性变化,特别是其掌握的信息技术和远程精确打击技术遥遥领先于世界,足以支撑其与任何对手进行非接触作战。

2. 非线式作战

非线式作战是相对于传统的线式作战而言的一种作战样式,是美军当前作战理论的组成部分。美国陆军1993年版《作战纲要》指出,现代战争中作战呈立体状态,并提出了"非线式战场"的概念,强调在未来高、中强度的冲突中,必须在战役上实施非线式作战;在低强度冲突中,非线式作战将成为常规。

非线式作战是指根据统一的作战意图,在战场全纵深同时展开作战力量,实施

多方向、多层次、多领域、多手段的作战行动。它改变了过去双方战线分明的状态，使战场上没有明显的敌我战线之分，也没有明显的前后方之别。同时，也改变了进攻者逐次向纵深推进、防御者由前沿向后方依次抗击的线式作战样式。

3. 非对称作战

非对称作战是相对于对称作战而言的一种作战样式，是指作战双方在军事实力、作战样式、作战方法等方面不构成对等或对应关系而进行的作战行动，亦称不对等作战或非对等作战。

按照美军的说法，"对称作战指两支相同类型部队之间的交战"，如地面部队对地面部队、海军对海军、空军对空军的作战等。非对称作战是指不同类型部队之间的交战，如空军对海军、空军对陆军、地面对空中和海上作战等。其意图是"运用联合部队的力量打击敌军弱点"，"在时间和空间上巧妙用兵获得决定性优势"。

美军认为，非对称作战的实质在于使各种作战力量结合成一体，协调一致地实施作战行动，最有效地达成战斗、战役和战略目标，核心是增强联合部队的整体作战效能，而不是寻求军种力量运用之间的平衡。其理论要点：①发挥作战力量的优势，扩大并利用敌之弱点。②合理部署与使用作战力量，加速作战行动的进程。③依靠先进武器与信息优势，掌握战场主动权。④采取突然猛烈的攻击行动，减少己方损失。美军非对称作战的局限性在于：受基地布局和组合状况的制约较多；复杂的战场环境对作战效果影响较大；美军自身对非对称攻击的防护能力有限。

未来信息化战争中，特别是在有强敌介入的战争中，如何针对"三非"作战有针对性地做好装备保障，是通用装备保障训练、战备以及力量建设等不能不重视的问题。因此，要研究"三非"作战的特点和规律，根据不同的战略方向，以及可能的作战目标有针对性地做好军事斗争准备和通用装备保障准备。例如，非对称作战，若对手为劣势之敌，战争中要着力于保持和扩大非对称优势，要求通用装备保障在战争能够精确保障、及时保障，保证弹药物资充足，保证通用装备保持良好的技战术状态；面对强敌介入，要研究新战法，扭转被动挨打的局面，同时要研究新的保障模式，在力量筹组、战场抢修、加强防卫等方面加强通用装备保障建设和进行针对性训练。

二、世界新军事变革对通用装备保障的影响和要求

正在发生发展的世界新军事变革，是世界军事领域的全方位变革，给各国军队建设和发展都带来了新的机遇和挑战，我军必须顺应潮流，加快转变战斗力生成模式，实现由机械化、半机械化向信息化的跨越式发展。

推进有中国特色的军事变革，加快战斗力生成模式转变，对我军通用装备保障

建设和保障能力的提高提出了更多新的要求,必须尽快缩短我军通用装备保障与发达国家军队通用装备保障之间的差距,早日实现我军通用装备保障现代化建设目标。

(一) 创新通用装备保障理论

军事理论创新,是新军事变革的重要内容,也是转变战斗力生成模式的重要前提。同样,创新通用装备保障理论,不仅是通用装备保障能力生成模式转变的重要内容,更是推动通用装备保障能力生成模式转变的基础。世界新军事变革条件下,随着军事理论的不断创新发展,人们对包括军队建设、战争指导、军事训练等军事领域的各个方面都有了新的认识,产生了新的理论,这些新的理论也为通用装备保障理论的发展和完善提供了源泉和指引,因此,必须解放思想,不断加强通用装备保障理论的研究和创新,以适应任务发展的需要。

创新通用装备保障理论,就是要在客观认识现有的通用装备管理体制、模式和方法的基础上,坚持以实际问题为中心,紧紧围绕通用保障装备建设和发展中的重大现实问题,深入研究我军通用装备保障建设的阶段性特点,不断探索信息化条件下和社会主义市场经济环境中通用装备保障的特点和规律。要用信息化时代的指导思想谋划我军通用装备保障建设事业,统筹机械化与信息化建设,走复合式发展的道路;要摒弃不符合市场经济要求的特别是计划经济的思想观念,用符合市场经济要求的思想和观念来指导我军通用装备保障建设与改革,最大限度地利用市场配置实现通用装备保障资源优化,不断提高我军通用装备保障能力,实现又好又快发展的目标。

(二) 大力发展信息化通用保障装备

保障装备是装备保障能力生成的基础,在我军信息化进程不断加快的背景下,保障装备的综合性能及信息程度,直接影响通用保障能力的生成与提高。特别是在未来信息化条件下作战,战场环境高度透明,作战节奏明显加快,作战样式转换频繁,要求保障装备必须具有较强的野战适应能力、机动保障能力和信息处理能力。同时,信息技术的飞速发展,促进了主战装备信息化、智能化和一体化发展趋势,而保障装备作为对主战装备实施保障的重要手段和基础,必然也要求在信息系统设计、研制、训练等各个环节与主战装备同步推进、同步发展。推进通用装备保障能力生成模式转变,发展新型通用装备保障装备,必须要以国民经济的现实与发展为条件,有计划、有重点地发展信息化保障装备。

(三) 改革通用装备保障指挥体制

编制体制是联结军事技术、人员、理论的纽带和桥梁,通过改革军队编制体制,实现军事系统组织结构的优化组合,是巩固和发展武器装备更新、军事理论创新成果,最终实现战斗力生成模式转变的关键。加快转变战斗力生成模式,必须大力推进部队体制编制的调整改革,作为军队指挥体系重要组成部分的通用装备保障指挥体制,必须与时俱进,适时进行调整改革。改革通用装备保障指挥体制,就要从联合作战指挥的需要出发,围绕装备保障指挥的基本任务与要求,着眼于提高效能,调整现行装备保障指挥结构,改革不合理的编制,革除不合时宜的组成模式,构建结构优化、层次简明、便于指挥、利于组织实施联合保障的装备保障体制。整合力量、突出重点,构建与作战指挥相适应的装备保障指挥体系,确立集中统一和统分结合的装备保障指挥关系,建立权威、精干、联合式装备保障指挥机构。

(四)完善联合作战通用装备保障机制

未来战争是信息化条件下的一体化联合作战,一体化联合作战的通用装备保障,不仅要综合运用各军兵种的装备保障资源,还要统一指挥协调各军种的装备保障行动,才能有效聚集装备保障能量,做到既能对所有作战部队统筹兼顾,又能集中主要保障力量于主要方向。因此,要探索建立一体化联合作战通用装备保障机制,要建立一体化的通用装备保障力量体系,实现诸军兵种装备保障力量的统一部署。要以战略装备保障为后盾,以战役装备保障为主体,以信息化条件下联合作战为牵引,以社会化装备保障为依托,坚持与军事指挥体制改革同步发展的原则,建立结构合理、编制精干、三军一体、军民兼容的通用装备保障体制。

(五)注重通用装备保障人员队伍建设

人是战斗力生成模式诸要素中最活跃、最具决定性的因素,迎接新军事变革的挑战,加快转变战斗力生成模式,从根本上取决于官兵素质和能力的提高及其主体作用的发挥。通用装备保障人员是装备保障能力构成的核心要素,也是通用装备保障能力生成模式转变的关键。通用装备保障人员不仅是部队战斗力的人才基础,更是通用装备保障能力的中坚力量和核心要素。在通用装备保障与管理的各个环节,通用装备保障人员为装备的调拨配备、调整运输、退役报废,以及维修、日常管理、维护保养、器材供应等做着大量富有创造性、基础性的工作。当前,我军通用装备保障人员的整体素质和规模与装备保障能力转型目标尚存在不适应的地方,集中体现在"总量不足、结构失衡"等方面。尽管近些年我军针对装备保障人员建设存在的问题进行了重点整治,取得了较好的效果,但要从根本上解决装备保障人员的建设问题,尚需要进一步深化和创新装备保障人员培养举措,并形成装备保障人员培养与使用的良性运行机制。在新的历史时期,必须转变人才培养理念,加快培养适应现代军事技术发展及未来信息化战争需要的新型通用装备保障人才。

第四节　军队使命任务不断拓展

中华民族的伟大复兴,势必引发世界战略格局、利益格局的深刻变革,使我国国家利益的内部结构和外部环境发生深刻变化。随着改革开放的不断深入、我国综合国力的不断增强,以及国际环境和周边安全环境的变化,我军的使命任务也在不断拓展。作为军事活动的重要组成部分,针对我军使命任务拓展的新局面,通用装备保障必然要根据形势和任务的变化,不断增强能力,从而保障军队顺利圆满地完成各项任务。

一、我军使命任务拓展的背景及主要内容

在我国经济高速发展的同时,安全形势也发生了深刻变化,传统安全威胁依然存在,非传统安全威胁日趋突出;军事安全威胁依然存在,政治、经济、文化安全威胁日趋突出;国际上的安全威胁依然存在,国内不稳定因素引发的安全威胁日趋突出;可视空间安全威胁依然存在,不可视空间安全威胁日趋突出。按照 21 世纪新阶段我军使命任务的要求,我军既要应对传统安全威胁,又要应对非传统安全威胁;既要维护国家生存利益,又要维护国家发展利益;既要维护领土、领海、领空安全,又要维护海洋、太空、电磁空间安全以及其他方面的国家安全;既要维护国内安全稳定,又要积极参与国际和地区安全合作、国际维和与反恐、国际人道主义救援等。

在新的情况下,我军必须以提高打赢信息化条件下局部战争能力为核心,不断增强应对多种安全威胁、完成多样化军事任务的能力。

拓展使命任务,遂行多样化军事任务,就是完成多样化、多方面军事任务。军队遂行多样化军事任务,其实践活动古已有之,各国军队自建军之日起,都不同程度地执行过非战争军事任务,但其理论认识和实际运用的迅速发展是冷战结束后开始的。20 世纪 80 年代以来,各国对军队遂行多样化军事任务进行了大量的研究和讨论,并形成了基于自身政治立场和价值观念的不同诠释。尽管各国对遂行多样化军事任务,理解和表述不尽相同,完成军事任务内容存在着不少差异,但其共识为:多样化军事任务,一般应是依据本国法律规定,为维护国家安全和发展利益,动用军队指挥系统、军事力量和军队保障体系所遂行的多方面任务。可以看出,这些解释主要包含了以下四层含义:①运用军事力量;②职能任务多样;③运用

方式多样;④能力要求多样。我军遂行多样化军事任务,是指军队根据党中央、中央军委命令,依据法律规定,为维护国家安全和发展利益,动用军队指挥系统、力量和保障体系,在诸军兵种、军地总体联合行动下所遂行的多方面任务。

从内容划分上来看,军队拓展使命任务,遂行的多样化军事任务主要包括以下几项:

(1)打赢信息化条件下的局部战争。当今世界各国围绕利益争夺诱发的局部战争和地区冲突更加突出,军队应对信息化条件下的局部战争,仍然是核心任务。

(2)实施军事威慑。威慑历来是军事斗争的重要手段。信息化条件下,军事威慑的地位和作用将更加重要。

(3)应对武装冲突。在大规模战争爆发概率不断下降的同时,地区武装冲突频繁成为当今世界非常突出的问题。

(4)抢险救灾。当发生地震、风暴、洪水、火灾等较大的灾害时,往往需要部队参与抢险救援行动。

(5)打击恐怖主义。世界许多国家都相继成立了专门反恐的特种部队。我国也高度重视部队反恐能力的提高,并积极开展反恐演练。

(6)搜索与救援。由于搜索与救援行动通常是在政治敏感、地域偏远或在敌对环境等特别复杂的环境下进行,危险性大,具有作战性质,所以逐步被列入军队的职能范围。

(7)参与维和行动,随着国际合作力度的加大,维和行动日益成为一些国家军队的重要职能。

(8)国外救灾。动用军队参与国外救灾行动,已经成为21世纪各国军队的重要职能,更是世界各国赢得发展利益,提升国际地位的新型手段。

(9)其他突发事件。对于各类突发事件,军队只有及早介入,才能迅速遏制危机变恶苗头,有效维护国家利益和最大程度地减少损失。

应该指出,完成多样化军事任务首要的是打赢信息化条件下的局部战争,如果不具备这一核心能力,完成其他军事任务只能是一句空谈。因此,必须在加强核心军事能力建设的基础上,发挥不同部队在完成多样化军事任务中的作用,科学区分主要战略方向和次要战略方向,区分军兵种和专业、训练内容和标准,有针对性地加强反恐、处置突发事件、抢险救灾、国际维和等非战争军事行动准备,发挥我军综合军事实力。

二、使命任务拓展对通用装备保障的影响

军队使命任务的拓展为通用装备保障的建设与发展提供了新的依据和要求。

使命任务的不断拓展,要求我军通用装备保障建设在满足未来信息化联合作战通用装备保障要求的同时,还要满足非战争军事行动对通用装备保障提出的要求。面对 21 世纪新阶段军队使命任务的新定位,以及多样化军事任务的不断加重,军队通用装备保障面临一系列新情况、新任务、新要求,很多重大现实课题亟需解决。如对多样化军事任务特点和规律研究不够的问题、保障体制不适应的问题、战略投送能力不足的问题、通用装备保障装备信息化程度不高等问题。具体而言,军队使命任务拓展,遂行多样化军事任务给我军通用装备保障提出了以下几点要求。

(一) 保障对象多元,要求具有很强的协调适应能力

完成多样化军事任务,尤其是完成非战争军事行动,部队组织或参加应急作战、抗洪抢险、联合军演、反恐维稳、重大活动安保等军事任务,往往要与其他军兵种、武警、地方公安部门、各级地方政府以及其他相关单位联合行动。保障对象和保障力量的多元要求通用装备保障具有很强的协调和适应能力,除了做好所辖部队装备保障以外,还需要协调地方各种保障力量,并动用其保障设施设备对其他参战兵力进行联合保障。

因此,要构建多样化军事任务的一体化通用装备保障体制。一体化的通用装备保障体制,是实施多样化军事任务军民融合式通用装备保障的组织保证。构建多样化军事任务的一体化通用装备保障体制,要坚持军民一体化保障目标,构建军民一体的装备指挥体系、结构合理的通用装备力量体系和高效顺畅的运行体系,建立能够保障多种作战任务、多种作战样式、多种军事行动需要的一体化通用保障体制。要着眼于多样化军事任务需要,建立完善军民一体的通用装备指挥机构编成,理顺装备指挥程序和方法。要按照综合集成的要求,优化结构、完善要素、强化功能,形成战略、战役、战术相配套,陆上海上空中相衔接,基地与机动相协调,军队与地方相结合的通用保障力量。

(二) 军事任务多样,要求具有很强的综合保障能力

使命任务拓展条件下,军队遂行的多样化军事任务类型多样、范围广泛、需求复杂。为满足多样化军事任务的保障需求,通用装备保障体系必须具有强大的综合保障能力。由于要应对多种安全威胁,装备保障种类多、需求大。同时,相当一部分装备技术含量高、信息化程度高、构造精密,通用装备保障不仅包括及时准确的装备器材供应,还要实施抢救、抢修,解决大量的技术难题,特别是需要解决复杂电磁环境所造成的电子设备故障,装备保障难度进一步加大。此外,多样化军事任务还对通用装备的机动保障能力提出了更高的要求。

因此,必须着眼于军队可能遂行的多样化军事任务,以增强通用保障的应急保障能力、机动保障能力、联合保障能力和精确保障能力为核心,构建满足遂行多样化军事任务要求的通用装备保障体系,为军队有效遂行多样化军事任务实施综合保障。

(三)军事行动突发,要求具有很强的快速保障能力

军队执行多样化军事任务,特别是在应对非传统安全威胁时,往往具有很强的突发性。这种军事行动的不确定性、突发性和多变性,将导致装备保障的强度、样式、方式和对象等在较短时间内发生显著变化,进而要求装备保障必须具备很强的适应性和快速保障能力,做到武器装备启封快、装备器材筹措供应快、保障行动展开快、检测维修快、保障方式转变快等。

因此,针对影响巨大的非传统安全威胁、事发频繁的战略方向和地区、最常动用的装备器材等,要全方位、多渠道、多方式筹措装备保障物资,特别是军队体制外的装备器材应及时建立通装统保、军民联保的装备保障机制,立足于平时进行有重点的准备,为快速反应奠定物质技术基础,最大限度地减轻多样化军事任务装备保障准备的难度和任务量。同时,装备、器材储备要准确高效,要按编配用途研究执行多样化军事任务中需要携行、运行装备物资的数量,确定不同的携带标准,做到少而精,够用就行,略有余量,不能大而全,人为地增加装备保障难度。例如,执行一般的维稳任务,可不带重型武器,执行抢险救灾任务,应以机具设备为主。装备、器材供应要迅速快捷。根据遂行任务需要,区分保障重点,适当靠前部署保障力量,缩短保障距离,简化保障程序,减少保障层次,提高保障实效;按出动的兵力,科学区分携运行的弹药、防暴器材标准,以快速收发、方便快捷为原则分类存放储存保管,提高请领、运输和分发工作效率;充分利用地方民用通信、运输、供给网络,优化人员、装备和保障手段配置,实现保障一体化,最大限度地提高保障速度。

(四)作战行动多重,要求具有多样化的保障手段

多样化军事任务,从作战地域看,包括国内、国外等多个战场;从作战行动看,包括反恐维稳、抢险救灾、应急作战、联合军演、重大活动安保等多种样式;从持续时间看,既有持续时间较长的封控作战,也有持续时间很短的抢险救灾、重大活动安保等。不同战场、不同作战样式、不同持续时间,要求装备保障手段必须多样化。定点辐射保障和机动跟进保障、现地实装抢修与远程技术支援、按现行编制逐级保障和打破建制越级保障、军内独立保障和军地一体化保障等,将相互交织,综合运用。

　　因此,要加强任务区域感知体系建设,以高技术为先导,在全时域、全空域建立监测预警网络,运用卫星遥感、航拍遥测、视频监控、数学建模、气象预报、射频感应、实地统计等综合手段,建立立体化、全覆盖的多样化军事任务区域感知体系,精确掌握保障需求。另外,要按照跨层次支援、跨区域保障、跨军地使用的建设思路,引入和创新先进的物流理念、技术和手段,依托国家物流体系和社会保障资源,逐步建成集采购、仓储、运输、配送于一体的现代军事物流体系,实现军地衔接、平战结合的供应商直达配送,提高保障效益。

第四章 通用装备保障基本思想

通用装备保障思想是人们在长期的装备保障活动中形成的对通用装备保障的根本性认识和看法,是对通用装备保障规律的客观反映。只有应用正确的装备保障思想,对装备保障实践实施全局性指导,才能确立正确的保障原则,建立科学高效的保障体制,选择合理的保障方式,采用先进的保障手段,最终取得装备保障的高质量、高效益。研究信息化条件下通用装备保障思想,主要是根据作战特点及保障需求,立足于我军特色及现实,着眼于未来可能的发展变化,借鉴我军历史和外军经验,跳出机械化战争保障模式的思维定势,在逻辑判断的基础上进行理性的超前思维、创新思维。信息化条件下的通用装备保障,应坚持并贯彻系统工程、综合集成、军民融合、精确保障的思想。

第一节 通用装备保障系统工程思想

通用装备保障的系统工程思想,就是要把通用装备保障作为一个互相关联、互为一体的系统和过程,从整体上、全局上来实施全系统、全寿命综合保障。

一、系统工程基本概念和原理

(一) 系统工程概念

系统工程是以系统理论为依据,以系统为研究对象,从系统全局观点出发,利用数学、运筹学、概率论与数理统计学、控制论、信息论、管理学、经济学,以及计算机科学等现代科学理论与方法去解决系统问题,实现系统整体最优化的一门科学,也是一种组织管理的科学方法。系统工程包括两大科目:系统工程师从事工作的技术知识领域和系统工程管理。

系统工程是 20 世纪 40 年代,由美国贝尔电话公司在设计电话通信网络时提出来的。半个多世纪以来,系统工程得到了迅速发展和广泛应用。其发展包括两个方面:一方面是它的应用范围不断扩大,不仅用于工程系统,也可以用到其他系统中;另一方面是系统工程方法的发展,可以用来处理更加复杂的系统。这两方面也是相互促进的。

我国著名科学家钱学森在《组织管理的技术——系统工程》一书中指出："把极其复杂的研制对象称为系统,即由相互作用和相互依赖的若干组成部分结合成具有特定功能的有机整体,而且这个系统本身又是它所从属的一个更大系统的组成部分。……系统工程学则是组织管理这种系统的规划、研究、设计、制造、试验和使用的科学方法,是一种对所有系统都具有普遍意义的科学方法。"

系统工程是从总体上改造客观世界的工程技术实践,是组织管理系统的技术,是系统科学体系的工程应用层次。系统工程所研究的领域是自然科学、社会科学与工程技术相互交叉和综合的研究及应用领域,核心问题是组织管理与决策。

系统工程的应用既强调系统分解,又强调在分解研究的基础上,再综合集成到系统整体,实现 $1+1>2$ 的飞跃,达到从整体上研究和解决问题的目的;系统工程强调人机结合,根据研究问题涉及的学科和专业范围,组成一个知识结构合理的专家体系,通过机器体系、信息体系、模型体系、指标体系、评价体系、方法体系以及支持这些体系的软件工具的集成,实现系统的建模、仿真、分析与优化。

系统工程研究的对象是复杂巨系统。一般情况下,系统包含"硬件"单元,也包含"软件"要素,尤其是人的行为。因此,要有独特的思考问题和处理问题的方法,要用多种技术方案进行求解。系统工程方法论除了一般的数学描述方法和逻辑推理方法以外,还有工程技术的规范和社会科学的艺术等。描述性、逻辑性、规范性、艺术性这些特点交织在一起,构成了系统工程独特的思想方法、理论基础、基本程序和方法步骤。系统工程方法论的基本特点是研究方法强调整体性,技术应用强调综合性,管理决策强调科学性。

(二)系统工程原理

在系统工程的研究和应用中,人们逐渐探索、积累和总结出多种科学的工作方法和程序。具有一定代表性的主要有霍尔的"三维结构"模式和切克兰德的"调查学习"模式。

1. 霍尔三维结构

1969 年美国工程师霍尔提出"三维结构",对系统工程的一般过程做了比较清楚的说明,它将系统的整个管理过程分为前后紧密相连的 6 个阶段和 7 个步骤,并同时考虑到为完成这些阶段和步骤的工作所需的各种专业管理技术知识。三维结构由时间维、逻辑维和知识维组成,如图 4-1 所示。

在霍尔三维结构中,时间维表示从规划到更新,按照时间顺序排列的系统工程全过程,分为 6 个阶段:规划阶段、方案阶段、研制阶段、生产阶段、运行阶段、更新阶段。

逻辑维是指每个阶段所要进行的工作步骤,这是运用系统工程方法进行思考、分析和解决问题时应遵循的一般程序,主要包括 7 个步骤:明确问题、选择目标、系统综合、系统分析、方案优化、做出决策、付诸实施。

知识维是指在完成上述各个步骤所需要的各种专业知识和管理知识,包括科学理论、工程技术、数学、管理学、军事学、运筹学、法律、信息技术、计算机技术等方面的知识。

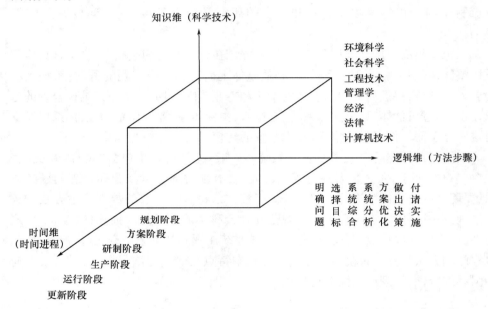

图 4-1 系统工程的霍尔三维结构

霍尔三维结构指出了系统工程中的每一个阶段都有自己的管理内容和管理目标,每一步骤都有自己的管理手段和管理方法,彼此相互联系,再加上具体的管理对象,组成了一个有机整体。应用系统工程方法,可以减少决策上的失误和计划实施过程中的困难。霍尔三维结构方法论不仅适用于工程系统,也同样适用于军事系统和社会系统。

2. 切克兰德的"调查学习"模式

系统工程常常把所研究的系统分为良性结构系统和不良结构系统两类。良性结构系统是指偏重于工程、机理明显的物理型的硬系统,它可以用较明确的数学模型描述,有较现成的定量方法,可以计算出系统的行为和最佳结构。解决这类工程系统工程问题所用的方法通常称"硬方法",霍尔三维结构主要适用于解决良性结构的硬系统。不良结构系统是指偏重于社会、机理尚不清楚的生物型软系统,它较难用数学模型描述,往往只能用半定量、半定性或者只能用定性的方法来处理问题。解决这类社会系统工程问题所用的方法,通常称为"软方法"。"软"的主要原因是它加入了人的判断和直觉,因此,解决问题时不像硬方法可以求出最佳的定量结果,而是所求出的结果一般是可行的满意解。

20世纪70年代,英国的切克兰德提出的"调查学习"模式属于这类"软方法"。到目前为止,提出了一些解决不良结构的软系统方法,如专家调查法、情景分析法、冲突分析法等,但从系统工程方法论角度看,切克兰德的"调查学习"模式具有更高的概括性。

切克兰德的"调查学习"软方法的核心不是寻求最优解,而是"调查、比较"或者说是"学习",从模型和现状比较中,学习改善现存系统的途径。它的方法步骤如图4-2所示。

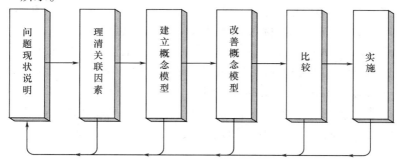

图4-2 切克兰德"调查学习"方法流程

(1)不良结构系统现状说明。通过调查分析,对现存的不良结构系统的现状进行说明。

(2)理清关联因素。初步理清、改善与现状有关的各种因素及其相互关系。

(3)建立概念模型。在不能建立数学模型的情况下,用结构模型或语言模型来描述系统的现状。

(4)改善概念模型。随着分析的不断深入和"学习"的加深,进一步用更合适的模型或方法改进上述概念模型。

(5)比较。将概念模型与现状进行比较,找出符合决策者意图而且可行的改革途径或方法。

(6)实施。提出的途径或方案的具体实施。

在通用装备保障系统的研究、建设和实现过程中,应该充分运用系统工程方法。在通用装备保障系统的研究过程中,应用系统工程方法,强调系统的整体性;在通用装备保障关键技术开发与应用过程中,应用系统工程方法,强调综合性;在保障资源建设和发展规划过程中,借鉴霍尔"三维结构"方法,减少决策中的失误和计划实施过程中的困难;在通用装备保障组织管理过程中,应用切克兰德"调查学习"这样的"软方法",可以改进和完善运行机制和管理模式;在通用装备保障指挥决策过程中,应用系统工程方法,可以提高决策的科学性。

二、装备系统工程的概念和主要观点

(一) 装备系统工程的概念

装备系统工程是运用综合集成的系统方法,对装备(产品)及其相关的试验、制造与保障过程进行综合、并行设计与研制的技术管理过程,通过该过程将作战需求转化为功能满足此需求且技术状态得到优化的,所有功能接口与物理接口(内部的和外部的)相互兼容的,技术风险得到有效控制的,系统要素(包括硬件、软件、设施、人员及技术资料等)完整和已经试验验证的装备系统。

随着系统科学的发展,人们不断地赋予装备系统工程新的思想、新的理念和新的方法。近20年来,综合集成的系统思想、持续采办与寿命周期保障的理念和并行工程的方法对装备系统工程的发展产生了巨大的推动作用。装备系统工程是一种多学科的系统方法和一个综合的、反复迭代的工程管理过程,实施装备系统工程能够实现装备(产品)及其相关过程的最优化和达到费用、进度与性能之间的最佳平衡。

(二) 装备系统工程的主要观点

运用系统工程的方法解决装备的研究、设计、制造、试验和使用以及保障中的问题,必须坚持以下主要观点。

1. 全系统的观点

装备系统是由主装备与保障系统有机地组合而成的一个具有作战功能和完成作战任务的统一整体。全系统观点就是全系统整体优化的观点,即强调不仅要优化主装备,而且要优化保障系统并使两者有最佳的匹配关系,因此,必须采用综合保障的方法,确保装备全系统(主装备与保障系统)同时论证,同步、配套、协调地研制、试验与定型,配套订购及配套交付部队使用,在装备部署时,及时地建立起经济有效的保障系统,从而确保装备尽快形成战斗力和在作战与训练中发挥装备系统最大的整体效能(系统效能)。同时,强调对主装备及其保障系统进行全面有效的管理,才能最好地发挥装备系统的作战效能。

2. 全寿命的观点

装备从立项论证到退役都要经历论证、方案、工程研制与定型、生产、使用及退役 6 个寿命周期阶段。全寿命的观点就是全寿命过程优化的观点,强调装备整个寿命周期各阶段的连续性、有序性与关联性,优化全寿命过程,从而保证了系统的优化和发挥装备系统最大的整体效能。

3. 满足用户需求的观点

研制任何一种新型的武器装备都是为了抗击敌方武器装备的战争威胁,而改型一种现有的武器装备也是为了提高抗击敌方武器装备战争威胁的能力或为改进原有的保障缺陷,所以,首先必须从分析用户(部队)的作战需求开始,通过设计、研制、制造来满足用户的需求,最后提供给用户使用,并通过在实际使用环境中来检验和评估是否满足用户的需求。

4. 以设计为中心的观点

从全寿命的观点看,装备系统能否满足用户的需求关键是优生,优生包括研制与制造,其关键在于研制。一个成功的研制,往往经历研究、设计、试制和试验的过程,而这个过程是经过要求分析、功能分析与要求分配、设计综合与核查和系统分析与控制的反复迭代的系统工程过程。它是以设计为中心展开的。因为研制过程是利用研究提供的成熟的技术成果进行设计,将由图纸和规范描述的设计试制成相应的样机,经过试验检验所设计与试制的样机是否符合要求,发现缺陷修改设计,直至研制出满意的定型装备。制造的重点是解决生产性的问题,即如何用现有的技术容易地、经济地制造出装备,其容易性与经济性主要取决于设计。只有健壮的设计才能研制出价廉、性能高、易制造、好保障的装备,因此,系统工程是以设计为中心的。

5. 并行设计的观点

并行设计的观点,是将系统工程的方法融入当代流行的并行工程方法之中。采用这种方法要求在产品的上游阶段(如方案设计)时就着手考虑所有希望的下游特性(如使用保障)及其相关过程,即进行并行设计。这样,要求在上游阶段就要及时得到对所有下游特性及其相关过程的考虑与设计的反馈信息,以影响上游特性的设计和及时纠正产品的设计缺陷。利用现代信息技术建立起来的数字化、自动化、网络化与集成化的信息化环境,为实行并行工程提供了必要的高效、快速与共享的信息环境。在武器装备研制一开始就成立包括使用与保障人员参加的多学科的“产品综合小组(Integrated Product Team,IPT)”,它是实行并行工程管理上的重要保证。因此,并行工程的管理过程能够综合考虑从产品的方案到生产及使用保障的所有活动,优化产品及其制造、保障过程,以实现费用、进度与性能的目标。

三、全系统全寿命装备保障

全系统全寿命装备保障是装备系统工程理论在通用装备保障中的具体应用，其核心是在装备的设计、研制、生产、采购、补给、使用与报废的全过程中，把装备保障因素考虑进去，从而提高装备的战备完好性水平。

（一）全系统全寿命装备保障的含义

通用装备保障，必须从实现和保持装备的整体作战效能出发，把与装备保障有关的全部内在和外在因素作为一个整体系统来综合考虑，应用系统工程的方法和手段来进行全系统保障，以达到最佳的保障目标。要达到这一点，首先，要把部队的所有装备看做一个有机整体和系统，对其实施系统保障。部队所有装备是一个严密配套的有机整体，任何一种装备不能正常发挥效能，都会影响整个装备系统总体功能的发挥。因此，对所有装备都必须实施有效的保障，不能厚此薄彼，更不能顾此失彼。其次，要把每一种装备看做一个系统，对其实施系统保障。每一种装备都是由各种部件所组成的，每一个部件不能很好地工作，都会影响装备的效能。最后，要把装备保障的各个环节看做一个系统，用系统的观点和方法来统筹装备保障问题。总之，系统性、全局性和整体性是通用装备保障的突出特点和基本要求。

通用装备保障，还必须将装备保障的各个环节和阶段，看做是互相联系、互相影响的全过程，全面规划保障的内容和重点，进行全寿命保障，实现装备保障整体的高效益。通用装备保障涉及装备从列装到退役的全过程，其中，每一个阶段都有其具体的内容和目标。如果在装备保障过程中，只强调各个不同阶段保障内容的特殊性和目标的有限性，而忽视它们相互之间的关联性和有机性，就不可能实现整体的保障目标。而装备的全过程保障，就是要将装备保障的各个阶段与环节有机地联系起来，充分发挥各种保障力量的整体作用，始终保证装备处于良好的战术技术状态。

（二）全系统全寿命装备保障的实现措施

装备形成保障力是一个复杂的系统工程，贯穿于装备论证、研制、生产、部署、使用直至退役全过程，涉及科研、生产、管理、使用等各个部门和诸多环节。因此，装备形成保障力，应以系统工程和维修工程理论为指导，坚持综合保障的观念，在装备的全系统全寿命过程中做文章。

1. 综合论证，提高装备维修性、可靠性设计水平

（1）注重装备维修性设计。装备的维修性是实施迅速有效维修的基础。根据国内外的实践经验,装备维修性可定性地概括为以下几个方面:①具有良好的维修可达性。维修装备时,能够迅速方便地到达维修部位,而不需拆卸、搬动其他机件。②提高标准化和互换性程度。这样,不但可简化维修,而且利于战时拆拼修理和减轻保障(备件、工具、设备等)负担,提高保障效益、效率。③具有完善的防差错措施及识别标记。从结构设计上消除出现差错的可能性。既能防止差错,又能提高维修效率。④保证维修安全。装备在设计时要考虑并采取必要的防护装置和保护措施,保证维修安全。⑤检测诊断准确、快速、简便。故障诊断时间往往占整个维修时间的 60% 以上,必须在装备研制早期就考虑检测问题,把测试性与其他性能综合权衡,检测系统与主装备同步研制或选配、试验与评定。⑥强调维修中的人素工程要求。充分考虑人的生理、心理和人体几何尺寸等因素,以提高维修工作效率和质量,减轻人员疲劳。

(2)突出装备可靠性设计。装备设计过程中,要严格贯彻可靠性准则,简化设计,减少装备的复杂性;进行余度设计,降低元器件、零部件的故障率,提高装备的基本任务可靠性和安全性;制定和实施元器件大纲,对电子元器件、机械零部件进行控制和管理;确定影响装备可靠性的关键件和重要件,着重提高它们的可靠性;通过元器件选择、电路设计、结构设计、布局来减少温度对产品可靠性的影响,使产品在较宽的温度范围内可靠地工作;对产品在包装、装卸、运输、储存期间性能变化情况进行分析,确定应采取的保护措施等。

(3)强调保障装备的配套研制。装备能否发挥既定的战术技术性能,很大程度上取决于保障装备是否配套,必须有系统配套的保障装备作为技术支撑。应该充分学习和借鉴外军先进经验,在新装备的研制过程中,要坚持主战装备与保障装备同步发展、同步研制,保证保障装备具有野战条件下完成保障工作所需的功能,并有与保障对象相同的机动能力,以适应战时实施伴随保障的需要。

2. 密切协同,加强生产部署阶段技术配套建设

(1)抓好技术资料的配套。装备技术资料是实施装备保障的主要依据。要在新装备列装部队的同时,向部队提供有关新装备的构造原理、维修细则以及用于部队教学的教具、模型。装备在使用过程中,要及时收集、整理技术资料,建立完整的装备技术档案,使保障人员能够全面掌握装备的质量状况、修理史、故障史,进而掌握装备使用的故障规律和器材消耗规律。使使用和保障人员对每一台装备的技术履历一目了然,使保障工作做到有据可依、有的放矢,努力提高保障工作的针对性和有效性。

(2)加强使用、保障人员的接装培训。新装备的使用者对装备使用的掌握如何,直接影响到装备的使用寿命和故障率。在装备配发部队前,要从使用人员中选优进行接装培训,使其掌握装备的性能、基本结构、工作原理及正确操作方法,以能具有对新装备进行维护保养及一般性故障排除能力,为部队接装后迅速形成战斗力打下基础。在保障人员的培养上要强调"预先"和"配套":①提前培训。除了科研院所、工厂对保障人员进行先期培训以外,还可以让部队参与样车的试验与论证,掌握新装备的保障技术。②将新装备保障列入院校训练计划。院校要本着"老装备是基础,新装备是重点"的原则,加强新装备的教学力度,使学员一到部队就能成为新装备使用和维修的骨干。③加强部队训练机构师资力量建设。部队训练是产生部队装备保障人才的重要来源。加强对部队训练机构师资力量的建设,可在装备人才培训工作中取得事半功倍的效果。

(3)进行保障设施设备的配套建设。设施设备是装备保障所依赖的物质基础,在新装备到达部队前,要根据新装备的外形诸元和技术性能,为新装备建起科学规范的场、库、所,配套保障所需的各种检测、修理机(工)具。

(4)做好部队编制的适当调整。新装备战术技术性能的不断提高,涉及专业也不断拓展,应在保障部(分)队编配相应的专业技术职务,配备技术过硬、作风优良的专业技术人员,以能完成对新装备高新技术环节的保障任务。

3. 齐抓共管,完善使用过程中的维修保障方式

(1)加强技术指导和巡回修理。科研院所应定期深入部队,调查了解新装备使用过程中的详细情况,及时进行技术指导。生产工厂应组织专业人员开展巡回检修,为部队解决新装备保障的难点问题。在巡修中要加强修理过程中的传、帮、带,使巡修组在部队能够"走一线,带一片"。

(2)做好有针对性的再培训。随着新装备在部队的使用,保障工作中的一些矛盾和重点、难点问题就会突出地表现出来,这些问题会成为新装备保障力形成的"瓶颈"。要针对这些问题,进行有的放矢的再培训,解决制约保障力形成的一些较深层次的问题,保证新装备能够得到高质量、高效率的保障。

(3)抓好保障过程的信息反馈。部队在新装备的保障过程中,会遇到这样或那样的问题,会对主战装备和保障装备的性能、功能、质量及保障细则等产生进一步改进的想法,这些问题和想法的解决对装备发展和保障资源的优化、加快保障力的形成和保障质量的提高都会有十分重要的意义。加强部队新装备保障过程中的信息反馈,是新装备保障力形成中不可缺少的重要环节。

第二节　通用装备保障综合集成思想

随着信息技术在军事领域的广泛运用,一场以信息化为核心的军事变革正在加速推进。面对新军事变革和信息化战争的挑战,只有认真贯彻综合集成思想,按照"系统、配套、实用"的思路,对现有装备保障系统进行整合和结构重塑,构建装备保障综合集成体系,才能提高装备保障的整体保障效能。因此,对于通用装备保障的研究、认识和实现,应该充分借鉴处理复杂事物的综合集成方法。

一、综合集成概念

"综合集成"实际上是"从定性到定量的综合集成方法"的简称,也称"综合集成方法"(Metasynthesis),是为了研究和认识复杂性事物(开放的复杂巨系统),由钱学森在 1990 年提出的,属于方法论范畴。综合集成方法最初的目的是通过综合多学科、多领域交叉研究的结果以及各方面的信息、知识和见解,将各方面的局部研究与认识有机结合起来,然后逐步形成对复杂系统的整体的、科学的认识。钱学森所提出的综合集成方法,就是将专家群体及各种数据、信息与计算机技术有机结合起来,把各种学科的科学理论和人的经验与知识结合起来,发挥整体优势和综合优势,实现对复杂性问题从定性认识上升到定量认识的方法。该方法以人为主,利用现代信息技术,组成人机结合的智能系统,在尊重各专业学科独立性的前提下,对一切有利于认知活动的信息、知识及专家智慧进行综合利用和总体集成,逐步获得解决问题的最佳方案。

综合集成方法,就是按照特定的任务要求和功能目标,应用信息技术把彼此独立的系统(或部分)及其他资源,联结成一个新系统的方法,也可以将其抽象地理解为对一切有利于系统目标实现的资源进行综合利用和总体集成的方法。

综合集成方法广义上是一种认识复杂系统、解决复杂系统问题的方法论,狭义上是一种系统工程技术,是一种具体的集成过程。广义上的综合集成方法是系统科学思想的本质体现,是一种从整体上研究、指导并解决复杂系统问题的方法和策略,对人类解决复杂系统问题的各种活动具有普遍适应性;狭义上的综合集成方法是利用信息和信息技术的渗透性、共享性、连通性、融合性,将原本没有联系或联系较弱的分散系统,集成为一个联系紧密、结构优良、机能协调、整体效能最佳的大系统的过程。

综合集成方法的概念主要表现为以下六个方面:

(1)综合利用既有资源。为了快速满足不断变化的新需求,一切有利于综合集成目标实现的既有资源都可以进行综合利用,从整体上充分发挥既有资源的综合优势。

(2)不否定参与综合集成的各专业系统的独立性。独立性,就是指能够独立管理、运行和发展进化的特性。现有的各专业系统以其全部或部分参与综合集成,但是,这种参与可以是任务型、临时性和松散的,随着任务的结束,它们又回到各自的职能领域。

(3)强调接口的重要性。要保证参与综合集成的各专业系统既要具有独立性,又要实现彼此之间的沟通与协作,就唯有借助"接口"来实现各部分之间的可融合性。接口是能够使不同事物之间实现相互沟通与协作的协议或中介。接口可以是技术的、物理的、逻辑的或概念性的,也可以是组织性的或法规性的。所有接口组成"接口体系"。

(4)信息技术提供集成环境支撑。就是应用信息技术构建一个相对独立的信息环境,借助这个环境平台,可以根据任务需要,实施复杂多样的综合集成活动。参与集成的系统或资源能够快捷地组合。"信息环境"与"接口体系"共同形成综合集成的总体架构,决定着综合集成的方式与效率。

(5)注重发挥人的作用。人是实施综合集成的主体,也是被综合集成的对象。在综合集成过程中,必须充分重视人的重要作用。信息技术是成功发挥人的作用的"杠杆",具体表现为人机界面的实效性。

(6)集成系统的整体突现性。综合集成的结果是在既有资源的基础上重组了一个基于解决问题所需要的新系统。综合集成成功的重要标志是实现了整体突现性,即新系统具有了各子系统及其总和所不具有的特性,能够解决各子系统或它们的简单叠加所无法解决的问题。这种突现性是实施综合集成的利益增长点。

因此,通俗意义上认识综合集成方法的内涵需要把握五点:

(1)综合集成是处理复杂系统的科学方法。

(2)综合集成是解决复杂技术问题的重要手段和途径。

(3)综合集成是以计算机为核心的高度智能化的人机结合体系。

(4)综合集成是对各类分系统的有机整合。

(5)综合集成的目的是发挥综合系统的整体优势。

综合集成方法概括起来具有以下主要特点:

(1)定性与定量相结合。

(2)科学理论与经验知识相结合。

(3)多种学科相综合。

(4)宏观与微观相结合。

(5)各类专家与多种计算机智能系统相结合。

综合集成方法应用广泛,在社会系统、经济系统、军事系统、人体等复杂系统的研究上尤为突出,从具体的综合集成内容上可以归纳为方法综合集成、技术综合集成、模型综合集成、仿真综合集成、运算结果综合集成、定量定性综合集成、评价综合集成、数据综合集成、意见综合集成、信息综合集成、知识综合集成、智慧综合集成。

综合集成过程复杂,不同要素和不同内容综合集成的目的、目标、约束条件、结构、流程、方法、评价等也各不相同,侧重点也不一样,针对具体的复杂问题,可以采用不同的方式进行集成。

二、通用装备保障综合集成方法

通用装备保障的综合集成不仅是一项技术集成工程,更是保障力量、保障机制、保障体系、保障能力等多个方面的综合集成工程。

通用装备保障活动涉及响应保障需求、分析决策、制定计划、资源投送、诊断故障、抢救抢修、组织指挥、协调控制、评估反馈等不同过程,是一项以人员、信息、物资和能量为主的复杂行为活动。为实现良好的保障,无论是平时对保障系统要素的规划、建设和发展,还是战时对保障系统各要素的灵活编组、优化使用、高效指挥和动态控制,都应充分应用综合集成方法,构建具有纵深层次、横向分布、交互作用的矩阵式的保障系统。通用装备保障综合集成的示意图如图4-3所示。

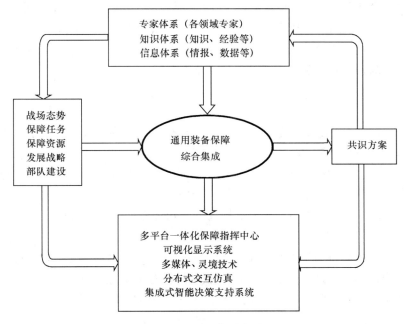

图4-3　通用装备保障综合集成

应用综合集成方法,对通用装备保障理论、保障方法、保障模型、保障技术、保障机制、保障资源规划、保障装备发展，以及保障平台建设进行研究和规划，首先是研究保障理论、方法和技术，建立模型库、信息库、知识库、数据库和案例库，建设保障装备发展平台和装备保障信息化平台，然后由各有关专家对上述内容进行研讨、评估并确定相关内容。根据确定的理论、模型、方法、信息、数据及备选方案，由决策部门和各方面专家对战场态势、保障任务及要求、保障资源信息、装备保障发展战略、保障实体（部队）建设（包括制定训练演习方案）等诸项内容进行研讨，并在软硬件系统的支持下，为决策者定下决心以及具体计划和规划提供决策方案、措施和咨询。最后，通过通用装备保障仿真系统与训练演习中心对前两个步骤研讨的项目和确定的内容进行仿真分析、提供实验环境。同时，根据通用装备保障的任务需求与要求，通过保障模拟、交互仿真演习，对保障执行人员和各个层次的保障指挥人员进行有效的训练。

当前，部队装备保障综合集成建设取得了很大成效，其中"两成两力"建设便是综合集成思想在装备保障领域的成功应用。

三、"两成两力"建设

"两成两力"建设的实质，就是适应我军现代化建设和军事斗争准备的需要，遵循武器装备建设的客观规律，以战斗力为标准，以系统配套为核心，以综合集成为途径，以科技创新为动力，以人才建设为根本，通过重点突破、整体建设，最大限度地提高部队现有装备的作战能力和保障能力。

（一）基本概念和内涵

"两成两力"建设作为专有名词，出自 2000 年总装备部在广州军区组织的"部队现有装备形成作战保障能力建设"试点活动期间，原义是对"部队现有装备成建制成系统形成作战能力和保障能力建设"的简称。后经多年实践，其内涵逐步明晰，并在 2004 年四总部联合颁发的《全军通用装备"两成两力"纲要》中做了具体界定：依据部队体制编制，按照武器装备体系和装备保障系统，逐级成建制配套、按专业成系统建设，使部队通用装备形成作战能力和保障能力。

目前，武器装备"两成两力"建设，一般指依据部队体制编制，按照武器装备体系和装备保障体系，逐级成建制配套、整体成系统建设，使部队武器装备形成基于信息系统的体系作战能力和保障能力，是我军在由机械化向信息化转型发展的这一特定历史时期，为适应以打赢信息化条件下局部战争为核心的完成多样化军事任务的需要，以信息系统为关键支撑，遵循体系建设规律，运用综合集成方法，通过成建制成系统建设，使现有武器装备形成基于信息系统的体系作战能力和体系保障能力的实践活动。

成建制建设,是指对诸军兵种部队现有编制内的武器装备,整营、整团、整旅、整师、整个集团军进行横向集成的建设方法。通过成建制建设,打通建制内各种武器装备、各种信息系统、各个保障专业之间的信息链路,实现横向一体。其中,每一层级所形成的武器装备体系和装备保障体系是构成上一层级体系的基本单元。从新时期军事斗争准备任务出发,信息化条件下"两成两力"建设还应在按现有编制进行成建制建设的基础上,着眼于打赢各战略方向上可能发生的局部战争,按照各战略方向战时编成进行成建制建设,为按战略方向形成基于信息系统的体系作战能力和体系保障能力奠定坚实基础。

成系统建设,是指对诸军兵种部队不同建制和不同层级内的武器装备按装备类型、保障专业、功能模块进行纵向集成的建设方法。按装备类型成系统建设,就是区分舰艇、飞机、导弹、坦克、火炮、雷达等装备类型进行成系统集成建设;按保障专业成系统建设,就是区分舰艇、航空、导弹、军械、装甲、车辆、工化、电子信息等保障专业进行成系统集成建设。按功能模块成系统建设,就是按照武器装备体系中的情报侦察、指挥控制、火力打击、兵力机动、信息攻防、全维防护系统以及装备保障体系中储、供、修等系统进行成系统集成建设。通过成系统集成建设,打通不同建制、不同层级、不同军兵种部队同一类型武器装备和保障专业及功能模块之间的信息链路,实现互连互通。其中各类装备、各专业、各功能模块集成的系统,是构成武器装备体系作战能力和体系保障能力的支撑要素。

武器装备作战能力,是指武器装备固有的战术技术性能在遂行作战任务时的发挥程度。随着基于信息系统的体系作战能力成为战斗力的基本形态,武器装备战术技术性能的发挥将不仅取决于单件装备、单个平台、单个系统的战术技术性能的完好状况,更取决于与其他武器装备的铰链程度以及整个武器装备体系的融合程度。只有以网络化信息系统为支撑,充分利用信息技术的渗透性和连通性,把作战体系内的武器系统与作战单元、作战要素融合集成起来,把主战装备、电子信息装备、保障装备融合集成起来形成整体作战能力,才能适应以打赢信息化条件下局部战争为核心的完成多样化军事任务的需要。因此,信息化条件下武器装备形成作战能力的基本标志是平台完好、运行稳定、链路畅通,能够"按需组网""即插即用"。也就是说,不仅单件武器装备(系统)要能"开得动""打得准",而且整个武器装备单元、体系还要能"连得成""运行稳"。

武器装备保障能力,是指装备保障人员运用保障装备、物资器材、设施设备等资源,保证武器装备战术技术性能完好、体系结构完整、作战效能发挥所能达到的程度。信息化条件下体系作战,必然要求实施体系保障。与之相适应,武器装备保障能力的大小,不仅取决于各保障单元、要素、系统功能的发挥,更取决于各单元、要素、系统之间能否按需组成一个完整配套、无缝链接的保障体系。只有以网络化的信息系统为支撑,利用信息技术的渗透性和连通性,把各种装备调配、储供、维修、管理等保障要素、保障单元、保障系统融合集成起来形成整体保障能力,才能适应以打赢信息化条件下局部战争为核心的完成多样化军事任务的需要。因此,信息化条件下武器装备形成保障能力的基本标志是保障组织基于网络内在耦合,保障行动基于信息实时联动,保障效能基于状态精确释放。也就是说,不仅在专业领域内能够"供得上""救得下""修得好",而且在整个保障体系内能够"整体联动""实时调控""精确可靠"。

"两成两力"建设的根本目的是提高部队战斗力,特别是信息化条件下的作战能力,核心是搞好整体建设、系统配套、综合集成。一方面,要按照作战建制单位,使武器装备整团、整旅、整师、整军地形成整体作战能力和保障能力;另一方面,要按照作战力量的构成要素,使武器装备系统、预警探测系统、情报侦察系统、信息传输系统、指挥控制系统等,都要各自形成战斗力。同时,要通过综合集成,使作战力量的各个要素,形成一体化联合作战能力。

"两成两力"建设,既是深入贯彻新时期军事战略方针、加速推进军事斗争装备准备的重要途径,也是努力提高以打赢信息化条件下局部战争为核心、完成多样化军事任务装备保障能力、有效履行21世纪新阶段我军历史使命的必然选择。信息化条件下武器装备"两成两力"建设适应了战争形态由机械化向信息化加速转变的发展要求,反映了当前我军建设的重要阶段性特征,是加快我军信息化建设步伐和提高军队战斗力的战略工程、全局工程和骨干工程。同时,武器装备"两成两力"建设是一项多要素、多层次、逐步积累的系统工程,在我军装备现代化建设中占有重要地位。

(二)"两成两力"建设的主要成果

近年来,通用装备保障战线以新时期军事战略方针为统揽,以军事斗争准备为龙头,以"两成两力"建设为中心,坚持以具体求深化、以改革求发展、以创新求突破、以务实求落实,大力推进以装备保障理论法规、组织指挥、保障力量、管理维修、储备供应、人才训练为支撑的一体化联合作战通用装备保障体系建设,取得了丰硕成果,开创了部队装备工作的新局面。

1. 理论法规体系得到充实

各级不断总结装备建设经验,研究探索新形势下通用装备保障建设和装备形成作战保障能力的特点与规律,创新和发展装备保障理论,健全装备保障法规制度和技术标准,持续进行前瞻性、系统性、开放性和实战性研究,形成了以基础理论、应用理论、专业理论和学术研究为内容的通用装备保障理论体系。以中央军委颁发的《装备条例》《武器装备管理条例》《装备维修工作条例》和《战役装备保障纲要》等为依据,相继制定颁发了《通用装备保障规定》《全军通用装备成建制成系统形成作战能力和保障能力建设纲要》和各兵种(专业)保障规定;各级装备机关制定了配套的规范、规程、标准、细则等规范性文件,从而构建了上下衔接、完善配套的装备保障理论法规体系。

2. 组织指挥效率明显提高

依据一体化联合作战指挥体系要求和装备保障实际需要,科学编组装备保障指挥机构,明确指挥关系,规范指挥程序和方法,大力加强信息化指挥手段建设。研制开发了总部、军区和部队三级通用装备保障指挥信息平台,配套了先进实用的指挥作业器材,推广了装备信息采集、器材二维条码管理、弹药射频识别和装备物资器材可视化系统等信息化手段,初步形成了灵敏、高效、顺畅、可靠的装备保障指挥体系。

3. 保障力量建设不断加强

根据部队高新技术装备比例不断增加的新情况、军事斗争准备不断深入的新要求,区分维修保障任务,以直属保障力量为骨干,以军内相关院校、科研机构技术力量和装备承研承制单位技术力量为补充,构建了战略通用装备保障力量体系。战役保障力量建设按照"平战一体、寓编预设、综合集成、机动保障"的思路,实现了平时向战时、分散向综合的转变,基地保障能力与野战保障能力显著增强。部队各级根据担负的任务,按照立足于野战、精干高效、修供一体、伴随保障的要求,大力加强保障能力建设,实现了上得去、救得下、供得上、修得好的建设目标。

4. 管理维修水平整体提升

坚持向科学管理要效益、要保障力,广泛运用现代管理思想和信息技术手段,探索形成了责任管理、系统管理、量化管理、项目管理、效益管理等多种管理模式,并对各专业信息管理系统进行综合集成,研制了覆盖各专业、与有关部门能互连互通的通用装备综合管理信息系统平台,初步实现了由服务保障型向辅助决策型、由粗放管理向集约管理的转变。围绕提高信息化条件下通用装备维修保障能力,探索形成了以战略、战役修理机构为依托,以社会化保障资源为补充,维修方式平战一体、维修任务上下衔接、资源配置综合集成、力量编成平战通用、运行机制平战兼容的维修保障建设新模式;完善了以三级保障为主体、以新装备两级保障为补充、以高新技术装备"合同商"保障为重要方式的通用装备维修保障体系,形成了以整装换件中修、部件集中项修、零件规模修复、高新技术系统巡回修理的战役通用维修保障方式,创新装备自动检测方法,改进装备修理方式,完善指挥控制手段,研究探索了新的野战修理模式。

5. 储备供应能力显著增强

针对军事斗争通用装备储供保障需要,狠抓储备供应保障改革,确立了以修定储、以储定供、以供定筹的通用装备储备供应保障新模式,初步建立了网络化储备供应体系。完成了战略、战役、战术层级的战时保障基地(点)建设,以及部分保障手段、器材、设材、设备的战场预置,调整优化了通用弹药、导弹、维修器材的储备布局结构,按照平战结合、军民融合的要求,积极探索通用装备保障多元战备储备供应方式,实现了通用装备器材由单一储备供应方式向多元化储备供应方式的转变。探索形成了"基数化储备、集装化运输、野战化保障、信息化管理"的战备维修器材储供保障模式和"总成部件成套供应、易损器材分级组配、旧品器材集中回收、待修部件批量送修、修复部件优先使用"的周转维修器材保障模式,提高了维修器材保障的军事经济效益。

6. 保障训练改革不断深化

大力实施人才战略工程,开展了"复合型"装备指挥管理军官、"专家型"装备技术军官和"技能型"装备技术士官人才培训,使部队基本具备了按任务分工自主解决复杂疑难保障问题的能力。着眼于提高部队履行使命任务的装备保障能力,研究探索通用装备保障训练的特点规律,不断深化通用装备保障训练改革。以颁布新一代装备保障训练与考核大纲、推进通用装备保障训练转变为契机,深化通用装备保障训练改革,经过集智攻关和探索实践,初步解决了通用装备保障训练转变"转什么""怎么转",信息化条件下通用装备保障训练"训什么""怎么训"等重难点问题。部队各级依据担负的使命任务,突出全建制、全要素、全过程的保障法训练,开展野战条件下实打、实炸、实救、实修演练,部队信息化条件下整体作战保障能力大幅提升。

通过贯彻综合集成思想,大力推进"两成两力"建设,大大提高了以打赢信息化条件下局部战争能力为核心,应对多种安全威胁、完成多样化军事任务的装备保障能力。实践证明,"两成两力"建设是推进中国特色军事变革的一项重要基础工程,是做好军事斗争装备准备的重要抓手,是部队装备工作的中心任务。

第三节　军民融合式装备保障思想

研究武器装备军民融合保障战略,对于加速军民融合式发展、促进军事斗争装备准备步伐、推动军事变革进程具有十分重要的意义。军民融合装备保障战略作为国家军民融合式发展战略的重要组成部分,必须紧盯世界装备保障发展趋势,紧贴国家国防建设长远目标,从战略思维的政治性、目标性和整体性出发,在装备保障领域积极推进军民融合一体化,实现军队装备保障体系与社会装备保障体系的相互促进和协调发展,既是军民结合、寓军于民的新要求,也是 21 世纪新阶段富国强军的必然选择。

一、军民融合的基本思想

军民融合是统筹经济建设和国防建设协调发展的一种科学发展方式,是事关富国强军和民族复兴伟业的一次关键时代抉择。理解这一重大思想内涵,需要着重把握军民融合的基本内涵、核心思想、关键环节等一系列内容。

(一) 基本内涵

融合,是指几种不同事物相互渗透、交融最终合成一体,使其比单一事物更有价值或更具效能。军民融合不能简单理解为军民两种资源相互渗透、交融。须从战略和技术两个层面来把握。

从战略层面讲,军民融合是一种新的战略思想。具体而言,军民融合是指站在国家安全和发展战略全局高度,立足国情军情,按照科学发展观的要求,遵循经济建设和国防建设关系的内在规律,充分发挥社会主义制度能够集中力量办大事的优势和市场在资源配置中的主导作用,通过积极主动的战略筹划,在更广范围、更高层次、更深程度上把国防和军队建设融入国家经济社会发展体系之中,使经济建设和国防建设相互促进、融为一体,走出一条投入少、效益高的发展路子。

从技术层面来讲,军民融合是一种新的资源配置方式。理解这一新的资源配置方式需要把握两个关键问题:一是军民融合可以通过优化资源配置,发挥军民两种资源优势,实现一种资源投入,军事经济两重效益产出的"兼容型""双赢式"发展;二是作为一种新的资源配置方式,军民融合的最终目的不是为省钱,而是通过调整资源配置方式来又好又快地促进国防和军队建设,从而实现战斗力和生产力的同步跃升。

(二) 核心思想

军民融合的核心思想可以概括为"把国防和军队建设深深融入到国家经济社会建设之中"。

理解这一核心思想,首先必须正确认识"军民融合"与"军民结合"之间的关系。"结合"的含义是指几种不同事物之间相互联系,是一种物理状态的板块式对接,并没有合成一体;而"融合"是一种化学状态的渗透交融,作用双方将合成一体。"军民融合"与"军民结合"虽然都是强调军民之间的关系,但二者在层次、范围、程度上均不相同,是一次理论上的飞跃,也是一次实践上的突破。相对于军民结合而言,军民融合提升了军民结合层次,由行业战略高度提升到国家安全和发展战略全局高度,是全局性、长远性的军民结合;军民融合拓宽了军民结合范围,由主要在国防科技工业领域拓展到经济建设和国防建设的各个领域,是全方位、全要素的军民结合;军民融合深化了军民结合程度,由体系结合向系统融合转变,是深层次、渗透式的军民结合。

其次,可从两个方面来正确理解"更深程度融合"思想内涵:一是"更深程度融合"是相对于现有的军民融合程度而言,强调加快由体系结合向系统融合的程度,更好更快地促进经济建设和国防建设协调发展;二是"更深程度融合"强调要在新的发展起点上,积极探索经济建设和国防建设关系内在规律,最大限度地提高军民融合层次、范围、程度,最大限度地提高两种资源配置效率。

最后,要合理认识"融合进度"问题。强调"更深程度融合",首先要认识到,国防和军队建设是一长期的历史过程,必须与经济社会发展实际相适应,不能急于求成。实施军民融合战略,必须在经济发展基础上大力加强国防建设,努力形成经济建设和国防建设协调发展的科学机制。其次要认识到,军民融合的战略筹划要服从、服务于国防和军队现代化建设"三步走"战略构想。推进军民融合,不可贪大求全,必须立足于现阶段国防和军队现代化建设的战略目标,努力为军队机械化和信息化建设提供最强大技术支持和最有可持续性的物质力量。

(三) 关键环节

军民融合是一项复杂的系统工程,涉及国防和军队建设的方方面面,必须区分主次先后、轻重缓急,抓住对全局有着决定性影响的关键部位下大力、用狠劲,以重点突破带动整体跃升。目前,立足国情、社情、军情,实施军民融合发展战略需要抓住五个方面的关键环节:

(1) 推动武器装备科研生产体系的军民融合。充分发挥市场在资源配置中的基础性作用和政府的宏观调控作用,推进国防科技和民用科技互动发展,统一通用型军民产品的技术标准,深化武器装备采购制度改革。

(2) 推动军队人才培养体系的军民融合。完善依托国民教育培养军队人才的体制机制,拓宽利用国民教育资源和国家人才资源的渠道,吸引社会高层次人才到军队工作。

(3) 推动军队保障体系的军民融合,完善军民结合、寓军于民的军队保障体系,全面建设军队现代装备保障和后勤保障,积极稳妥地把保障体制向一体化推进,保障方式向社会化拓展,保障手段向信息化迈进,保障管理向科学化转变。

（4）推动国防动员体系的军民融合,建立健全国防动员组织领导制度,完善军民结合、平战一体的工作格局,加强国防动员应急功能。

（5）推动科技资源体系的军民融合,发挥国防科技工业对国民经济的促进作用,促进国防领域和民用领域科技成果、人才、资金、信息等要素交流融合,形成国民经济对国防建设的强大支撑力、国防科技对经济发展的强大牵引力。

二、军民融合式装备保障的概念和地位作用

（一）军民融合式装备保障的概念

"军民融合式装备保障",就是使军队装备保障由自我封闭、自成体系、自我保障,转变为依托社会保障资源,建立军民结合、寓军于民的装备保障体制,实施军民一体的装备保障。实行军民融合式装备保障,是我军装备保障的发展方向和必由之路。

军民融合式装备保障是装备保障建设贯彻军民融合式发展思想的具体体现。根据军民融合的基本内涵,军民融合式装备保障应当具备三个基本条件,即保障资源、军民共建,为军服务、军民共责,建设效益、军民共享,因此,这是一种全新的装备保障模式,在装备保障建设、装备保障资源运用、装备保障组织与实施等方面,应打破军队唱独角戏的格局,做到统筹规划,整体建设,从而实现一体化发展,实现快速动员和能力聚合,大大增强为军队提供装备保障的潜力,同时拉动国民经济发展,避免重复建设、资源浪费。军民融合式装备保障主要包括四层含义:①在社会主义市场经济条件下,改革相对封闭的装备保障模式,构建开放型的装备保障模式,鼓励经济社会参与军队装备保障建设;②在国家层面统筹军地装备保障资源建设,降低建设成本,形成军民一体化装备保障体系;③以军事需求为牵引,指导社会装备保障力量的建设和发展,提高军工企业和担负军队保障任务的民用企业经济效益,拉动国民经济发展;④以装备保障信息融合、技术融合、人才融合、基础设施融合为基础,形成快速反应机制,能够迅速增强军队装备保障能力。

（二）军民融合式装备保障的特征

军民融合式装备保障是个新生事物,处于发展起步阶段,对其特点规律的认识还需要较长的过程。深入分析军民融合式装备保障的本质特征,有助于加深对军民融合式装备保障的理解和认识。军民融合式装备保障有以下本质特征。

1. 军事牵引,为军服务

为军队提供装备保障是军民融合式装备保障的基本目标,应以军事需求为牵引,以为部队服务为宗旨,大力推进军民融合式装备保障建设,充分利用社会装备保障资源为军队服务,弥补军队保障能力的不足,推进装备保障能力的不断提升。

2. 骨干在军,主体在民

军队保障力量的骨干作用是由装备保障的军事性特点决定的,军队保障力量的骨干必须适应战场环境,组织战场装备保障。军工企业和担负军品生产任务的民用企业,具有较强的装备保障潜力,通过动员可形成高新技术武器装备保障力量的主体,与军队保障力量有机结合遂行保障任务。

3. 市场驱动,法规保障

在社会主义市场经济条件下,对社会装备保障资源的运用,不但要体现国家意志,强制实施,还应当按照市场化方式运作。通过军事服务的高额利润,吸引各类社会保障资源参与军队装备保障。这种工作机制一旦建立,就必须是稳定的,所以必须建立完善的法规体系,依靠法规保障,在强调经济利益的基础上,强制军事责任的履行。

4. 资源共用,效益共生

各类装备保障资源在强调军用的同时,非核心资源均应当军地共用,双向服务,提高建设效益。平时应将绝大多数资源投入到经济建设中去,在战时、紧急时,通过装备动员途径动用社会资源遂行军队保障任务,提高资源使用效益,真正做到"平战结合"。有效利用社会保障力量承担部队装备保障任务,一方面,可为部队节省大量的保障基础设施建设和技术人才培养经费;另一方面,有利于提高地方军工企业和民用企业的设施使用效率,分摊使用成本,提高经济效益,也促使企业保留装备保障人才,壮大科研队伍,完善人才储备结构,真正做到"寓军于民"。

(三) 军民融合式装备保障的地位作用

随着军民融合式装备保障建设的深入发展,其军事效益、经济效益日益显现,地位、作用也越来越突出。

1. 有利于筹集装备保障资源

高技术武器装备技术先进,系统复杂,受保障条件、技术、人才及保障资源等因素的制约,仅仅依靠部队建制保障力量,在短时间内难以形成相应的装备保障能力。对于刚刚列装的新型装备,军队还来不及组织相应的技术训练,也来不及培训军队人员来满足它们的保障要求,此时就需要充分利用地方保障力量承担装备保障任务。我国国防科技工业企业有着充足的装备保障资源储备,需要时可补充部队装备保障关键岗位,为部队装备保障提供有效的技术支持,拓展了装备保障资源筹集途径。

2. 有利于节约部队建设投入

日益昂贵的装备采购、维修费用和人才培养成本使得部队装备保障有必要和民用市场相联系。建设军民融合式装备保障体系能使大批地方科技力量参与部队装备保障,能够有效缓解部队装备保障技术人才特别是高技术人才短缺和保障力量不足的矛盾。借助地方装备保障力量承担装备保障任务,可以节省大量昂贵的配套设施建设和技术人才培养经费,降低维修成本,从而提高装备保障效益。从保障效能而言,军工企业各类专门人才齐聚,可以及时解决技术难题。军工企业储备了大批从事装备开发、研制、生产、维修的专家、技术人员和熟练工人,这批人员一旦被广泛动员和科学整合起来,就会为部队装备保障提供强大的人力资源和技术支持,而军队不用为此类资源建设耗费大量投入。

3. 有利于实现快速动员

信息化战争节奏明显加快,在作战命令下达之时,装备保障应当是一切准备就绪之际。信息化战争的这一特点缩短了装备动员的时间。建设军民融合式装备保障体系,能够充分调动社会资源,积极参与装备保障建设,通过采用军民通用技术及相关标准,建立平战快速转换机制和采取适度社会储备等措施,实现快速动员。

三、军民一体化装备保障

军民一体化装备保障是军民融合思想在装备保障领域的具体应用,是军民融合式装备保障的典型代表。近年来,推进军民一体化装备保障已成为全球性的发展趋势,我国也在大力开展军民一体化装备保障建设。

(一) 军民一体化装备保障的内涵

军民一体化装备保障是指根据装备保障规律,适应市场经济要求,以"保障有力"为目标,对装备保障系统诸要素进行整合和重构,以优化资源配置,促使装备保障系统协调发展的保障模式。军民一体化装备保障旨在国家的统一筹划和指导下,充分利用专业的军用和民用保障资源,保持或恢复装备的良好状态,确保部队遂行各种军事任务对装备的需求。

装备军民一体化保障具有以下三个特点:①保障的双向性。军民一体化保障着眼于国民经济全局,重视发挥装备使用保障单位与地方工业部门两个方面的积极性,力求实现二者的良性互动并最终实现融为一体,使其既能服务于国家经济建设,又能服务于装备保障工作。②保障的差别性。武器装备的性质和特点不同,对军民一体化保障需求的程度也不同,主要取决于军事上的重要性和保密性、经济上的可行性和合理性、技术上的通用性。③保障的层次性。军民一体化保障表现在宏观、中观、微观三个层面上。宏观层面的制度安排上,市场机制的主导作用越来越突出;中观层面的武器装备管理体制上,要逐渐理顺军队装备主管部门、地方工业部门等有关部门的关系,取消职能交叉重叠的部门;微观层面的装备保障方式上,要打破过去装备保障完全禁锢在部队和相关军工企业的做法,不断提高军民融合程度,实现装备保障人员、设备、设施、材料、技术和产品的共享。武器装备从部队单独保障过渡到军民一体化保障,是一种制度变迁。之所以要实现这种制度变迁,是因为与军队单独保障相比,军民一体化保障能够以较小的代价,取得较大的收益和更好的保障效果。

(二)军民一体化装备保障的实现措施

随着我国社会主义市场经济体制的逐步深化,以及现代战争模式的不断变化,经过几十年的发展形成的以军队保障为主体的装备保障体系,越来越不能适应信息化条件下战争的装备保障需求。必须在借鉴国外军民一体化装备保障方面有益经验的同时,打破传统的观念和模式,在更高的起点上推进军民一体化装备保障建设。

1. 从顶层推进军民一体化装备保障

推进军民一体化装备保障,事关国家全局,必须体现国家意志。军民一体化装备保障涉及合理配置和利用国家的科技资源,涉及国防科技工业基础与国民经济基础的调整和统一等一系列重大问题,必须站在国家的高度,在顶层上统筹规划,并在此基础上统一部署,制定阶段目标和具体措施。要在顶层设计上,彻底改变传统军事工业中的军民分离型发展模式,必须通过宏观调控措施,以国家和国防部的名义,出台一系列法律、法规、标准体系。要站在法律、法规和标准体系的高度,提出建立和完善军民一体化武器装备科研、生产、保障体系,推进军民一体化装备保障建设。

2. 鼓励军民技术相互转移

鼓励发展军民两用技术是建立军民一体化装备保障的重要内容,也是实现军民一体化装备保障的重要手段。长期以来,我国军用和民用科研体系一直处于分割状态,缺乏有效的信息交流平台。要扭转这种局面,就必须将装备保障体系融入国家科技创新体系,在装备保障中贯彻国防需求,鼓励发展军民两用保障技术,加强军民保障技术的相互转移。要制定军民两用装备保障技术发展规划,整合军民科技力量,以实现在军民一体化装备保障中的整体提高。当前,许多装备在研制、生产过程中先进的技术基础越来越依赖于民用技术的支撑,因此,在装备保障过程中,就不可避免地要利用民用技术参与保障,以提高装备保障效率。通过军民技术的相互转移,完善国标、军标以及行业标准协调互补的标准体系,有利于促进军用和民用技术保障标准的一体化。

3. 加强装备保障信息化建设

装备保障信息化是充分利用现代信息技术,依托军队、国家信息基础设施和保障力量,实现实时、持续精确保障的一种重要途径。装备保障信息化建设应以全军信息化系统建设为前提,围绕装备保障业务信息处理流程,充分利用商业公司在电子商务、电子政务、电子物流等信息化建设上的技术优势,大量运用民用技术与成品,研发装备保障指挥管理系统,努力实现以信息流为核心的装备指挥控制层的信息化和以装备物资流为核心的装备保障实施层的信息化。要大力推行指挥管理、物资保障和技术保障新技术,逐步建立并完善我军装备保障指挥、保障资源可视化、远程维修、单兵维修、虚拟维修、电子维修技术手册等系统。

4. 积极扶持民营企业和中小企业

充分利用民用领域的成果和资源为装备保障服务,有利于减少高技术武器保障的技术风险,是提高保障资源利用效率的重要途径。要重视对从事军品科研、生产、保障的中小企业发展的支持,不断强化国防科技工业基础。一般而言,国防科技工业实际上存在 2 个层次,即核心层和外围层,装备核心层次的研发、保障能力通常由军队掌控。装备外围层次的研发、保障能力则蕴藏在市场中,必须通过加强跨行业、跨领域、跨地区乃至跨国家的社会化协作的方式,最大限度的利用各种可用的装备保障资源。要大力推行民营化、市场化、外包等多种形式,促进装备保障的非核心任务向地方转移。在装备物流领域,可依据装备保障动员法规,利用民营企业的物流网络,提升军事物流效益。

第四节　精确保障思想

装备保障的跨越式发展是实现我军"三步走"战略的必由之路,是应对世界新军事变革的必然要求,也是我军装备保障建设与发展的必然选择。精确保障是在信息化战争条件下,装备保障跨越式发展的必然趋势,也是落实军委新时期军事战略方针,实现我军由数量规模型向质量效能型转变,由人力密集型向技术密集型转变的必然要求。精确保障的理论研究已经成为保障理论研究的焦点,并取得了一定的成果。深入开展精确保障的实现方法研究,是适应未来新军事变革、满足信息化战争装备保障需求的有效途径。

一、精确保障的含义

美军认为装备精确保障是后勤保障不可分割的重要组成部分,因而,在提出精确保障后美军并没有对装备精确保障进行专门深入的研究,装备精确保障的思想始终是体现在聚焦保障理论中,装备精确保障的发展是随着聚焦保障的发展而发展起来的,并不断得到新的充实。

装备精确保障是在传统装备保障的基础上,继承了传统装备保障的主要功能,并与信息网络技术、资源重组技术、系统集成技术有机地结合,针对未来信息化战争保障需求发展起来的。装备精确保障是指充分运用系统工程的理论和方法,精细而准确地规划建设和重组保障资源,充分应用信息技术,快速响应保障需求,全程共享保障信息,在准确的时间、地点为军事行动提供准确数量和高效快速的保障,能最大限度地提高保障工作的效费比。

(1)装备精确保障是一种先进的理念。根据新时期军事战略方针和军队 21世纪新阶段历史使命,结合装备建设发展规划,精确科学地规划、建设保障资源,实现从传统的数量规模型到质量效能型的装备保障建设思想的转变。

(2)装备精确保障具有明确的目标。不仅强调军事效益,即保证装备使用、部队作战、训练和战备需求,确保部队具有持续的战斗力,而且讲究保障工作的效率和效益,要以最少的投入确保装备的战备完好和持续作战能力,体现了科学发展观的要求。

(3)明确了在装备保障资源规划建设中所采用的方法为系统工程的方法。采用系统工程的方法规划建设保障资源,尤其注重信息化主导地位和系统集成,符合新时期军队建设的指导思想。

(4)指出了应用柔性管理机制等实现全域保障资源重组,这就要求对现行的管理机制进行大胆的调整与改革,解决保障资源重复建设、共享不到位、闲置浪费等问题。

(5)强调无论是平时还是战时,都需要通过各种渠道,提供快速、全面、准确的信息,科学预测和掌握装备保障需求,科学决策并快速响应装备保障需求,对平时的装备精细化管理和战时的装备精确化保障决策提出了更高的要求。

(6)在保障资源的运用和装备保障力量的使用方面,提出要快速、高效,对保障资源的投送能力、装备保障力量的机动能力提出了新的要求。只有强大的投送能力和快速机动能力,才能在准确的时间、准确的地点,快速投入适量的装备保障力量和保障资源并充分利用。

综上所述,装备精确保障既要充分满足信息化战争的保障需求,又要实现最大限度地有效配置和节约资源,使装备保障适时、适地、适量,以最大的限度提高保障工作的效费比,"精确"就是两者的结合点和同时满足的基本特征。

二、精确保障的特点

装备精确保障主要的特点有保障信息全程共享、保障资源全域重组和保障指挥协调高效。

1. 保障信息全程共享

未来信息化战争中,精确保障将实现保障组织与被保障部队,保障组织(实体)上下级及相互之间、甚至保障人员之间的信息无缝连接,信息传递快、准、灵,不仅装备保障指挥员能够洞察整个战场总体的保障态势,而且保障分队和保障人员也可以共享所有的保障信息,使其实时指挥、实时发现目标、实时机动、实时保障,争取保障的主动,使保障行动得以实时进行。

2. 保障资源全域重组

装备精确保障以柔性管理机制实现全域保障资源重组,可以有效解决保障资源既有闲置而又有短缺的矛盾,提高保障能力。在实施资源重组之后,在充分发挥各个保障实体效能的基础上,总体保障能力得到了加强,超出了各个保障实体单独发挥作用的保障能力之和,即实现了"1 + 1 > 2"的思想,可以更好地满足作战部队的保障需求。

3. 保障指挥协调高效

传统的装备保障指挥系统是按照军兵种甚至业务部门建制从上到下构成的树状结构,这种高度集中的指挥方式的信息流特征是金字塔状,最高指挥员处于金字塔的顶峰,装备保障指令都按照这种纵向垂直树状模式逐级下达。这种模式的优点是集中统一,一级管一级,其缺点是信息流动速度慢、环节多、抗毁性差,一旦某环节被切断,上级指挥机构将失去指挥功能,基层部队得不到上级的指示将不知道自己的下一步保障行动。

装备精确保障系统是指由适应信息化战争装备保障需求的保障人才、保障装备、保障设施以及先进的技术手段和运行机制等要素,经过综合集成所构成的有机整体,是实现装备精确化保障的平台。装备精确保障系统通过保障信息网格,将作战指挥机关、保障指挥机关与作战部队、技术侦察力量、抢救后送力量、装备维修力量、物资器材保障力量等连接起来:①实现装备保障指挥纵向指挥层次减少,提高指挥效率;②横向联通使多个保障力量处于同一个信息流层,横向协同能力增强。横向联通使平级保障单位之间能直接沟通联系,甚至保障人员之间也能实时交换信息,实现保障信息流程最短化,保障信息流动实时化,增强各种保障力量之间的协同保障能力。

三、装备精确保障的实现基础

信息是实现装备精确保障的灵魂和基础,装备精确保障是通过保障信息网格、保障信息优势、保障决策优势几个环节来实现的。

保障信息网格是基于网格技术的装备精确保障系统内互连的一系列信息平台、设施设备、相关过程和人员的集合,根据保障部队、决策者和支援人员的要求收集、处理、存储、分发和管理信息,其主要特点是"即插即用,按需服务"。保障信息网格是网格技术应用于装备保障领域的产物,是实现精确化保障的基础平台之一。

保障信息共享是指装备保障指挥员及其保障部队通过精确保障信息网格及时、准确地获取战场空间各方面信息、分析信息并按照需求将保障行动可利用的信息进行分发、传输,是实现精确保障的必要条件。

保障科学决策是指装备保障指挥员及其部队通过信息共享,快速、准确地做出装备保障决策、确定保障资源重组方案、制定保障计划。

部队作战指挥员(机关)、装备保障指挥员(机关)以及部队通过信息网格,可在正确的时间、正确的地点,以正确的形式获取并利用正确的信息;通过高质量的共享信息和共享感知,使得部队作战指挥员(机关)、装备保障指挥员(机关)快速地掌握战场空间情况和保障需求信息。利用上述信息,快速制定出科学合理的保障方案和策略,通过各保障实体之间的协同,将分布在广阔区域内的各种保障资源、指挥中心和保障部队集成为一个统一高效的保障系统,实现全程保障信息共享、保障力量优化编组和全域保障资源重组,最终实现精确保障。

应该充分借鉴精确保障的集约化建设思想,指导通用装备保障的全面建设,依靠装备精确保障系统的有效运行,实现装备的精确化保障。

第五章 通用装备保障相关技术

随着高新技术,特别是信息技术在现代武器装备中的广泛应用,现代战争的力量构成、作战样式和战争形态发生了巨大变化,对现代装备保障技术和保障手段的发展提出了新的挑战。传统的保障技术已经不能适应信息化作战装备保障需求,发展符合信息化战争所需的装备保障技术,已经成为世界各国迫切需要解决的问题。开发利用现代新技术,积极探索装备保障的策略和方法,促进我军装备保障的理论研究和实际应用,是目前我军装备保障信息化建设的必然选择。

装备保障技术是指装备保障的方法、工艺、技能和手段及其相关理论的总称,其目标是保持、恢复装备完好技术状态,改善、提高武器装备的性能,以便执行装备的作战、训练、执勤和其他任务。按照装备保障的职能和内容划分,装备保障技术主要包括管理指挥技术、供应保障技术、维修保障技术、软件保障技术、保障训练技术等,其技术框架如图5-1所示。装备保障技术是装备保障领域建设的一个重点内容,是装备保障变革中最活跃、最积极的因素。以信息技术为核心的现代高技术广泛应用于装备保障领域,促进了军队装备保障技术的进步,给装备保障带来了深刻的变化。分析和研究装备保障技术的发展现状和趋势,有利于掌握世界装备保障领域的最新动态,把握适应未来信息化战争的装备保障技术发展重点,为探索提高我军装备保障技术水平的有效途径提供理论指导。

第一节 指挥管理技术

装备保障指挥管理是军队指挥活动和军事装备工作的重要组成部分,属于军队指挥的范畴,指装备保障指挥员及其指挥机关运用装备保障力量,保障作战及其他军事行动所进行的组织领导与管理活动。装备保障指挥管理概念及理论随着军队指挥活动、军事装备工作的发展而发展。信息化条件下,由于武器装备系统、战场环境、作战方式等发生了重大改变,给装备保障指挥管理带来了前所未有的挑战,因此必须通过运用有效的装备保障指挥管理技术,努力提高装备保障指挥效能。

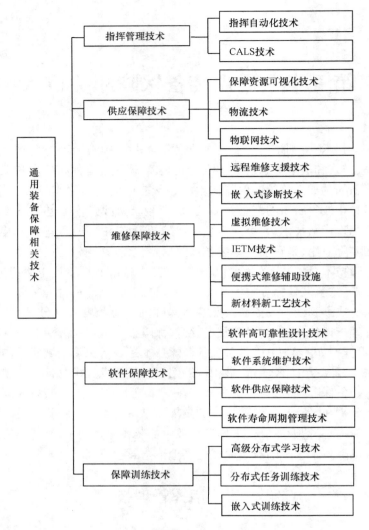

图 5-1 通用装备保障技术框架

一、装备指挥自动化技术

（一）主要技术

装备指挥自动化技术是指在装备指挥过程中,对装备保障信息进行侦察接收、传递及处理所依赖的基础技术,主要包括信息感知技术、信息传递技术及信息处理技术。装备指挥自动化技术的基本内涵是实现装备指挥的数字化,为此,要建立数字化战场,以计算机信息处理技术为基础,把语音、文字、图像等多种形式的信息都变成由"0"与"1"组成的编码,通过无线电、卫星、光纤通信等手段,把战场各级指挥部门、各战斗与保障部(分)队、各种武器系统与作战平台以及单兵紧密地联系在一起,构成纵横交错的战场综合网络系统,实现上下左右实时的信息交换与情报共享,使部队能够更快、更有效地利用信息,及时掌握战场态势,优化指挥与控制过程,显著提高装备保障效能。

1. 信息感知技术

也可称为信息获取技术或传感技术,是指运用信息科学方法和手段,实现并扩展人类感官功能,增强人类感知和认识事物能力的技术,是信息化战场的主体技术之一。人类通过五种感官感知外界信号,战争中利用各种侦察监视技术了解敌我双方情况,战场信息系统通过各类物理的、化学的传感器,感知战场目标并转换为电信号。信息感知技术内容广泛,分类方法很多。按任务分,分为战略、战役、战术侦察;按活动空间分,分为地面侦察、水下侦察、空中侦察、空间侦察;按信息获取途径可分为无线电侦察、光学侦察、声学侦察、力学侦察等。

2. 信息传递技术

也称为通信技术,是信息化战场上的主体技术。目前,卫星通信、光纤通信、数据链等先进的信息传递技术争奇斗妍,为装备指挥提供了更为广泛便捷的信息传递手段。一个完整的卫星通信系统一般由空间分系统、跟踪遥测及指令分系统、监控管理分系统以及通信地球站等四部分组成。光纤通信系统由光发电机、光纤、光中继器、光接收机以及电发送机、电接收机组成。在发送端,信息通过电发送机转换成电信号,对光源的光载波进行调制。经过调制的光信号耦合到光纤内,通过光纤传输到接收端,经光接收机的检测转换成电信号,由电接收机恢复成原来的信号。数据链就是链接数据化战场上指挥中心、部队、武器平台的一种一体化的信息处理、交换和分发系统,它由系统与设施、通信规程和应用协议组成,可以形成点对点数据链路和网状数据链路使作战区域内各种指挥控制系统和作战平台的计算机系统组成战术数据传输、交换和信息处理网络,为指挥人员和战斗人员提供有关的数据和完整的战场战术态势图。

3. 信息处理技术

是指运用计算机系统对信息进行转换、加工、综合、分类、存储和显示等技术。信息处理技术是信息系统中的核心技术,主要包括计算技术、信息融合技术、决策支持技术、决策支持系统及数据库技术等。

计算技术,就是改进计算机结构及协同计算机之间的工作,提高计算机的运算速度和处理能力,从而满足高速、实时、大数据量和高复杂性计算的要求。

信息融合就是将多种信息源和多种模式信息进行组合,通过数据整理、信息结构合成和人机交互,产生可解释的有用信息。

决策支持技术,以管理科学、数学方法、控制论、信息论、系统论和知识工程为基础,利用计算机系统解决非结构化或半结构化问题,从而为决策者进行科学决策提供辅助作用的技术。

决策支持系统是把军事管理科学和军事运筹学的方法有机地结合起来,运用各种数学方法和现代计算技术,研究军事活动中的各种数量关系的人机交互系统。

数据库技术就是管理数据的完整性、唯一性和安全性等,使用户能够方便快捷地建立、维护、检索、存取和处理数据库中信息的一种技术。

(二)发展趋势

随着计算机技术、微电子技术以及空间技术的不断发展及其在军事领域的广泛应用,装备指挥自动化技术正在进入一个崭新的发展阶段。

1. 侦收手段的综合化

(1)现代战场上,作战要素大大增加,情况瞬息万变,需要侦收的目标和环境信息量大大增加,复杂性大大提高,时效性要求非常高,允许指挥员进行决策的时间非常短,这就要求必须多种侦察手段综合应用。这种作战需求,推动着数据汇集和信息融合向着自动化、一体化方向发展,进而促进信息融合技术层次逐步提高。

(2)随着信息侦收技术的不断发展与进步,各种反侦察和伪装干扰技术设备也得到了较大的发展。为了识别伪装,提高对目标信息的侦收效果,一方面要加强各种目标特征的研究;另一方面还要加强研制新的红外、激光、微波遥感器,使用多种遥感器,同时观测同一地区,进一步提高信息侦收的"质"和"量"。

2. 侦收信息的全时化

(1)随着新技术的发展与应用,不仅可实现可见光彩色摄像,而且可实现红外线、可见光和紫外线多光谱摄像,这样就可以克服不良天气及夜暗的影响,同时获取多维目标信息。

(2)各种新概念侦察技术的发展,也为侦收信息的全时化和全息化带来了可能。例如,合成孔径像雷达、逆合成孔径像雷达技术的发展,使其能在空地一体和目标高度密集的作战环境中,提供大量目标的高分辨率可视图像,并用以推断目标群的不同物理特征特性和形状。

3. 系统构成的一体化

一体化是未来指挥自动化技术的重要发展趋势,也是指导装备指挥信息系统建设的重要原则。未来的装备指挥信息系统将实现战略、战役、战术信息传递系统的一体化，信息传输、交换、处理系统的一体化，通信、导航、定位、识别的一体化，语音、数据、图像的一体化。在现有系统的基础上，把那些分立的系统综合在一起，并在一定程度上与民用信息基础设施相结合，充分利用信息交换技术、光纤通信技术、卫星通信技术、多模多频段多功能无线电台等先进技术，实现装备指挥信息系统的一体化。此外，在整个信息传递系统的所有计算机、数据库信息源之间实现无缝隙的信息访问，也将是系统一体化发展的目标所在。

4. 信息形式的数字化

信息数字化就是实现整个装备保障指挥系统的数字化。与传统模拟通信系统相比，数字通信系统具有很多优点：①支持数字、数据、图像等各种比特速率的信息业务，且带宽分配灵活，网络资源共享；②数字化信息便于传输、交换和处理，便于误差控制、加密、解密，便于多次再生而无噪声积累，因而通信质量好；③通信网络运行和管理准确、安全、可靠。也正是由于以上这些优点，数字通信系统将很快取代模拟通信系统已成为世界各国的共识。信息数字化对于未来信息化战争的重要作用在于：①可提高信息传输的可靠性和准确性；②可提高信息传输速度，有利于增强协同能力；③可提供战场共用图像，提高信息的完整性和有效性；④可实现作战装备与保障装备系统间信息获取、传递和处理的一体化，从而综合利用各种保障资源，极大地提高整体保障能力。

二、CALS 技术

持续采办与寿命周期保障（Continuous Acquisition and Life – cycle Support，CALS）是美国国防部从 1985 年开始在武器装备研制、生产与保障过程中实施的一项信息化工程。MILHDBK – 59B 称 CALS 是"国防部和工业界为实现更加有效地生成、交换、管理、使用和保障防务系统的数字数据而制定的一项战略"。其主要目的是通过利用计算机与网络技术、最佳工作流程、统一的技术标准，构成一个集成数据环境，支持国防部门与工业界之间的开发、管理、交换、使用和保障产品寿命周期内的业务信息和技术信息，从而有助于国防部门在采办装备系统和企业在产品的研制、生产、保障全过程中，有效地减少经费开支，降低成本，缩短周期，保证质量，提高维护保养水平。

CALS 是一项极其复杂的系统工程，有关 CALS 体系结构的研究对从整体上把握、指导、实施 CALS 具有重要意义。1991 年 5 月，美国国防部开展了 CALS 体系结构的研究，研究认为 CALS 的体系结构由管理结构、信息结构和计算机系统结构三部分组成。CALS 管理结构的主要作用是协调、管理信息结构和计算机系统结构,它包括指导实施的战略计划、保证信息需求的政策、功能技术标准以及数据模型标准等;CALS 信息结构从国防部用户的角度,用数据与过程模型来表达用户的功能活动以及业务过程。CALS 计算机系统结构是 CALS 的信息基础设施,它确定了数据存储、管理、访问和传递给用户的方法和位置,包括各种基础设施和技术,如数据库、操作系统、通信网络、存储介质等。根据 CALS 的体系结构,可以把 CALS 的主要技术总结为三个主要方面。

1. 信息基础设施/支撑环境技术

在信息基础设施/支撑技术中,主要包含如下技术内容:

(1) 计算机网络通信技术。为实现不同地域乃至全球范围内的用户与企业以及企业与企业之间的集成,要解决宽频带、高传输速率、高可靠性的全球网络通信问题,从而实现信息的快速传递与交换。

(2) 信息安全技术。网络传输中的信息传输、访问的安全是 CALS 能否得以实施的关键问题,因此,信息安全技术也是关键技术之一。

(3) 集成产品数据库技术。为实现设计、制造、管理、质量保证、维护、维修等方面集成,做到产品全寿命周期支援,而且要在网络环境下运行,需要网络环境下的动态、分布式集成产品数据库技术。

2. 标准化技术

CALS 的核心是信息共享和产品数据的集成,然而,信息平台与格式的异构与不兼容成为集成的障碍,所以,标准化是 CALS 的重要关键技术之一。对应美国国防部 CALS 体系结构,主要包括:①CALS 管理结构部分所用的标准,如技术信息自动交换(MIL – STD – 1840)、承包商集成技术信息服务(MIL – STD – 974,CITIS);②CALS 信息结构部分所用的标准,如电子数据交换(EDI)、产品模型数据交换标准(STEP);③CALS 计算机系统结构部分所用标准,如标准通用标记语言(MIL – PRF – 28001,SGML),栅格图形表达(RASTER)、结构化查询语言(MIL – STD – 1388,SQL)。由于许多承包商出于能承接军方订货的目的,都积极采用 CALS 标准,所以 CALS 已形成一套较为完整的、经过实践验证的标准。

3. 组织管理技术

要保证管理好所有与产品相关的信息和过程,实现各项工作的有效运作,就必须采取与 CALS 相适应的组织管理技术:①组建动态联盟方法,要做到用户与供应商、供应商与供应商之间的集成必须解决企业外部方方面面的信息、过程集成,以及合作的组织方法,职责与利益的分配等一系列技术、管理、法律、法规等问题;②过程重构技术,传统的工作过程、模式和方法不能适应 CALS 的运作模式,必须加以改进,因此实施 CALS 必然要采用过程重构技术。

第二节　供应保障技术

在装备保障中,供应保障的任务就是为装备的使用与维修提供所需的器材,这些器材包括备件和消耗品,备件用于装备维修时更换故障或失效的零部件,消耗品即装备使用与维修过程中所消耗掉的材料,如油料及各种其他耗材等。为采购、编码、分配、转运、接收、储存和处理这些器材所进行的一系列管理与技术活动构成供应保障的任务历程。随着计算机网络技术、通信技术、自动识别技术的不断发展,在供应保障工作中应用可视化技术、现代物流技术、物联网技术等对于提高供应保障水平,适应未来高技术战争需要将起着巨大推动作用。

一、保障资源可视化技术

保障资源可视化技术是基于可视化概念和物质可见性特征,主要是以装备保障物资储备的品种、数量可视化为基础,以装备保障物资分发、供应、可达的全程可视化为目标,运用计算机网络、通信网络、条形码识别技术和 GPS 等战场可视技术手段,实现对装备及其保障器材从厂商、库存到作战部队甚至是单兵的全程监控和跟踪,以确实保证武器装备及保障器材筹措、补充的准确性、实时性。

保障资源可视化技术的关键技术就是自动识别技术、电子数据交换技术等。

自动识别技术是 20 世纪 70 年代发展起来的集光、机、电、计算机等技术为一体的高新技术。它能够准确、及时提供有关物资状况的信息,不管其处在储存、发运,还是运输途中,从而增强系统的识别、跟踪、记录能力以及控制器材、维修过程、力量部署、设备、人员和物资保障能力。主要包括条码识别技术、射频识别技术、光字符识别技术等。条码是由一组按特定规则排列的条、空及对应字符组成的表示一定信息的符号。不同的码制,条码符号的组成规则不同。条码技术是集编码、符号表示、印刷、识别、数据采集和处理于一身的新兴技术。其核心内容是利用光电扫描设备识读条码符号,从而实现机器的自动识别,并快速准确地将信息录入到计算机进行数据处理以达到自动化管理之目的。射频识别技术是近几年发展起来的现代自动识别技术。基本的射频识别系统由射频标签和读写器组成,射频标签和读写器之间互相不接触并利用感应、无线电波或微波进行数据通信,从而达到识别的目的。系统最突出的特点是可非接触识读、可识别高速运动物体、抗恶劣环境、保密性强、可同时识读多个识别对象等。

利用自动化工具收集和报告资源信息,并决定资源状态。常用的自动化识别工具有扫描器、射频标签、条形码和光学存储卡等,这些器件向自动化通信系统输入信息。例如,为了了解运输中集装箱存放的东西,利用扫描器能够读出贴在集装箱上的射频标签的信息,并将信息下载到修理厂和仓库里的计算机中,获许的用户便能从计算机数据库中获得信息,做出相关的决策。

二、物流技术

物流技术一般是指与物流要素活动有关的所有专业技术的总称,可以包括各种操作方法、管理技能等,如流通加工技术、物品包装技术、物品标识技术、物品实时跟踪技术、集装单元化运输技术等。物流技术还包括物流规划、物流评价、物流设计、物流策略等。当计算机网络技术应用普及后,物流技术中综合了许多现代技术,称为现代物流技术。

1. 物流条码及识别技术

条码技术是在计算机的应用实践中产生和发展起来的一种自动识别技术。条码技术提供了一种对物流中的物品进行标识和描述的方法,借助自动识别技术、电子数据交换等现代技术手段,企业可以随时了解有关产品在供应链上的位置,并及时作出反应。一些现代化的物流系统,如自动分拣系统和自动跟踪系统中,都是采用条码实现物料的识别与跟踪。条码的功能在于极大地提高了成品流通的效率,而且提高了库存管理的及时性和准确性。

2. 电子数据交换技术

电子数据交换(Electronic Data Interchange,EDI),是指按照统一规定的一套通用标准格式,将标准的物资信息,通过通信网络传输,在供需双方的电子计算机系统之间进行数据交换和自动处理。由于使用 EDI 能有效地减少直到最终消除保障过程中的纸面单证,因而 EDI 也被俗称为"无纸贸易"。构成 EDI 系统的三个要素是 EDI 软件和硬件、通信网络以及数据标准化。实现 EDI 需要相应的硬件和软件,EDI 软件将用户数据库系统中的信息翻译成 EDI 的标准格式,以供传输和交换。通信网络是实现传输和交换的必要条件。同时 EDI 需要标准的数据格式。EDI 是一种信息管理或处理的有效手段,它是对供应链上的信息流进行运作的有效方法。EDI 的目的是充分利用现有计算机及通信网络资源,提高通信效益,降低成本。

3. 地理信息系统技术

地理信息系统(Geographical Information System,GIS)是以地理空间数据为基础,采用地理模型分析方法,适时地提供多种空间的和动态的地理信息,是一种为地理研究和地理决策服务的计算机技术系统。GIS 的基本功能是将表格数据转换为图形显示,然后对显示结果浏览、操纵和分析。其显示范围可以从洲际地图到非常详细的街区地图,显示对象包括人口、物资情况、运输线路以及其他内容。

GIS 应用于物流分析,主要是指利用 GIS 强大的地理数据功能来完善物流分析技术。已经开发出利用 GIS 为物流分析提供专门分析的工具软件,完整的 GIS 物流分析软件集成了车辆路线模型、最短路径模型、网络物流模型、分配集合模型和设施定位模型等。

4. 集装单元化运输技术

为了实现物流作业机械化、自动化以提高物流系统的作业效率,首先必须把货物归整成统一规格的作业单元。这种便于储放、搬运和运输的货物单元称为集装单元。以集装单元为基础而组织的装卸、搬运、储存和运输等物流活动一体化运作的方式称为集装单元化。由货物单元、集装器具、物料搬运技术装备设备和输送设备等有机和谐组成的高效、快速地进行物流功能运作的系统称为集装单元化系统。集装单元化有效地将各项分散的物流活动联结成一个整体,是物流系统合理化的核心内容和主要方式。集装单元化的意义在于:

(1)货物集装单元具有一定的体积和重量,有利于实施物流作业机械化、自动化,可以有效地提高作业效率,同时导致降低劳动强度,减少重复堆码和重复搬运等无效劳动。

(2)以集装单元为单位,物品的数量检验和清点交接简便快速、差错减少,提高了供应链物流的快速性。同时可以增加货物堆积高度,也便于货架存储,从而减少物品堆码存放的占地面积,充分利用作业空间。

(3)通过集装单元器具的标准化、规格化,进而推动运输、搬运和仓储设备的标准化,使物流系统各环节设备规格协调和谐,大大提高全系统的作业效率;物流各功能环节便于衔接。

(4)使用集装单元器具,在同样有效地保护物品的前提下,可以简化货物包,节约消耗性的包装器材,节省包装费用。同时集装单元器具具有通用性,并且可以循环使用,为可持续发展和绿色物流理念的实现提供了保障。

集装单元器具主要有集装箱和托盘两种。体积较大的集装箱主要用于干线物流,以集装箱为作业单位可以大大提高港口装卸作业效率,在海上运输中得到广泛应用,也促进了沿海各国集装箱码头建设的快速发展。

较小型的集装单元器具托盘作用也不容忽视。以托盘为基底的货物单元广泛深入地进入到生产线、配送与库存作业中,是支线物流集装单元化的主要器具。托盘作为货物单元的基底,和货物的包装尺寸关系密切,而各个企业的产品尺寸各不相同,在选用托盘时有很大的随意性,在现实中就出现了品种繁多的托盘。如果托盘只在企业内部使用,自行决定的规格尺寸也无关大局,但是托盘货物单元在流通中有可能在许多环节中周转,和有关企业的货架等设备配合使用,这样就会带来一系列的问题。所以托盘标准化和合理使用问题始终是困扰物流界的难题之一。当前,推行集装单元化提高物流现代化水平应该重点关注托盘标准化的有关问题。

三、物联网技术

(一)物联网的概念

物联网(Internet of Things),指的是将各种信息传感设备,如射频识别装置、红外感应器、全球定位系统、激光扫描器等种种装置与互联网结合起来而形成的一个大网络。其目的是让所有的物品都与网络连接在一起,系统可以自动的、实时的对物体进行识别、定位、追踪、监控并触发相应事件。物联网是继计算机、互联网与移动通信网之后的世界信息产业第三次浪潮。物联网概念的问世,打破了之前的传统思维。过去的思路一直是将物理基础设施和 IT 基础设施分开:一方面是机场、公路、建筑物;另一方面是数据中心、个人计算机、宽带等。而在物联网时代,钢筋混凝土、电缆将与芯片、宽带整合为统一的基础设施,在此意义上,基础设施更像是一块新的地球工地,世界的运转就在它上面进行,其中包括经济管理、生产运行、社会管理乃至个人生活。

物联网的概念是美国麻省理工学院的 Kevin Ashton 于 1999 年提出的,它的定义很简单:把所有物品通过射频识别等信息传感设备与互联网连接起来,实现智能化识别和管理。也就是说,物联网是指各类传感器和现有的互联网相互衔接的一个新技术。

(二)物联网的关键技术

2005 年,国际电联发表了一份题为"物联网"的报告,其第一作者劳拉·斯里瓦斯塔瓦说:"我们现在站在一个新的通信时代的入口处,在这个时代中,我们所知道的因特网将会发生根本性的变化。因特网是人们之间通信的一种前所未有的手段,现在因特网又能把人与所有的物体连接起来,还能把物体与物体连接起来。"国际电联报告提出物联网主要有四个关键性的应用技术:标签事物的射频识别,感知事物的传感网络技术,思考事物的嵌入式智能技术,微缩事物的纳米技术,即射频识别、传感器、嵌入式智能技术以及纳米技术。

1. RFID 技术

射频识别(Radio Frequency Identification,RFID)是一种非接触式的自动识别技术,它通过射频信号自动识别目标对象并获取相关数据,识别过程无须人工干预,可工作于各种恶劣环境。RFID 技术可识别高速运动物体并可同时识别多个标签,操作快捷方便。RFID 技术与互联网、通信等技术相结合,可实现全球范围内物品跟踪与信息共享。

RFID 电子标签是一种把天线和 IC 封装到塑料基片上的新型无源电子卡片;具有数据存储量大、无线无源、小巧轻便、使用寿命长、防水、防磁和安全防伪等特点;是近几年发展起来的新型产品,是未来几年代替条形码走进物联网时代的关键技术之一。阅读器(即 PCE 机)和电子标签(即 PICC 卡)之间通过电磁场感应进行能量、时序和数据的无线传输。在 PCE 机天线的可识别范围内,可能会同时出现多张 PICC 卡,如何准确识别每张卡,是 A 型 PICC 卡的防碰撞(即 anticoliision,也称防冲突)技术要解决的关键问题。

2. 传感器网络与检测技术

传感器是机器感知物质世界的"感觉器官",可以感知热、力、光、电、声、位移等信号,为网络系统的处理、传输、分析和反馈提供最原始的信息。随着科学技术的不断发展,传统的传感器正逐步实现微型化、智能化、信息化、网络化,正经历着一个从传统传感器(dumb sensor)—智能传感器(smart sensor)—嵌入式 Web 传感器(embedded web sensor)的内涵不断丰富的发展过程。

无线传感器网络(Wireless Sensor Network,WSN)是集分布式信息采集、信息传输和信息处理技术于一体的网络信息系统,以其低成本、微型化、低功耗和灵活的组网方式、铺设方式以及适合移动目标等特点受到广泛重视,是关系国民经济发展和国家安全的重要技术。物联网正是通过遍布在各个角落和物体上的形形色色的传感器以及由它们组成的无线传感器网络来最终感知整个物质世界的。传感器网络节点的基本组成包括如下几个基本单元:传感单元(由传感器和模数转换功能模块组成)、处理单元(包括 CPU、存储器、嵌入式操作系统等)、通信单元(由无线通信模块组成)以及电源。此外,可以选择的其他功能单元包括:定位系统、移动系统以及电源自供电系统等。

3. 嵌入式智能技术

嵌入式智能技术是为了有效地达到某种预期的目的,利用知识所采用的各种方法和手段,通过在物体中植入智能系统,可以使得物体具备一定的智能性,能够主动或被动的实现与用户的沟通,也是物联网的关键技术之一。

嵌入式系统是指将应用程序、操作系统与计算机硬件集成在一起的系统。它以应用为中心,以计算机技术为基础,而且软硬件可以裁剪,因而是能满足应用系统对功能、可靠性、成本、体积和功耗的严格要求的专用计算机系统。这种系统具有高度自动化、可靠性高等特点。嵌入式系统主要由硬件和软件两部分组成。嵌入式系统的硬件主要包括嵌入式核心芯片、存储器、I/O 端口等。而嵌入式系统软件由嵌入式操作系统和相应的各种应用程序构成。有时把这两者结合起来,应用程序控制着系统的运作和行为,而操作系统控制着应用程序编程与硬件的交互作用。

目前,嵌入式智能技术在智能信息家电的应用上取得长足进步,特别是数字信号处理的应用和发展,使得系统的语音和图像处理能力大大增强,不仅可以最大限度地利用硬件投入,而且还避免了资源浪费。

嵌入式技术是在 Internet 的基础上产生和发展的,因此在智能家居控制中,应具有安全性和能快速地与外界进行信息交换,这就使计算机对存储器、运算速度等性能指标要求比较高,而嵌入式系统一般情况下都是小型的专用系统,这样就使得嵌入式系统很难承受占有大量系统资源的服务。实现嵌入式系统的 Internet 接入、"瘦"Web 服务器技术以及嵌入式 Internet 安全技术,是嵌入式系统 Internet 技术的关键和核心。

物联网技术中所采用的各类高灵敏度识别、专用的信号代码处理等装置的研发,将会进一步推动嵌入式智能技术在物联网中应用的扩大。

4. 纳米技术

纳米技术,是研究结构尺寸在 0.1 ~ 100 纳米范围内材料的性质和应用,主要包括:纳米体系物理学、纳米化学、纳米材料学、纳米生物学、纳米电子学、纳米加工学、纳米力学等七个相对独立又相互渗透的学科和纳米材料、纳米器件、纳米尺度的检测与表征三个研究领域。纳米材料的制备和研究是整个纳米科技的基础。其中,纳米物理学和纳米化学是纳米技术的理论基础,而纳米电子学是纳米技术最重要的内容。

使用传感器技术就能探测到物体物理状态,物体中的嵌入式智能能够通过在网络边界转移信息处理能力而增强网络的威力,而纳米技术的优势意味着物联网当中体积越来越小的物体能够进行交互和连接。

(三)物联网在军队保障活动中的应用前景

如同世间任何先进技术一样,一旦发现,必定首先运用于军事领域。物联网的理念和先进信息技术迅速被世界各国运用于军队装备保障领域,对各种参战物资实行感知和控制,以满足现代战争对装备保障"快""准""精"等的要求。例如,美军已在多数装备物资中嵌入信息芯片,使用各类传感设备随时获取装备物资的相关信息,战时既能对装备物资的运用快速做出决策,快速实施分配,准确掌握各类物资的动、静状态,准确对物流过程进行实时监控;又能及时根据变化的情况和需求,在三军中实现物资保障一体化,发挥整体保障效益。美军这种"精确保障""精确物流"模式,就是成功运用物联网理念与技术的结果。其在军事领域的成功运用,给其他各国军队装备保障以很大启发和影响,同时也带动了世界各国军队装备物资保障的革新与建设,发展潜力正在日益凸显。

目前,我军装备领域正在进行体系保障能力建设,可以借助物联网的先进技术和运用理念,积极提升军队各个作战单元、要素的互联互通能力和信息共享能力,尽可能做到保障需求可视化、保障手段智能化、保障方式精确化。除了各类信息系统之间无缝链接,在构成这支军队的万物之间也能进行相互感应和智能化链接,真正实现快速、准确、适量和全过程保障。

第三节　维修保障技术

为了适应未来信息化战争的需求,与信息技术等高技术和信息化装备等高技术装备本身的发展相适应,世界各国不断加大对装备维修保障领域的技术创新与改革。维修保障技术是装备维修保障方式和方法变革的突破口。以微电子集成电路技术为基础,集微电子技术、计算机技术、通信技术、网络技术、自动化技术、光导技术和人工智能技术等为一体的现代信息技术,以及机械化平台技术与新材料、新工艺的不断发展,突破了传统维修技术的束缚,为装备维修保障技术进步注入了新的活力,为信息化战争装备维修保障方式、手段的变革奠定了基础,极大地促进了远程维修支援技术、嵌入式诊断技术、虚拟维修技术、IETM 技术和便携式维修辅助设备等维修保障技术和手段的实现。

一、远程维修支援技术

远程维修支援技术,涉及卫星通信技术、信息处理技术、维修预测技术、维修决策技术、维修专家系统等先进技术。

远程维修系统能将装备维修现场的图像、语音和其他数据等信息传送到维修管理部门和/或维修基地、维修专家面前,而维修预测系统、维修决策系统和/或维修专家可远程指导基层或战场完成装备维修保障任务。远程维修支援技术前端需要的主要电子设备有通信卫星、GPS、战场传感器。GPS 主要功能是为损坏武器装备所在地进行定位,以便后方(相对伴随保障力量位置而言)在必要时能派出支援力量进行支援。传感器的作用,一方面用于和 GPS 进行联系;另一方面用于把装备系统内部信息传输给外界,以便对装备进行测量和诊断。

远程维修系统,是指综合应用远程通信技术和远程图像信息传输技术,前方战场上的装备使用人员或技术维修人员通过联网的智能检测设备将损坏装备的图像、声音、技术参数、现场状况等详细情况,实时传输给后方的技术保障部门,由后方维修机构人员和技术专家进行远程"会诊",协助维修人员对装备的技术状况进行正确评估,同时对武器系统的故障进行预测,并能将有关数据实时传送到维修仓库,同时后方人员可通过网络与前方人员进行可视化对话、观看前方维修实施的全过程,及时进行实时指导,便于对故障进行预测和诊断以及零部件的预先准备,从而提高装备维修效率。远程维修系统主要包括以下 4 个分系统。

1. 数字化维修单兵

综合运用微型(穿戴式)计算机(简称微机)技术、视频采集技术、多媒体技术、高速无线通信技术等高新领域的技术,使前方人员与后方维修机构之间建立通信,传递维修信息。其硬件主要由传感器、头戴摄像机、显示屏、微机、接口装置、无线高速通信机、GPS 等视频辅助维修设备组成;软件则由多媒体语音控制系统、视/音频传输系统、指挥调度系统、故障诊断专家支持系统、维修资料快速查询系统和信息处理系统等构成。

2. 射频辅助维修系统

实质上是一种视频、声频远程通信系统,可实现战区内维修器材的可视化和远程维修可视化。它负责管理所有的零散维修设施、零件供应设施和器材储存设施等,为后方工厂、仓库、前线维修人员提供远程维修可视化系统,将装备维修信息传送到后方技术机构,进行故障诊断和确定维修方案。

3. 集成装备维修信息系统

按照装备维修信息类别和装备各业务工作的不同,构建各种信息库,充分利用装备保障的信息设施,发挥数字化技术资料的作用,将各种类别、型号的武器系统、各级维修部门的多种维修信息资源高度集成于一个统一的、标准化的、容易使用的系统中,从而形成高效的维修信息流,满足不同任务及不同水平技术人员需要。利用计算机与技术人员的信息交互提高维修质量,为各级维修管理部门提供实时动态信息,并快速生成维修保障计划。通过数据接口平台,维修技术人员可直接访问装备的自检测系统,实施故障动态诊断等。

4. 支援中心

一般设在后方基地,是远程维修系统的核心部分,包括软件开发平台、领域专家、人工智能综合维修系统及其他软件。支援中心分系统可使维修人员准确评价武器系统性能,一旦发现故障,立即指示故障原因及排除方法。该系统不仅包括领域专家、故障诊断专家系统及其他辅助软件,而且还是一个扩充性好、开放式的软件平台。

二、嵌入式诊断技术

嵌入式诊断,是在系统运行中或基本不拆卸的情况下,利用系统自身的检测诊断能力,独立掌握系统当前的运行状态,独立查明产生故障的部位和原因,预知系统的异常和故障动向,以声、光和显示屏等多种形式进行信息输出,并辅助操作人员和维修人员采取必要对策。嵌入式诊断是提高武器装备测试性、维修性和提升复杂武器系统快速维修能力的最为简单有效的技术手段。

嵌入式诊断装置通常包括以下主要功能:

(1)实时在线检测重要部件的运行状态,记录武器装备重要的运行状态参数。

(2)进行部件运行状态趋势分析和寿命预测。

(3)一旦部件状态异常,能够独立和集中地进行声、光等多种方式报警,并进行多层次的故障诊断。

(4)对某些故障模式进行自动处理,避免故障的扩大和危害的增加。

(5)与平台外的多种维修检测设备进行数据交互。

(6)与武器装备检测部门进行实时的数据交互和故障深层分析。

(7)自检能力。

当前,最具代表性的嵌入式诊断系统应属于美国陆军的"状态与使用监控系统"。"状态与使用监控系统"是由传感器组成的网络,实时监测平台机械系统的技术状态和功能性状态,可对检测结果数据与历史使用数据进行对比分析,从而了解关键部件和系统的安全使用情况并据此规划维修工作。"状态与使用监控系统"目前主要应用于"阿帕奇"、"黑鹰"等直升机平台上。

"状态与使用监控系统"的状态监控功能向维修人员报告传动系统的完好状况,有助于尽早检测出故障并制定相应的维修计划,选择合理正确的维修方法,减少不必要的检查、错误拆卸和大修;"状态与使用监控系统"的使用监控功能跟踪零部件实际使用情况,实施疲劳寿命监控,并向机组和维修人员及时报告超限事件,有助于降低风险,减少维修费用。有资料显示,当直升机飞行强度为900小时/年时,使用"状态与使用监控系统"一般能减少维修费用24%~29%。美国陆军航空与导弹寿命周期管理司令部在2008年美国国防部维修年会上就曾指出,"状态与使用监控系统"为"阿帕奇"直升机带来了明显效益。

除直升机上使用的"状态与使用监控系统"外,其他陆军平台上也利用嵌入式诊断技术提高保障的主动性和有效性。美陆军的M1A2主战坦克的自诊断系统不仅能使乘员简单方便地对故障进行查找和定位,而且在出现轻微故障时,还能自动重组硬件以便充分利用其他功能。乘员和计算机系统在出现故障时都可以启动故障隔离测试软件,分离出现故障的可更换模块,然后通过更换故障模块进行快速修理。由于采用了这些方式和途径,M1A2 坦克与 M1A1 坦克相比,可靠性提高 4 ~ 5倍、备件总量减少 42% 、车辆机动性提高 15% ~ 20% 。

美陆军"斯瑞克"车的嵌入式诊断与预测系统能够与维修辅助系统、交互式电子技术手册及各类传感器进行数据与信息交换,可检测"斯瑞克"车的使用状态,预断维修趋势和可能发生的故障,并对预计要进行的维修和后勤保障进行规划。

三、虚拟维修技术

虚拟维修技术(Virtual Maintenance Technology,VMT)是指利用计算机模型、仿真、软件等手段来辅助或实现产品的维修和/或维修性设计的技术,它以信息技术、仿真技术、虚拟现实技术为支持,在产品的物理实现之前,就能预测或感受到未来产品的维修性水平,在产品使用维修过程中,则可以完成产品性能的测试,并辅助指导维修过程的完成。虚拟维修技术主要包括虚拟拆装、虚拟加工、虚拟测试。

1. 虚拟拆装

虚拟拆装就是无须产品或支撑过程的物理实现,只需通过分析、先验模型、可视化和数据表达等手段,利用计算机工具来安排或辅助与维修拆装有关的工程决策。虚拟拆装是一种将计算机辅助设计技术、可视化技术、仿真技术、决策理论及装配过程研究、虚拟现实技术等多种技术加以综合运用的技术。虚拟拆卸的一般过程:①将计算机辅助设计系统生成的产品模型(包括零件模型及其在装配体中的最终位置、装配约束关系、装配层次关系)通过数据接口转化到虚拟环境中;②对虚拟环境中的虚拟样机进行人工拆卸操作。虚拟装配则与此相反,通过人工操作,将已经脱离产品的零部件正确组合、定位,并建立正确的装配约束关系。根据虚拟环境的交互方式,虚拟拆装分为沉浸式虚拟拆装与非沉浸式虚拟拆装两种模式。虚拟拆装主要用于进行维修规程的核查、维修训练、维修性分析等。

2. 虚拟加工

虚拟加工是指在虚拟环境下对产品对象实现几何及物理性能变化的过程,也称数字化加工。虚拟加工过程是制造设备对象与产品对象相互作用的过程,表现为对象微观状态的变化,既包括对象几何形状和尺寸的变化,又包括位置参量、方向参量和物理参量(力、变形、温度等)的变化,是一种复合型受控行为。虚拟加工主要以计算机图形学、信息技术、计算机辅助设计、计算机辅助制造技术、金属切削原理、加工过程建模技术、分析技术以及虚拟现实技术等支撑。在虚拟加工环境中,除了完成零件加工过程的几何仿真,同时还要利用零件的几何参数、材料的物理性能、加工过程切削参数建立起加工过程物理模型,并进行物理仿真,对加工过程的动态情况进行模拟,以期尽早发现加工过程中未能预料到的对加工质量产生不利影响的因素,为判断产品零件修复的可加工性、调整和优化切削参数提供依据。

虚拟加工是计算机辅助设计、计算机辅助制造技术、虚拟现实技术发展成熟后出现的一项新技术。20 世纪 70 年代出现并迅速发展起来的计算机辅助设计、计算机辅助制造技术推动了加工过程仿真发展的进程。经过计算机辅助设计、计算机辅助制造技术处理后的数控加工程序,可以通过仿真进行刀具轨迹干涉检验和试切。虚拟现实技术出现使得虚拟加工更加完善和成为综合性分析工具。但目前的虚拟加工还是纯几何的虚拟加工,不能显示和评估加工表面质量。

3. 虚拟测试

虚拟测试则是指在可视化、虚拟化、集成化的计算机和/或网络环境下,通过软件实现测量的全部或部分功能,也可以在虚拟环境中对实际的测量过程进行仿真。虚拟测试可以分为基于虚拟仪器的虚拟测试和基于虚拟现实技术的虚拟测试。基于虚拟仪器的虚拟测试的核心思想是"软件就是仪器"。其实现途径是,利用软件来虚拟化和替代传统测量仪器中硬件形式信号调理与传输仪表、信号显示记录与存储仪表、信号分析与处理仪表(包括 DSP)及有关控制、监控环节,使得测量仪器的硬件尽可能软件化,软件尽可能集成一体化。基于虚拟现实技术的虚拟测试,则是在虚拟现实环境下,借助多种传感器和必要的硬件装备,根据具体需求,完成有关的测量任务。在虚拟环境下,可以设计、构建所需要的虚拟测试仪器,还可以进行计算机辅助虚拟检测规划设计、测量过程仿真(虚拟测量操作)等工作。

中国对虚拟拆卸和虚拟装配的研究十分重视。中国的国防科技工业和军队单位积极参与了虚拟拆装的研究,并将其应用于装备维修和维修性分析中。在开发装备监测与诊断技术的过程中,从 20 世纪 90 年代开始逐步推广应用虚拟仪器技术,并实现软/硬件产品的国产化。同时,不仅在武器装备的设计中应用,而且已经尝试在贵重装备的维修过程中应用。随着信息化装备的大量应用,装备越来越复杂、越来越昂贵,采用实装进行维修训练变得越来越不现实,采用虚拟维修技术则不仅可以实现装备维修过程的训练,而且可以实现战场抢修的模拟训练,且更符合"实景"训练。

四、交互式电子技术手册

交互式电子技术手册(Interactiue Electronic Technical Manual,IETM)是一种由专业工具创作、在电子屏幕上显示、以数字化形式存在的技术手册。它具有纸质技术手册所不具备的三项特征:

（1）信息的格式和样式得到优化。信息更适于电子屏幕显示，易于用户操作理解。

（2）信息元素互相关联。用户可通过多种途径尽最大可能访问到所请求的信息。

（3）用户与技术信息的交互性强。IETM 能在与用户互动基础上提供维修过程向导、技术数据导航、备件供应信息等与装备维修保障相关的帮助。

IETM 的研究对象是 CALS 中所定义的产品技术数据，包括产品保障数据和产品定义数据，所以它的用户可以是产品的设计人员、生产制造人员和产品保障人员。功能上，IETM 是在 CALS 基础上进行的扩展，不仅强调数据的互操作与共享，更强调数据与用户间的交互。IETM 可以实现 CALS 理念中关于产品技术数据的数字化、自动化和网络集成化，为建立基于产品的共享数据环境奠定基础。目前，IETM 最适用于维修手册，它可以将装备所需的有关故障查找与维修方面的全部技术信息集合到数据库中，帮助用户智能化地提供故障诊断和查找程序，使维修人员在任何需要的时间、场所和地点获得充分的信息支持。

IETM 应用可分为创作与浏览两个过程。创作时，IETM 数据可直接取自产品的各类 CAx 工程数据，也可通过扫描转换，按照 CALS 标准，将纸质手册和文档数字化。IETM 数据不同于一般的计算机文件或多媒体数据库，而是把一套文档或手册的信息数据划分成许多信息对象，将其作为基本信息单元存储在数据库中，相互关联的信息数据按照一定的结构存储。存储格式采用有关技术标准规定的中性格式，不依赖于某种特定软件。浏览时，信息数据可以以文字、表格、图像、图纸、声音、视频、动画等多种形式表现，用户可以与 IETM 交互，信息数据相互参引，具有多种查询和导航功能，显示样式遵循统一标准。若有可能，IETM 可由承包商负责集成并通过网络向用户提供服务。

按照 IETM 内容存储的体系结构、数据格式、显示方式和功能，国际上通常将 IETM 分为五类，各类特点见表 5 - 1。五类 IETM 中，最基本的一种是第 1 类，最先进的是第 5 类。实际上各类 IETM 都有自己的特点，有自己的使用对象。目前，美国很多武器装备配备的 IEMT 一般属于比较先进的第 4 类。几乎没有已经投入使用的技术文档和技术手册属于真正的第 5 类。

区别于普通的交互式电子信息产品，它的特点主要体现在：①以 CALS 的产品数据标准为基础；②内容主要包括产品的设计、图纸、使用、维修等数据；③通过采用标准化和先进的多媒体技术，实现了更贴近用户、操作非常方便的用户接口；④存储介质具有很强的灵活性，可以是各种类型、容量合适的电子媒体，包括 CD - ROM、硬盘、软盘、磁带等，也可以打印为纸张格式；⑤由于集成了网络通信技术,使它具有很强的网络通信和数据交换能力,保证了其数据内容的实时性和可维护性,因此分布式的信息存储形式成为其一特色。

表 5 - 1　IETM 分类

类型	特 点	类型	特 点
第 1 类	<ul><li>翻页方式,对页加注索引</li><li>整页显示</li><li>BMP 格式</li><li>简单 ZOOM</li><li>有限个热点连接</li></ul>	第 3 类	<ul><li>线性结构</li><li>显示基本信息对象</li><li>较小滚动区</li><li>文本和图形分开显示</li></ul>
第 2 类	<ul><li>滚动窗口显示</li><li>超级连接</li><li>SGML 标准</li><li>有导航帮助</li></ul>	第 4 类	<ul><li>由数据库管理系统管理</li><li>对话框驱动交互</li></ul>
		第 5 类	<ul><li>与专家系统、人工智能、自动诊断以及故障隔离等结合</li></ul>

随着计算机技术、信息技术和网络技术的发展,IETM 概念及具体表现形式不断完善,其研究重点开始偏于 IETM 内容数据的共享集成和三军协同操作等问题。

五、便携式维修辅助设备

便携式维修辅助设备是一种在维修点上使用的移动计算机设备。在维修过程中,便携式维修辅助设备与嵌入式诊断设备建立连接,获取嵌入式传感器的信息,其主要功能包括技术数据显示,状态监控和预测,故障诊断、隔离和修理指导,备件查询与订购,维修数据记录与分析,操作数据上传与下载。美国陆军航空兵使用的便携式维修辅助设备主要包括综合电子技术手册、平台维修环境、自动化历史数据记录工具、座舱语音录音机/飞行数据记录器。便携式维修辅助设备与武器系统直接相连,不仅能帮助维修人员查找、诊断、隔离和排除故障,还可自动申请所需的备件,并根据获得的状态数据制定维修计划,从而实现了故障诊断、故障隔离、备件申请和维修规划的有机结合,具有很高的自动化和智能化水平,可显著提高维修效率、降低维修费用。目前,美国陆军的便携式维修辅助设备已发展到第三代,应用范围越来越广,AH - 64D"阿帕奇"直升机、M1A2 坦克等主战装备都配备了便携式维修辅助设备。对于 AH - 64D 直升机,便携式维修辅助设备是其综合维修保障系统的关键部件,可提供故障数据记录,通过飞机上数据总线下载各种维修信息,并可与部队的后勤系统接口,从而使 AH - 64D 成为一架易于维修和保障的飞行平台。

六、新材料工艺技术

将能够显著提高维修保障质量、效率并减少消耗和对环境影响的各种新材料应用于维修保障领域中,是维修技术发展的明显趋势。例如,更加耐久的表面涂层材料,易维护的隐身材料,对环境更加友好的溶剂,易于修理的合成材料,易于复制的嵌入式微型集成电路芯片,纳米材料等。

结合维修保障条件积极应用先进制造技术的成果,发展维修新工艺,是保证维修技术水平不断提高的重要举措,也是维修技术发展的重要趋势。例如,激光熔覆成型技术,利用高功率激光聚焦于喷上金属粉末的零件或基体直至完成修理;激光喷镀技术,利用激光能量沿光纤管传输使金属喷镀到表面上,能够修复用其他方法不能修的铝制零件。又如,绿色维修技术的发展,将大大减少维修保障对环境的影响和资源消耗,适应社会持续发展的要求。

第四节　软件保障技术

软件保障是随着计算机技术的发展和广泛应用而产生和发展起来的。美国空军对软件保障的定义:为确保部署后的软件/系统在生产和部署期内,持续地维持其初始作战职能及后续职能,展开修改及改进的一切活动。IEEE 中对"软件保障"的定义为:软件保障是指对软件产品交付后的修改,以排除软件故障、改进性能或其他属性,或使产品适应改变的环境。这意味着修改软件不是为了纠正一个问题就是为了增加能力。软件保障是确保运行和配置的软件全面、连续地保障装备的作战任务进行的所有活动的总和。软件保障包括部署前软件保障和部署后软件保障,其中部署后软件保障是软件保障的重点。

数字化部队武器装备一般都装配有智能化嵌入式计算机,计算机软件已经成为武器装备中(尤其是数字化装备)最重要的一部分,致使软件维修(维护)在装备保障中的比重越来越大。随着软件及软件密集系统的大量使用,软件对现代军事斗争起着越来越重要的作用,甚至改变了战争的形式与进程,加之软件的复杂性和不可靠性,软件系统保障技术越来越成为数字化部队装备保障技术中的关键内容,必须加大力气加以研究。

一、软件系统的高可靠性设计技术

从软件系统全寿命周期特点来看,软件的失效主要由设计造成,设计水平的高低、设计过程的规范与否直接影响到软件的保障水平,因此,应对软件设计技术进行研究,在设计阶段提高软件的可靠性,确保软件的高可靠度使用。软件的高可靠性设计技术主要包括以下四种。

1. 避错技术

软件的避错设计要贯穿于软件设计和工程实现的各个阶段,关键是在设计中严格按照软件工程方法,严格管理,提高软件的可靠性。

2. 检验技术

检验技术包括程序的正确性证明、静态测试和动态测试三个方面,可利用数学和仿真测试平台、自动静态分析等技术检查软件的结构错误,利用自动测试工具动态跟踪软件的运行状况。

3. 容错设计

容错设计的目的是防止因软件故障而导致软件失效,主要应解决自动错误检测、损伤评估、错误恢复和缺陷处理等主要关键技术。

4. 测试性设计

软件的测试性设计是为了找到软件中的错误,减少软件测试的代价,从目前的趋势来看,应主要发展输入/输出域分析技术、目标的测试性概率计算两种测试性分析技术。

二、软件系统的维护技术

软件保障是高技术领域的活动,从软件开发与维护的研究和实践看,有一系列关键维护技术有待解决。

1. 软件与硬件故障隔离技术

软件的故障既可能是硬件故障引起的,也可能是软件故障引起的,而两者的故障排除方法完全不同。因此,区分(隔离、鉴别)软件、硬件故障引起的系统故障是维修的关键和先决条件。

2. 软件故障隔离技术

软件故障隔离是修正软件缺陷的前提,其作用是把软件故障一次隔离到故障的分系统、模块直至程序行或数据单元,以便于故障检测和维修。

3. 软件故障修正方法

软件故障修正实际上是软件的局部重新设计。然而,局部重新设计不应造成系统或其他部分程序或数据的不协调,引起新的故障。所以,它不同于全新的软件系统设计,同时,软件故障修正的人力、物力和环境条件都有限制,这就要求探讨一些简便、实用的故障修正方法。

4. 现场使用软件试验、检测技术和手段(平台)

软件在开发中的测试技术和方法、手段,已有相当多的研究成果,而对现场使用的软件同样需要进行试验、检验,而且要求快速进行,应当研制快速检测的技术和平台。

5. 软件系统应急维修技术

硬件战伤修理技术已经比较完善,但对软件系统而言却是一个新问题。事实上,因为软件在战场上的故障机理比单纯的硬件系统更加复杂,而且软件系统往往要求有更快的反应能力和持续作战能力,因此,必须着重研究软件的各种应急诊断和修复技术,以提高软件战场保障能力。

三、软件供应保障技术

软件供应保障技术是指可为用户提供软件、跟踪软件版本、收集软件故障数据等的技术。通过该技术,可以为用户及时提供正确的软件、软件补丁等数据,同时跟踪战场软件版本情况,以避免软件版本使用混乱,造成严重后果。软件供应保障的一个重要工作是建立软件产品数据仓库。

1. 软件部署后的配置管理技术

部署后的软件产品数据管理技术,也即软件配置管理技术是整个软件供应保障技术的基础技术,它与一般的软件配置管理技术有相似的地方,但也有不同,它主要关注的软件在部署后的情况。它的核心是建立软件产品数据控制(管理)仓库,基于这个数据仓库开发各个功能应用程序。该系统能够把软件维护方、软件供应保障者、软件使用人员联系起来,各方通过该系统进行沟通。软件产品数据的任何变更信息都能够被该系统实时的跟踪并纪录下来,可以知道战场上的任何用户用的是什么软件、哪一个版本的软件、当前该版本软件的运行状态等信息。

2. 软件复制分发技术

衡量软件供应保障能力一个重要方面就是软件能否快速分发到战场上的系统。有各种各样的方法来完成这个工作,他们都应该在软件保障工具箱内,且在任务需要时使用。以下是一些完成软件快速复制分发的方法:

(1)卫星传输。这种方法真正地降低了软件保障费用却提高了执行效率。在这方面,美军已经完成了几个把软件通过卫星传输到欧洲的试验。这种传输软件的方法提供了一种快速响应的能力,它能够通过快速提供修订的软件给战场上的系统增强性能。

(2)网络传输。即利用分布于各地的网络进行软件传输,这个方法的优点是速度快、方便,但是保密性不高,还需要在安全方面进行研究。

(3)电话线传输。它不适合传输大的软件,也能够通过加密的电话线来传输一些保密性高的软件。

(4)战术系统传输。可以通过战场上的一些指挥自动化系统来传输。

(5)战场机动复制分发系统。该系统能够在战场上机动,自己能够接受卫星、无线电、网络等途径传输过来的信息及软件数据,并装备了复制设备,能够随时将接受到的更改后的软件分发给战场上的武器系统。

3. 软件安装培训技术

在战场上需要快速的软件安装技术及系统升级技术,当然软件在设计时就应该考虑到软件要易于安装,能够满足时效性要求非常高的战场需求。同时,还要开发各种培训技术,以能够及时地对用户实施培训而不延误战机,如多媒体培训技术、网络培训技术、远程支援技术、卫星教育技术等。

4. 构建软件 RDIT 系统技术

RDIT(Replication Distribution Installation Training)系统是一个基于网络的计算机化的软件系统,它能够为战场上的系统提供软件的供应保障,并且通过它可以在一定程度上认识软件供应保障系统的系统结构及运行情况。它主要包括软件产品管理系统、软件复制分发系统、软件培训系统、软件标识系统等子系统。

分布于各地的用户通过网络访问软件 RDIT 系统,向软件 RDIT 系统发送问题报告、从系统下载新版本软件或软件补丁、接受培训或请求技术支持。软件维护方通过软件产品管理系统接受更改请求并向软件 RDIT 系统提供修改后的软件或软件补丁。

四、软件系统寿命周期管理

由于软件系统是信息化装备系统中重要而特殊的组成部分,因此,软件寿命周期管理是软件保障中不可忽视的重要内容。在规划和组织工程项目时,必须从系统的角度进行决策。在审查系统方案时,必须考虑到对系统长期的影响。重视软件与硬件的接口设计和管理,包括严格的接口控制、审查和审核,必须明确规定并全力控制软件模块之间和软件与硬件之间的所有接口。在项目启动后,要保持软件资源的稳定性,既要使软件开发保证工程项目进度,又不能随意缩减软件资源和时间。要根据计算机硬件结构和任务要求实时的选择软件系统的结构,并且与要求定义和系统分析工作同时进行。

第五节　保障训练技术

高技术复杂武器装备的发展,突出了人—武器装备全系统优化的重要性。武器装备越现代化,对人员的训练要求也越高。例如,未来坦克装甲车辆采用的复杂装备及在高技术条件下诸兵种协同作战的复杂性,都增大了乘员和部队维修人员使用和维修训练的作用及训练的难度。此外,在和平时期,大量的兵员处在预备役状态,如何经常性地训练他们掌握和熟悉复杂的武器装备的使用和维修是各国军队都面临的突出问题。为了解决上述问题,世界各军事强国重视利用仿真技术、计算机网络技术、虚拟现实技术、人工智能技术和微机电技术等现代信息技术进行武器装备的使用和保障训练,特别是重视在研制武器装备的同时,同步发展相应的训练设施和各种先进的训练技术,如各种独立的训练模拟器、分布式任务训练、高级分布式学习、嵌入式训练技术等。

一、高级分布式学习

美国国防部于 1997 年确立了高级分布式学习的革新训练方式。高级分布式学习是对过去的远程学习方式的发展。它以新兴的网络技术为基础,力图将分散的教育资源如授课教师、专家和传统的授课方式结合起来,把课程送到军营、机场、舰艇和维修基地,突破单纯院校课堂教学的老框框,寻求函授、互联网教学等新方式,以实现以学习者为中心的继续教育和训练变革。高级分布式学习技术建立在计算机、远程通信和网络技术迅猛发展之上。这些信息技术的发展逐步打破了训练和使用的界限,使得军方能更完整、宏观地看待和解决教育和训练问题。几年来,高级分布式学习在美国政府、工业界和学术界领导的通力合作推动下,不断发展,制定并发布了国际承认的高级分布式学习技术标准——可共享课件对象参考模型,促进了教育和培训软件在国防部、联邦政府、学术界和私营界之间的互用和重用;成立了多种高级分布式学习合作实验室,为政府和私营界合作研究、开发和评估符合可共享课件对象参考模型标准的新型学习技术样机、指南和规范提供论坛;美国政府/军方、工业界和学术界的许多著名组织都成为高级分布式学习伙伴;国防部负责战备完好性的副部长帮办与国防部办公室、联合参谋部以及国防部有关部门共同建立了协调国防部内部高级分布式学习项目的管理论坛。美国 ADL团体还与北约训练集团个人训练和教育开发工作组建立起密切的工作关系;美国国防部和三军也实施了多项高级分布式学习项目,如美国联合军种的高级分布式学习项目有:分布式联合训练举措、联合虚拟学习环境、联合电子图书馆、在线交互式课程、联合指挥与控制研究项目、联合部署训练中心等;美国陆军的"21 世纪的陆军训练""陆军整体远距学习项目""21 世纪教室""分布式训练技术工程"以及"预备队教育与学习项目"等;美国海军和海岸警备队采用高级分布式学习进行损伤控制修理训练,不但节省了费用,而且提高了军舰的战备完好性和水兵的安全;美国空军组建了高级分布式学习学院,专门负责制定和实施空军的高级分布式学习项目。空军的"航空航天远征军在线"和"个人训练师方案"是高级分布式学习候选方案。有关研究表明,利用基于高级分布式学习技术的指导和培训,有可能降低指导成本达 30% ~60%;降低指导时间达 20% ~40%;提高指导有效性达 30%;提高学员知识和成绩达 10% ~30%;并显著改进组织的效率和生产力。

二、分布式任务训练

仿真技术用于使用和维修人员训练已不是什么新事物,但在 20 多年前,仿真几乎都是指训练个人完成与其职业(驾驶员、导航员、维修人员等)有关的某些工作项目的设备,如飞行模拟器等。国外新兴的分布式任务训练系统,是借助高速、宽带通信网络、高性能计算机和虚拟现实等技术,将独立模拟器连接起来,共同组成一个完整的任务训练系统,使不同军种和个人在一种由实况仿真、虚拟仿真和结构仿真共同组成的共享训练环境下可以根据具体情况选择适合自己的部分,开展有针对性的任务训练。例如,不同的受训者可以在不同的地点进行同样的训练,也可以进行内容完全不同的训练;可以自己独自地进行自行选定的项目训练,也可以进行团体间的对抗训练,即军事演习。在分布式任务训练环境下,受训者可以使用网络提供的任何一种武器或场景,实时互动地模拟各种复杂局面,逼真地展示各种可能发生的实战情形,从而为各军种从各自的专业领域或具体部署地参加综合演练创造了条件。所有这些,都有助于形成按需提供、实际自然的训练环境,并打破资金、地理、实际技术条件以及组织调度等环节的限制,提高训练的有效性,减少与实战之间的差异。

采用分布式任务训练进行装备使用人员与保障人员训练,具有以下显著的优越性:

(1)可以节省费用,因为无需动用大量人员和装备进行实战演习。

(2)有助于部队保持高水平战备状态,因为利用仿真系统可反复进行多次演练,有利于部队掌握新式装备的使用与维修和新战术的运用,而且,演练的全过程都可以记录下来,便于及时发现和解决训练问题。

(3)可以避免因实战演习可能造成的人员意外伤亡、武器装备损耗和环境污染。

(4)分布式任务训练还具有高保真效果、全视景战场、摆脱具体条件的限制、可方便地实现多军种的联合训练,以及信息沟通方便、数据收集与传播简便、训练任务设置快捷、训练成功率高、训练效果评价客观等优势。

近年来,美国空军研究实验室与美军各大军种及工业界进行合作,共同开发分布式任务训练相关技术,并直接将过渡技术和改进的训练方法提供给军方用户。这种新型训练方案已在美军的 F - 15、F - 16 中获得应用。分布式任务训练在美国空军基地也已初具规模。到 2006 年,美国战斗空军(包括欧洲和亚洲)部队中的 A - 10、E - 8、F - 22、JSF、EC - 130H、RC - 135、F - 117、B - 1、B - 2、B - 52、EC - 130E 等诸多机型中都引入了分布式任务训练。美国陆军的仿真、训练和仪表司令部也为地面部队开发了一套分布式任务训练(DMT)系统:近距作战战术训练器家族。

三、嵌入式训练

当前军事训练中的另一种发展趋势是,将高保真的合成环境训练能力直接嵌入到作战平台中,使士兵在前方部署地能够针对一定范围的基本活动开展训练,还可以在作战开始前事先演练实际的使用或维修任务场景。嵌入式训练系统是指在作战系统、分系统或装备上装入或增加的训练能力,它能够使装备的使用和维修人员更加熟练地掌握各项技能。多年来,嵌入式训练技术在国外武器装备使用与维修人员训练中已有不同程度的应用。嵌入式训练除具有较传统的教室训练更容易接近的明显优势外,在正确地开发和实施前提下,还具有能产生更好的使用性能的潜力。嵌入式训练系统具有的优势具体表现在:

(1)通过减少训练所需的额外设备来降低成本。

(2)消除训练环境与工作环境之间的差距,加速训练向在职性能的转变。

(3)提高训练设施的可用性,提供充分及时的训练等。

目前,先进的嵌入式训练系统在美国陆、海、空军以及联合军种武器装备中已有一定的应用,如和平时期舰队主力战术训练系统、"宙斯盾"作战训练系统、和平时期舰队主力电子战训练系统、舰载训练系统、Bradley A3 战车的嵌入式训练系统等。先进的嵌入式训练技术为各军种大幅度提高战备完好性和降低训练费用提供了很现实的机会。

第六章 通用装备保障体制机制

根据上海辞书出版社 2009 年版《辞海》的定义,体制是指国家机关、企事业单位在机构设置、领导隶属关系和管理权限划分等方面的体系、制度、方法、形式等的统称。如政治体制、经济体制等。关于"机制",《现代汉语规范词典》第二版中有四种解释:①机器的构造或工作原理。②有机体的构造、功能和相互关系。③指某些自然现象的物理、化学规律,也称机理。④泛指一个工作系统的组织或部分之间相互作用的过程和方式。

通用装备保障体制,是为组织实施通用装备保障而确立的组织体系和相应制度,是科学谋划和合理运用通用装备保障力量,充分发挥通用装备保障能力的组织保证。构建科学合理的通用装备保障体制,应按照信息化战争要求,建立健全通用装备保障指挥机构、保障力量和协调机制。这既是适应信息化条件下联合作战,提高通用装备保障效率和效益的需要,也是加快中国特色军事变革,适应我军通用装备规模和技术构成变化,顺应通用装备保障多样式、精确化发展的需要。

通用装备保障运行机制,是指通用装备保障系统内各个要素之间相互作用的过程和方式,是通用装备保障工作内在规律的具体体现,也是通用装备保障工作能够正常运行的根本保证。

第一节 通用装备保障组织机构

通用装备保障组织机构是通用装备保障体制的重要组成部分,是实施通用装备保障的基础和工具,是保持和提高部队战斗力的重要保证。通用装备保障组织机构的基本功能是贯彻执行党中央、中央军委关于军队建设的方针、政策,依据军事斗争的需要和装备保障的发展,采用科学的方法和先进的技术,建立和完善通用装备保障体系,保持通用装备良好的技术状态,保障部队作战、训练和其他各项任务的完成。

一、通用装备保障组织机构设置的依据

未来信息化条件下联合作战的通用装备保障,将根据作战特点及保障需求,着

眼于发展变化,跳出保障机制计划在先、保障空间由后向前、保障力量组织各自为战、保障储备处处设点、保障数量多多益善、保障行动按部就班等机械化战争的保障模式及思维定势,坚持并贯彻精准、集约、配送、可视的通用装备保障思想。在当前和今后的一个时期,我军通用装备保障组织机构的设置应坚持以毛泽东军事思想、邓小平新时期军队建设思想、江泽民国防和军队建设思想以及胡锦涛的一系列有关论述为指导,深入贯彻落实科学发展观,坚决执行党的路线、方针、政策和中央军委的决策、指示,以新时期军事战略方针为依据,以信息化条件下联合作战需求为牵引,以通用装备保障思想为基本出发点,以提高保障效率、效益为核心,并按照装备保障统一筹划和运用装备保障资源、综合运用多种保障方式和手段的基本要求,灵活区分机构层次,科学探索设置模式,为通用装备保障的及时、精确、可靠提供重要保证,促进装备保障水平的整体提升。

二、通用装备保障组织机构设置的原则

通用装备保障组织机构是军队实施通用装备保障的重要基础,因而建立结构合理、高效精干的通用装备保障组织机构,对于实施高效保障、快速完成保障任务具有重要的意义和作用。在通用装备保障组织机构的设置过程中,通常遵循以下指导原则。

(一)规模上要适应新时期作战需要

战争规模的大小决定了通用装备保障范围的大小和内容的多少,今后一个时期内我军主要面临打赢信息化条件下局部战争的问题,这样的战争规模决定了通用装备保障组织机构的规模必须全面考虑和适应我国军事斗争的客观需要,既要着眼于主要方向的作战任务,又要考虑应付其他战略方向可能出现的连锁反应;既要着眼于某一个方向上的战争,又要考虑两个甚至多个方向上同时出现危机。

随着武器装备现代化建设的发展,从事通用装备保障的人员越来越多,出现了一些新的通用装备保障组织机构。同时,随着部队机动能力和独立作战能力的提高,通用装备保障机构可能突破现行的传统结构模式,向更加灵活、积木式、模块化结构方向发展。这种模块化、多功能的专业保障机构,既可以同类组合,完成大规模的通用装备保障任务;也可以不同组合,完成综合性的通用装备保障任务。这种组织结构形式更加适应未来信息化条件下局部战争和联合作战的需要,战时可以根据不同军种、不同装备、不同保障任务的需要,组合成不同的通用装备保障组织机构,提高通用装备保障的能力和效率。

（二）结构上应符合现阶段保障体制

军队体制编制是军队战斗力运用的组织指挥形式,它反映了信息化条件下局部战争的特点,要求设置与之相适应的通用装备保障组织机构。通用装备保障组织机构的设置与军队体制编制具有一致的目标,都是保持和提高军队的战斗力,打赢未来战争。通用装备保障组织机构设置只有与军队体制编制相适应,才能保证通用装备保障活动的顺利开展,才能保证部队战斗力的提高。因此,军队体制编制对设置通用装备保障组织机构有着规范性的制约和指导作用。一般情况下,有一级军队体制编制,就应有一级通用装备保障组织机构。这样建立起来的通用装备保障组织机构才具有可行性,通用装备保障能力就容易适应本级部队所担负任务的需要,使本级部队指挥员的决心建立在可靠的技术和物质基础之上,军事需求在通用装备保障上得到及时、准确、迅速的反应,从而确保军事活动的正常进行。当然,军队体制编制与通用装备保障组织机构并不需要完全一一对应,通用装备保障组织机构应该精干、灵活、高效,可以适当减少一些中间层次,或弱化部分中间管理层次的相关职能,这在平时保障任务较少的情况下,有利于节省保障资源。

（三）编成上应满足一体化作战发展

军事装备保障的根本职能和使命,决定了通用装备保障必须服从、服务于军事活动,决定了通用装备保障组织机构的设置必须满足未来一体化作战需求,服务于通用装备保障。通用装备保障自身的保障性特征,要求其各项活动的展开必须紧贴未来信息化条件下联合作战的形式,按照未来联合作战可能的规模、样式、阶段、行动和战法等,平时科学地规划调整保障机构编成力量,不断完善通用装备保障组织机构,并加强装备保障力量体系建设、进行装备保障方法手段创新、落实装备战备制度、加强装备保障训练,不断提高通用装备保障能力;战时针对战场情况变化,结合任务适当地打破常规的机构设置模式,使装备保障能量得到灵活机动地释放,以确保联合作战通用装备保障任务的完成。

未来信息化联合作战条件下,军兵种间的高度协同统一,是完成作战任务的先决条件,也是搞好未来通用装备保障的重要保证。一体化的装备保障体制是由现代战争一体化的联合作战样式所决定的。通过保障力量集约使用,有效满足三军部队的保障需求,可以提高装备保障效能。通过改革实现保障实体统管共享,军队资源优化配置,社会资源合理利用,既节约了资源,又节省了时间。这种三军合成、三军共有的保障模式,使"集中力量搞保障、面向三军搞服务"成为现实,显示了由分散走向聚焦的信息化保障的优势和效益,给通用装备保障带来了新的挑战。作战样式的变化必然要求通用装备保障组织机构的设置能够及时进行调整,以满足作战中通用装备保障任务需求。

三、通用装备保障组织机构现状及发展趋势

通用装备保障组织机构在装备保障中的重要地位,决定了我们应该充分认清其设置的基本模式,理顺现状,并结合装备自身的发展以及任务的拓展探讨其发展趋势,这对于促进通用装备保障组织机构的健全与科学发展有至关重要的意义。

(一)通用装备保障组织机构设置的基本模式

1. 按保障职能区分

1)通用装备与专用装备分体式保障组织模式

通用装备与专用装备分体式保障组织模式,就是各军兵种都编有通用装备保障力量,独立组织本军兵种的通用装备保障,是一种完全按建制系统对本军兵种、本部队进行全面保障的模式。这种模式的主要特点:①保障任务明确。保障力量与保障对象长期在一起相互协同和配合,保障关系清晰,保障对象固定,实施通用装备保障比较便利。最重要的是,通用装备保障力量和通用装备保障对象属于同一个上级指挥机构领导,便于组织指挥。②保障要素齐全。每个军兵种都建立与本军兵种部队编成相适应的通用装备保障机构和指挥系统,可以及时、有效地对本军兵种部队实施通用装备保障,减少上下左右协调的工作量,避免互相推诿、扯皮,有利于制定通用装备保障计划和发展战略,以及根据需要及时调整通用装备保障力量。③保障责权分明。各军兵种通用装备保障机构只负责保障本军兵种部队,对同一建制内部队实施全面保障,便于发挥各军兵种自身的积极性,有针对性地组织通用装备保障演练,组织通用装备保障建设,提高通用装备保障能力,更好地实施本军兵种部队的通用装备调配、技术保障和装备管理。尽管这种保障组织模式具有一定的优越性,但也存在一些不足,主要是保障机构重复设置,平时保障任务量少,保障资源利用率低,尤其是不适应联合作战和联合保障的要求。随着武器装备技术水平的不断提高,通用装备保障的机构过于庞大,反而会影响到通用装备保障的效能。

2)通用装备与专用装备结合式保障组织模式

通用装备和专用装备结合式保障组织模式,就是通用装备统一组织保障,专用装备由军兵种自行组织保障。即在全军范围内,通用装备和弹药器材统一供应,通用装备维修统一组织,专用装备、弹药器材的供应与修理等由各军兵种按建制系统分别组织。通用装备和专用装备结合式组织保障是目前各国广泛采用的装备保

模式。这种模式的主要特点：①有利于保障资源的优化配置。可以发挥通用装备保障和专用装备保障的各自优势，实现通用装备保障资源的节约使用和优化配置；在通用装备保障力量的建设上，能够区分重点，有所侧重；根据装备发展的整体规划，合理确定通用装备保障机构的规模，最大限度地满足通用装备保障的需求，尤其是在战时能够确保不同的通用装备保障重点。②保障的专业性更强。通用装备保障由全军统一组织实施，可以集中力量，按照装备的不同类型实施分类保障，可以根据不同的保障能级，合理区分保障任务；专用装备保障更便于实施专业化保障，体现不同军兵种装备的保障特点，促进军兵种通用装备保障业务建设，提高通用装备保障质量。③与指挥机构更加协调。诸军兵种联合作战，一般要建立联合作战指挥机构和军兵种战役指挥机构。联合作战指挥机构内设置相应的装备指挥机构，主要负责通用装备保障的组织实施；军兵种战役指挥机构内设置相应的军兵种装备指挥机构，负责本军兵种专用装备保障的组织实施。作战指挥与装备保障指挥相互协调，减少了指挥层次，避免了指挥交叉和重叠等问题。④更有利于平战转换。平时通用装备统一保障，按照部队所在地区划分固定的通用装备保障单位，按建制保障和进行基地固定保障；战时实施区域保障，对机动到本区域内的各军兵种部队实施分区划片的通用装备保障。通用装备保障机构完成平战转换快，保障关系清晰，任务明确。总之，通用装备和专用装备结合式保障组织模式，有利于提高通用装备保障效率，有利于提高通用装备保障能力，适用于军队规模大、国土范围广、装备种类复杂的军队，美国、俄罗斯等大国军队都采用这种模式。

　　3）通用装备与专用装备一体式保障组织模式

　　通用装备和专用装备一体式保障组织模式，是指在军队最高装备领导机构的领导下，统一组织对各军兵种进行全面的通用装备保障。在这种保障模式下，机构设置简单，便于指挥。全军只有一套装备保障指挥机构，由最高指挥机构指挥通用装备保障力量，对各军兵种部队或联合作战部队实施全面保障。这种保障组织模式的主要特点：①可以有效避免重复建设。全军最高装备指挥机构统一负责全军的通用装备保障力量建设，能够做到统一计划、统一协调、统一部署，避免重复建设、机构重叠、保障机构舍近求远等问题，提高通用装备保障效率。②能够适应联合作战要求。诸军兵种统一实施通用装备保障，便于联合作战，不存在通用装备保障力量的调整、编组等问题，所有部队都可以就近得到通用装备保障机构的支援。总之，这种模式适合军队规模比较小的国家，这些国家的武器装备精良、体系编配相对单一、种类较少，同时指挥方式灵活、管理手段先进，能够及时有效地调整通用装备保障力量。

　　2. 按组织职能范围区分

　　我军通用装备保障工作实行总部、军区（军兵种）、部队装备机关三级管理体制。总装备部对全军的装备工作进行统一领导,平时由军区和军兵种按建制系统分别组织实施,战时实施划区保障。总参谋部、总后勤部还下设分管通用装备和通用后勤装备的机构,分别由总参谋部各级司令部及总后勤部各级后勤部负责。

(二)通用装备保障组织机构的设置

1. 通用装备保障领导机构

总装备部通用装备保障部是全军通用装备保障的最高领率机关,是主管全军军械、装甲、工程、防化、通用车辆和陆军船艇等装备保障工作的业务部门,其基本职能:①拟制主管武器装备保障规划、年度计划及平时、战时保障方案;组织拟制主管武器装备保障的有关政策法规和标准制度。②负责主管武器装备的接收入库、储存保管、调拨供应、质量监测、维护修理和退役、报废处理等工作;拟制携行、动用、封存、储备、转级等标准。③负责提出主管武器装备退役报废处理计划建议,以及退役弹药补充计划。④负责主管武器装备实力统计,组织指导主管武器装备管理工作。⑤负责拟制主管武器装备维修计划,以及装备维修器材消耗、周转、储备等标准;负责维修器材的筹措、储存、保管、供应和管理,以及维修装备、设备和机工具的研制、配发工作。⑥负责通用弹药、地雷爆破器材、防化危险品的报废处理工作。⑦负责主管武器装备保障力量建设,指导装备战备和战时保障工作。⑧负责主管武器装备技术勤务保障人员的专业训练工作,指导有关装备技术院校和专业技术兵训练机构的业务建设。⑨负责主管武器装备保障的科研和技术革新工作。⑩负责有关装备(器材)仓库的业务工作,参与后方装备仓库的选点和布局调整。⑪负责归口管理全军装备修理工厂的业务工作,领导管理所属装备修理工厂的全面建设。⑫管理使用主管武器装备维修费和有关专项经费。⑬承办主管武器装备维修设备、器材的军援军贸工作。⑭承办与业务工作有关的其他工作。

从地位作用上看,主要有四个方面的职能:①建设职能。统筹规划计划全军通用装备保障建设和发展,组织实施全军通用装备保障理论法规、组织指挥、保障力量、管理维修、储备供应、人才训练等建设,形成和保持有效履行使命任务的通用装备保障能力。②指导职能。通过政策指导、标准制度指导、技术服务指导、检查监督指导,保证军委、总装关于装备保障决策指示在全军部队得到贯彻落实,保证通用装备保障工作正确方向,保证部队战备训练和遂行多样化军事任务需要。③指挥职能。战时,军委联合指挥装备保障中心组织指挥战略通用装备保障力量遂行通用装备保障任务,组织通用装备、弹药、器材筹措、调拨和供应,组织通用装备抢救、抢修等行动,确保军委决心意图的实现。④管理职能。领导管理直属单位全面建设,组织督促、检查、考评各项工作;归口管理全军装备修理工厂、通用装备保障科研和技术革新、军援军贸等工作,确保有效遂行战略通用装备保障任务,确保直属单位集中统一和安全稳定。

从工作范围来看,主要有六个方面的职能:①管理。合理配置通用装备及其管理资源,负责拟制通用装备管理的规章制度和工作规划、计划,具体管理通用装备的封存、启封、保养并进行检查、考核,组织通用装备信息管理和通用装备保障经费的请领、划拨、预算、决算、检查,保持通用装备的良好技术状态和管理秩序。②修理。组织全军通用军械、装甲、工程防化和通用车辆、陆(空)军船艇等装备的维修保障和相关的管理工作,编制通用装备维修的规划计划,掌管全军通用装备维修管理费及项目经费,指导全军通用装备维修工作,领导所属装备修理机构(工厂)、维修科研机构、专业训练机构和装备(器材)仓库业务建设,恢复通用装备的良好技术状况。③储供。拟制主管通用装备维修器材年度订货、供应计划,制定维修器材消耗、周转、库存标准,组织实施主管通用装备维修器材的筹措、储存、保管和供应,负责通用弹药实力统计和配备标准内通用弹药的补充调整工作,满足通用装备维修保障所需。④训练。制定通用装备保障专业训练大纲,参与制定全军通用装备保障人才培养和院校、训练机构发展建设规划,指导全军通用装备保障训练,提高通用装备保障人员专业素质和使用分队"三熟悉、四会"能力。⑤战备。参与储存通用装备后方仓库的选点和布局调整并指导仓库业务建设,战时和执行非战争军事行动任务时,指导全军部队通用装备保障,组织实施战略通用装备保障支援保障,确保部队圆满完成任务。⑥科研。组织通用装备保障科学研究与改革,负责提出并评审研制通用装备的维修性、保障性要求,参与评审新研制通用装备的可靠性等其他性能指标要求,组织维修设备的研制与配发,更新和完善通用装备保障方法手段。

从工作指导来看,主要有三个方面的职能:①组织部机关自身建设。按照军委指示要求,在总装党委首长的领导下,以能力建设和先进性建设为重点,抓好思想、组织、制度、能力、指挥手段和作风建设,将部机关建设成为学习型、高效型、战略型、务实型、创新型通用装备领率机关。②管理全军通用装备保障业务。依据《装备条例》《通用装备保障规定》等法规制度,抓好全军通用装备修理、训练、供应、保障等工作,保障部队战备训练和遂行多样化军事任务。③领导直属单位全面建设。依据《政治工作条例》《基层建设纲要》《军事训练与考核大纲》等规章制度,领导管理直属仓库、院校及修理工厂,抓好以业务建设为重点的全面建设,实现科学发展、安全发展、全面发展。

军区装备部是本军区通用装备保障的领导机构,是主管本军区系统通用装备保障的业务部门。其主要职能包括负责拟制本军区通用装备保障规划、计划,科学组织本军区通用装备及其管理资源开发,具体组织通用装备的封存、启封、保养并进行检查、考核,组织通用装备信息管理和通用装备保障经费的请领、划拨、预算、决算、检查;组织本军区通用装备的维修保障和相关的管理工作,编制通用装备维修的规划计划,具体指导本军区通用装备维修工作,领导所属装备修理机构(工厂)、专业训练机构和装备(器材)仓库业务建设;拟制通用装备维修器材年度订货和供应计划,具体组织实施通用装备维修器材的筹措、储备、保管和供应工作;组织本军区通用装备保障训练、装备战备建设,以及通用装备科研和技术革新等工作。

海军、空军和第二炮兵装备部,是本军种装备保障工作的领导机构。其中,通用装备保障工作通常由综合计划部(或装备部司令部)统一组织,军械、装甲、车船、工化等装备保障的具体工作,由相关业务部门分别组织实施。

军级以下部队装备(保障)部(处、部门),是本级部队通用装备保障工作的具体领导机构。主要包括各军区和军兵种作战部队、省军区和卫戍区(警备区)部队等各类部队的装备(保障)部(处、部门)。它们分别负责本级通用装备保障的计划、组织、领导和协调工作。

2. 通用装备保障机构

我军通用装备保障机构主要由三部分组成:①军队建制内的保障机构。主要包括列入总部、军区(军兵种)、集团军(省军区、卫戍区、警备区、驻港部队、驻澳部队、海军舰队、空军、第二炮兵导弹基地)、师(旅、海军保障基地、支队、水警区、空军训练基地、飞行学院、导弹旅)和团(大队)等建制内的各种通用装备修理机构和通用装备(弹药、器材)仓库等,这是维系军队通用装备核心保障能力的骨干力量。②军队直属修理工厂,这些企业化修理工厂是我军通用装备形成保障能力尤其是形成大修能力的坚强后盾。③国防军工企业。主要是指装备承研承制单位,它们为我军通用装备快速形成保障能力提供了有力支撑。

(三) 通用装备保障组织机构的发展趋势

通用装备保障机构的设置,应以提高保障效益为着眼点,将装备保障方式与作战保障需求相结合,制定多种模式,并对其进行优化选择,确定能够取得最佳保障效益的装备保障机构。同时,通用装备保障机构也将随着武器装备技术的发展不断演进。

(1) 随着新型装备,特别是新机理、新概念武器装备的出现以及作战理论及其对武器装备运用方式的变化,通用装备保障机构的结构和内容也将随之变化。

(2) 随着电子计算机和模拟仿真技术的发展,装备体制方案论证、评估等手段不断提高,制定方法将更加先进、决策程序将更加科学。同时随着计算机技术在装备体制管理上的应用,装备体制在装备建设各个环节上将更好地发挥作用,为作战指挥和装备保障提供更加科学的手段,必将引起通用装备保障机构的调整。

（3）随着装备体制进一步向完善体系、简化品种、优化结构、提高效能的方向发展,通用装备保障机构也将不断简化、集约、高效。

（4）随着军民融合式发展思想的进一步成熟,通用装备军民一体化保障的组织体系将得到建立和健全。军方从总部机关、军区（军兵种）到部队,地方从国家机关（国防科工局）、军工集团到承研承制单位,分别在规划决策层、组织管理层和操作执行层建立组织领导机构,形成上下衔接、职责明确、协调高效的组织领导体系。规划决策层主要负责制定政策法规、编制规划计划、区分职能任务、优化资源配置、协调军地关系,以及研究解决有关重大问题等;组织管理层主要负责任务部署、组织计划、跟踪指导、监督评价等工作;操作执行层主要负责提出保障需求、落实保障计划、反馈保障信息等。

第二节　通用装备保障法规体系

通用装备保障法规是指由国家权力机关、授权的国家行政机关和军事机关按照法定的权限和程序制定、颁布的,调整涉及通用装备保障活动中各种社会关系的法律规范的统称。它是军队平时和战时开展通用装备保障工作的行为规范与衡量标准。加强通用装备保障法规建设,是通用装备保障体系建设的重中之重,是"依法治军"和"依法治装"的重要内容与基本前提,是通用装备保障现代化建设和正规化管理的重要保证。

一、通用装备保障法规体系构成

通用装备保障法规体系包括体系结构、基本内容和发展趋势三个方面。

（一）体系结构

我军通用装备保障法规体系是由各类通用装备保障法规、规章制度和技术标准构成的完整体系,以规范通用装备保障活动中的各种关系和活动。目前我军的通用装备保障法规体系,按照法规性文件发布机关的级别和法律效力的等级,在纵向层次上区分为法规、规章制度和技术标准三类。在每一类内部,根据法规规范范畴的不同,又可以进行细致的区分。通用装备保障法规体系构成如图6-1所示。

通用装备保障法规体系结构具有统分结合、阶梯分布的特点。法规和规章制度内部既有综合性或基础性法规,又有具体的专项或专业性法规。法规、规章制度

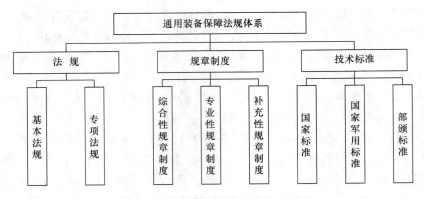

图 6 – 1　通用装备保障法规体系构成

和技术标准的法律效力呈梯次递减,并且技术标准的适用范围也存在梯次关系。

(二) 基本内容

根据通用装备保障法规的体系结构,其基本内容应区分通用装备保障法规、规章制度和技术标准三类分别阐述。

1. 通用装备保障法规

通用装备保障基本法规是由国务院、中央军委依据宪法和有关法律,按照一定的法律程序单独或联合制定,由军委主席签发颁布的,在全国、全军或全国、全军某一领域适用的有关通用装备保障的法律规范。按照法规的规范范畴可以区分为基本法规和专项法规。

1）通用装备保障基本法规

通用装备保障基本法规是对通用装备保障工作的系统性要求,具有全面、综合的特点。《中国人民解放军装备条例》作为通用装备保障的基本法规,明确了装备机关和有关单位的职责,规范了装备体制、科研、订货、调配保障、日常管理、技术保障、战时保障、技术基础、对外合作与交流以及经费管理等相关内容。它是开展装备科研、订货、保障部队使用直至装备退役、报废的全系统、全寿命管理活动的基本依据,是制定通用装备保障其他法规与规章制度的基础。

2）通用装备保障专项法规

通用装备保障专项法规是以《中国人民解放军装备条例》为依据,对通用装备全寿命周期中的研制、采购、管理、技术保障以及战时装备保障等专项内容进行规范的法规。如《中国人民解放军装备科研条例》《中国人民解放军装备预先研究条例》《中国人民解放军装备采购条例》《中国人民解放军武器装备管理条例》《中国人民解放军装备维修工作条例》《军用爆炸物品安全管理条例》《中国人民解放军计量条例》《中国人民解放军装备科技信息工作条例》《中国人民解放军战役装备保障纲要》《合成军队战斗装备保障条令》等。

2. 通用装备保障规章制度

通用装备保障规章制度,是指总装备部、各军区(军兵种)依据有关法律和法规,按照一定的法律程序制定和颁发的,在全军或全军某一领域适用的有关通用装备保障方面的法律规范。规章制度以上级有关规定、组织机构、运行机制为基础,侧重于对组织管理行为的调整与规范。其功能主要是调节各业务事项之间的相互关系,一般只对某一事项的组织要素、组织分工、工作程序,以及责、权、利、奖、惩等管理要素进行界定和规范,而不涉及比较专业的技术要素。按照规范的范畴可以区分为综合性规章制度、专业性规章制度和补充性规章制度。

1)通用装备保障综合性规章制度

通用装备保障综合性规章制度是以《中国人民解放军装备条例》及有关法规为依据,由中国人民解放军各总部联合或单独制定和颁发的涉及全军通用装备保障工作的规定、规则、办法、细则、标准等军事规章。主要对通用装备的日常管理、技术保障、质量与安全、技术基础等影响装备使用的主要内容及关键环节进行规范。它对于通用军械、装甲、工程、防化、通用车辆、陆军船艇等装备具有普遍的适用性。具体可以区分为三类:①有关通用装备发展的规章制度,如《通用装备保障科研工作管理办法》《通用装备保障科研计划管理办法》《通用装备保障科研项目管理办法》等。②有关通用装备保障的规章制度,如《中国人民解放军通用装备保障规定》《全军通用装备成建制成系统形成作战能力和保障能力建设纲要》《应急作战参战部队通用装备保障准备标准》等。③有关通用装备管理的规章制度,如《中国人民解放军车辆管理条例》《中国人民解放军退役报废通用弹药处理暂行规定》等。

2)通用装备保障专业性规章制度

通用装备保障专业性规章制度是在通用装备保障综合性规章制度的基础上,由中国人民解放军各总部联合或单独制定和颁发,根据通用军械、装甲、工程、防化、通用车辆、陆军船艇各类通用装备的实际情况提出的规范性文件。具体区分为六类:①军械专业规章制度,如《军械技术管理规定》《军械装备质量评审办法》等。②装甲专业规章制度,如《装甲装备技术保障工作条例》《装甲装备战备器材管理规定》等。③工程专业规章制度,如《地雷爆破器材管理规定》《工程装备修理部(分)队业务管理规定》等。④防化专业规章制度,如《中国人民解放军防化装备保障规定》《中国人民解放军防化装备维修器材管理规定》等。⑤通用车辆专业规章制度,如《车辆管理工作条例》《通用车辆装备技术保障工作基本情况统计规则》

等。⑥《陆军船艇装备技术保障工作基本情况统计规则》等。这类军事规章中涉及通用装备保障方面的内容具有在全军或全军一定范围内遵行的法律效力。

3）通用装备保障补充性规章制度

通用装备保障补充性规章制度是军兵种、军区根据通用装备保障法规等制定和颁发的涉及本部门通用装备保障工作的执行性、补充性、地区性的规定、办法、细则等军事规章，如《空军装备管理工作条例》《海军装备技术部条例》《海军装备修理部条例》《成都军区装备战备工作规定（试行）》等。这些军事规章中涉及通用装备保障的有关内容或全部内容具有在本军兵种、本军区范围内遵行的法律效力。

3. 通用装备保障技术标准

通用装备保障技术标准是以科学技术和实践经验的综合成果为基础，侧重于对通用装备保障过程中技术活动的调整和规范。其功能主要是明确有关事项的技术性概念和重复性工作要求，通常只对某一事项的工作内容、工艺流程、操作方法、技术要求等技术要素进行界定和规范。

法规和规章制度通常由主管部门组织制定，经相关会议讨论通过，由行政首长签发，以命令或通知的形式颁布。而技术标准通常由有关方面协商制定，一致或基本一致同意后，由主管部门批准，以特定形式发布。技术标准依附于法规和规章制度，是规章制度的支撑、细化和延伸。如《武器装备管理条例》规定："符合退役、报废标准的武器装备，应当退役报废"，但全军陆、海、空三军武器装备种类数以千计，结构性能千差万别，《条例》没有也不可能规定具体的退役、报废条件，只有通过技术标准，针对不同的武器装备、不同的种类型号、不同的技术指标，提出不同的退役、报废条件，才能指导和规范部队武器装备退役、报废工作。技术标准一般也分为三个等级层次。

1）国家标准

国家标准，代号 GB。原由国家标准局发布，现由国家技术监督局发布，如 GB 6992—86《可靠性与维修性管理》。部队军选民品装备实施保障有时要参照国家标准。

2）国家军用标准

国家军用标准，代号 GJB。原由军队国防科工委发布，现由总装备部发布，如 GJB 1371—92《装备保障性分析》。

国家军用使用标准，代号 GJBz，由总参谋部发布，如 GJBz 20365—96《军事装备维修基本术语》。

3）部颁标准

部颁标准，由总部主管部门发布，代号 TBB，由总装通保部发布，如 TBB XX—

2001《工程装备修理技术条件》。

综上所述,高层次法规对低层次法规起统率、指导和制约作用,低层次法规对高层次法规起支撑、细化和补充作用。它们既相对独立,又相互联系,基本形成了一个层次清晰、协调配套的通用装备保障法规体系。但是我军的通用装备保障法规体系在全面性、可操作性、更新速度等方面仍存在较多不足,需要借鉴学习外军的先进经验。

(三) 发展趋势

随着通用装备的发展和使用要求的提高,通用装备保障法规体系的构成也在不断发生变化。主要存在以下三种趋势。

1. 在规范时间上,向全寿命周期延拓

装备保障的全寿命特性要求通用装备保障法规应当能够覆盖装备保障的各个领域。以美军为例,美军的装备保障法规覆盖了装备寿命周期各个阶段的管理,体现了装备全系统全寿命管理的要求。美军装备管理的特点是从生到死,尤为重视装备的"优生"。装备保障工作前伸,在研制、生产阶段,要担负影响装备设计、筹划和建立维修保障子系统的任务。为保证任务的完成,国防部颁布了《装备综合后勤保障》《可靠性与维修性》《生产后的保障》等指令,对新研装备的可靠性、维修性的保证,各项维修保障需求的统一筹划和落实,以及妥善安排武器装备配发部队后的保障和改进等问题,都规定了政策和实施要求,明确了各级职责。由于立法健全,确保了全寿命装备综合保障的有法可依。

2. 在规范内容上,向关键环节聚焦

在内容全面的基础上,对一些关键问题规定更为具体,便于执行。例如,美军采用随法规文件颁发手册(细则)的形式,规定具体要求,有的还附有计算公式,规定非常具体。以合同商保障法规为例,FM100 - 10 - 2 对管理合同商行为的法律及法规因素,战区师以上合同商保障分队的任务、组织、功能与位置,怎样管理和控制合同商进行了全面而详细的阐述。AR715 - 23 对各相关主官的职责、合同管理局执行外国政府或国际组织的直接商业合同的操作程序等进行了全面、具体的规定。此外,俄军的技术保养法规详细规定了装备保养的时机和方法;日军的装备保障法规按照维修保障的要求将装备保障进行分类,具体规定了各类装备的维修周期和维修保障时间,并具有较强的可操作性。

3. 在规范模式上,向军民融合发展

以美军的合同商保障法规为例,与之相关的两个陆军条例、两个野战手册、一个陆军小册子、五个国防部指示及许多指令,都是针对战时合同商保障,体现的是对军民融合模式的规范。美军非常重视通过法规来维持军队核心保障能力。《美国法典》第 10 卷 2464——维持核心保障能力，对为什么、怎么样维持军队核心保障能力进行了规定；第 10 卷 2469——竞争的要求，针对基地级维修竞争要求提出了"300 万美元规则"，规定"在国防部基地级工作量价值（包括人力和器材）在 300 万美元或以上时，不得改变其执行地点"，这实际上是在竞争条件下对国防部维修基地的保护；第 10 卷 2466——装备基地级维修的限制，也是保护国防部建制维修基地的法律，规定"各军兵种和国防部各部局确定合同商基地级维修限制在 50%"，也称之为"50 - 50 定律"。2008 年 7 月 18 日修订的联合出版物 JP4 - 0《联合后勤》，研究了供应、维修作业、部署与分发、医务支援、工程、后勤服务、作战合同商等七个方面的核心保障能力。

二、通用装备保障法规的制定

通用装备保障法规的制定，即通用装备保障的立法，是指有关部门根据立法权限，依照一定的立法程序，制定、修改或废止通用装备保障法律规范性文件的活动。

（一）制定原则

通用装备保障的立法，是以国家宪法、法律和武器装备基本法规为依据，紧密联系通用装备保障工作实际，制定具有科学性、规范性的通用装备保障法规。军事装备立法的基本原则是通用装备保障的立法必须遵循的基本准则。根据我国的立法原则和多年来军事装备立法的实践，通用装备保障的立法应坚持以下几项基本原则。

1. 把握特点规律

通用装备保障工作具有自身的特点和规律，通用装备保障的立法就是要根据这些特点和规律用法规的形式对其进行规范，从而使通用装备保障工作法制化。通用装备保障的立法，必须坚持科学的态度，正确分析通用装备保障领域各种复杂的社会关系，注重把握通用装备保障工作的各个环节的特点和规律，保证各项相关法规的科学性、权威性和强制性。

2. 强调衔接协调

通用装备保障法规既是国家法律法规的有机组成部分，更是军事法规体系的重要组成部分。所以，通用装备保障法规必须与国家的法律法规以及军队基本法律法规内容衔接协调，上不能与国家法律法规相冲突，下不能与军队基本法律法规相矛盾，立法时应通盘考虑国家法律法规和军队基本法律法规，注意总体衔接协调，保证它们的严肃性、权威性，也只有这样才能体现其科学性、严谨性和规范性，也只有这样才能更好地发挥其法律效力。

3. 重视完整配套

军事通用装备是武器装备中基础装备,门类非常复杂,数量非常庞大,基础作用非常强。所以通用装备保障的立法,除了上与国家法律法规和军队基本法律法规做好相衔接、协调外,还应高度重视其本身法规体系的完整和配套,做到体系层次清晰,法规门类齐全,只有这样才能体现其完整性、严密性,也只有这样才能更好地发挥通用装备保障在军事活动中的基础性作用。

4. 注重可操作性

通用装备保障法规体系虽然从纵向上看可分为三个层次,但是重点应放在第二和第三层次上,即通用装备保障规章制度与技术标准。通用装备保障工作是军事活动中的一项具体工作,不仅是部队日常运转的重要保障,更是发挥作战装备效能的有力支撑,所以通用装备保障法规要高度重视法规内容的可操作性,不能有太多的理论性的东西,这样才能便于通用装备在部队平时日常工作状态和战时紧急情况下发挥作用。

（二）制定过程

通用装备保障法规(主要是法规和规章制度)的立法程序,是指通用装备保障立法活动中必须遵循的法定步骤和履行的法定手续。根据《中国人民解放军立法程序暂行条例》等有关法规性文件的规定,制定和颁发通用装备保障法规通常按以下程序进行。

1. 编制规划与计划

通用装备保障立法规划和计划,是指通用装备保障法规的制定机关对一定时期内立法项目、任务分工和完成时限等所作的安排。通用装备保障的立法规划与计划的内容通常包括:立法的依据;立法的指导思想、重点和要求;拟制定的法规、规章的名称,起草单位,完成时限及发布(批准)机关等。为了更好地适应通用装备保障工作的长远需要,必须统筹安排,总体设计,按法律效力和调整对象范围的不同,一般是需要列入中央军事委员会立法规划、计划的通用装备保障法规的项目,分别由总装备部、军兵种提出立法建议,报中央军事委员会批准后组织实施;需要列入总装备部、军兵种、军区立法规划和计划的通用装备保障法规的项目,分别由其所属部门或单位提出立法建议,由有关机关根据各项立法建议,在进行立法预测的基础上,拟定通用装备保障立法规划和计划,然后经有关机关批准后组织实施。

2. 起草与修改

通用装备保障法规的起草,是通用装备保障法规制定中的重要活动。凡是列入立法规划、计划的通用装备保障法规项目,应按照规划、计划的安排,分别由各主管部门依照法定的程序、格式和步骤方法进行起草,并做好以下四点要求:①做好起草前的准备。根据需要组建起草班子,认真学习有关方针、政策及法规,并大量搜集、整理有关资料,对有关学术问题进行研究论证,为起草做好理论准备。②认真开展调查研究。开展调查研究是摸清通用装备保障内在规律、掌握实际情况、发现现实问题、找出解决办法的必经之路,因此必须进行深入实际的调查研究。调查研究在注意广泛性的同时,更要突出针对性。③拟定纲目,分工起草。拟定纲目首先应根据法规拟采取的结构形式,确定纲目的层次。其次应根据所确定的层次安排内容的排列。纲目经讨论研究、征求意见后,进行修改、补充和完善,最后写出纲目说明,一并报主管机关审批。纲目批准后,即可组织有关人员分工起草法规初稿。④征求意见,反复修改。广泛征求意见,反复进行修改,是起草工作的重要步骤,是保证通用装备保障法规质量的关键。法规初稿起草完毕后,要采取多种形式广泛征求意见,然后进行反复修改,最后形成送审稿。

3. 送审与审定

通用装备保障法规草案送审,是制定通用装备保障法规的必要步骤。根据有关规定,凡由国务院、中央军事委员会单独或联合审批颁发的通用装备保障法规,其草案由中国人民解放军总装备部单独或与国务院有关部委联合呈报国务院和中央军事委员会,凡由总部、军兵种、军区审批颁发的通用装备保障法规,其草案由各有关部门呈报总部、军兵种、军区,由总部、军兵种、军区归口审查后呈报本级最高首长审定。按照通用装备保障法规调整对象和适用范围,其送审方式一般分为两种:一种是由一个机关送审;另一种是由几个机关联合送审。送审草案必须由呈报单位主要负责人签署,几个单位联合呈报的,由各单位主要负责人签署。送审的法规材料应包括:请示报告,法规草案文本,起草说明,其他有关材料。

通用装备保障法规的审定,是指有立法权的机关按照一定的程序以一定的方式对呈报机关呈报的法规草案进行审议和确定的活动。它是制定通用装备保障法规过程中的关键步骤。只有通过这一阶段的工作,草案才能成为正式的法律规范文件,才具有法律效力。审定除遵循规定的程序外,还应注意把握以下几点:①通用装备保障法规草案是否符合宪法规定和党的路线、方针、政策。②通用装备保障法规草案是否体现了我军的军事战略和军队建设方针以及为军队建设、为作战服务的原则。③通用装备保障法规草案的规定是否与有关部门的职权相符。④通用装备保障法规草案与其他军事法规、规章的关系是否得当。⑤通用装备保障法规草案的规定是否符合我国的国情、军情和武器装备工作的实际。⑥通用装备保障法规草案是否有立法技术方面的问题。有立法权的机关对通用装备保障法规草案审核后,要做出颁发或不颁发该法规的决定。

4. 发布

通用装备保障法规的发布,是指享有立法权的机关将已经审查批准的法规,按照一定的形式和通过一定的媒介予以正式公布的过程。通用装备保障法规的发布,是立法程序的一个必经阶段,只有按法定程序发布的法规,才具有法律效力。根据有关法律规定,属于中央军事委员会审批的通用装备保障法规,由中央军事委员会主席发布,或经中央军事委员会批准由总部、军兵种最高首长发布;属于总部审查批准的通用装备保障规章,由总部相应首长单独或联合发布;军兵种、军区的有关通用装备保障规章、区域性通用装备保障规章,分别由军兵种、军区最高首长发布。通用装备保障法规,通常以发布令的形式公开发布,涉及军事秘密不宜对外公开的,以文件形式发布。

(三) 制定要求

1. 系统整合,分类研究

对通用装备保障法规的整合是实现通用装备保障法规科学化、系统化的重要途径。只有对现有通用装备保障法规进行彻底的清点、汇总和梳理,才能发现法规体系建设中存在的问题和不足,才能更具针对性地搞好法规体系建设。通过整合,可以把现有的为数众多、内容不同、形式各异的通用装备保障法规和将要制定的法规,根据调整对象和方法的不同,进行科学分类,揭示和区别不同类型法规相互之间的内在联系和逻辑性,按通用装备保障法规体系的建设要求,把通用装备保障法规按门类、分层次组织成和谐统一的有机整体。另外,还应开展对国外通用装备保障法规的比较研究,通过比较分析,借鉴一些有益的经验,取长补短,为我军制定切实可行的通用装备保障法规体系建设方案提供参考。

2. 科学统筹,合理规划

重视科学预测,只有运用科学方法和手段对军事装备立法进行预测,才能编制出科学、合理的通用装备保障法规建设规划。明确装备保障工作方面必须和可能制定哪些法律规范文件,何时制定才能满足装备保障工作的需求;考察现行通用装备保障法规文件达到预期效果的程度,推测出目前和今后修改、废止通用装备保障法规文件的任务。着重把握立法的合理性、必要性、可行性和协调性,重视研究立法的层次性和系列化问题,紧密结合诸军、兵种部队装备保障工作的实际需要,以科学严谨的态度,视轻重缓急、法规层次、难易程度和出台时间,在全盘考虑、充分协调的基础上,制定出详尽、周密的通用装备保障法规体系建设规划。

3. 区分层次,突出重点

确定重点、突出重点、保证重点,是通用装备保障法规体系建设的客观要求。

依据法规体系建设规划,应抓紧制定装备保障的主体法规及上位法规,集中力量,尽快着手完成,解决整个体系建设的源泉和框架问题,使其他层次的法规制定有所依据并得以定位。上位装备保障法规性文件制定出来后,就要及时制定与之配套的下位法规性文件,以充分发挥其应有的作用。另外,还应加速立法条件已基本成熟的相关通用装备保障法规的制定和出台,保证军事装备工作的正常高效运行。

4. 讲求技术,保证质量

通用装备保障法规的质量如何,不仅影响法规的实施效果,关系法规主体的存亡,而且直接影响整个法规体系的完备与否。因此,在体系建设上,要避免法规之间内容的交叉、重叠,甚至相互矛盾的现象。在具体法律规范上,要避免制定脱离实际、滞后需求、形同虚设的法规;要讲求立法技术,结构设置要清晰、合理,内容要准确无误、繁简适度,名称、规格和名词术语要规范统一,以利于部队对通用装备保障法规的理解、执行和遵守。

5. 注重效果,加强评估

由于装备工作的内外环境处在不断的发展变化中,法制建设的需求也在不断完善和提高,因此,当体系建设的目标基本实现时,并不意味着建设的结束,还需要对建设过程进行科学的评估或必要的调整。通过评估,确定出哪些法规得以实现或未实现,哪些法规得以保障或得不到重点保障,哪些法规符合质量要求或不符合质量要求,应汲取的经验教训,对体系建设中存在的缺陷应采取哪些措施。在评估的基础上,及时调整体系建设的方向、目标、重点内容、质量纯度,采取新的措施,在发展中逐步提高通用装备保障法规体系建设的整体水平。

三、通用装备保障法规的实施

通用装备保障法规的实施,是指通用装备保障法规通过一定的形式,在现实通用装备保障活动中的贯彻和落实,是相关人员运用通用装备保障法规规范通用装备保障活动的一种有意识的积极活动。只有通用装备保障法规落到实处,立法的根本目的才能得以实现,通用装备的保障活动才能有效开展。

(一)基本形式

通用装备保障法规的实施,是指与通用装备保障相关的法律规范通过一定的形式,在现实军事装备活动中的贯彻和实现。它是军队领导机关、装备保障人员及其他相关人员运用法规规范通用装备保障活动的一种有意识的积极活动。其实质是把通用装备保障法规中确定的权利与义务关系贯彻落实到通用装备保障的实践活动中去。通用装备保障法规的实施主要有两种表现形式:

1. 通用装备保障法规的适用

通用装备保障法规的适用,是指军队领导机关依照法定的权限和程序,具体应用和执行通用装备保障法规和规章等的专门活动。从一定意义上说,通用装备保障法规的适用,也就是装备保障执法机关和执法人员运用通用装备保障法规,通过发布决定、指示、通报、批复等形式,确认或禁止某种行为,把法规中确定的权利和义务关系变成现实中的权利和义务关系。通用装备保障法规的适用直接关系到通用装备的保障水平和装备法规的权威性。因此,通用装备保障执法机关及其执法人员在适用通用装备保障法规时必须做到:正确、合法、及时。正确,是指在适用有关具体问题时,要做到事实清楚,定性准确,处理恰当。应在明确事实的基础上,根据通用装备保障法规进行实事求是的分析,做出科学正确的判断,从而准确地适用。合法,是指在适用通用装备保障法规的过程中,必须严格依法办事,即依照通用装备保障法规规定的权限和程序办事,不许另搞一套。及时,是指在正确、合法的前提下,执法机关要抓紧时间,提高工作效率,不拖延、不积压,认真而又尽快地解决问题。正确、合法、及时之间是互相联系、不可分割的整体。正确是通用装备保障法规适用的出发点,合法是通用装备保障法规适用的核心内容,及时是必不可少的条件,三者缺一不可。

2. 通用装备保障法规的遵守

通用装备保障法规的遵守,是指通用装备保障法规效力所及范围内的单位和个人必须遵守通用装备保障法规,严格按照法规来规范自己的行为。凡与通用装备保障法规有关的军队和地方组织及个人都必须严格遵守。全体通用装备保障人员,更要严格地遵守。具体而言:①军队、地方领导和党员要带头遵守通用装备保障法规。②军队装备机关和干部要严格遵守通用装备保障法规。军队装备机关必须严格遵守通用装备保障法规,依法组织管理好军队通用装备保障的各项工作。装备机关人员必须严于律己,以身作则,自觉做遵守通用装备保障法规的模范。③从事通用装备保障工作的人员要自觉遵守通用装备保障法规。熟悉和掌握有关法规,真正分清什么是法规允许做的,什么是法规禁止做的,什么是法规要求必须做的,从而自觉地约束自己的行为,不断提高遵守法规的自觉性。另外,遵守通用装备保障法规还必须坚持同一切违反通用装备保障法规的行为作斗争,及时纠正和制止各种违法行为。

综上所述,通用装备保障法规的适用和通用装备保障法规的遵守既有联系又有区别。二者都是通用装备保障法规实施的形式,都是对已颁发的通用装备保障法规的运用。二者的有机结合构成了通用装备保障法规实施的整体。其区别在于:①通用装备保障法规的适用是通过约束关系来实现的,是一种强制性行为。通用装备保障法规的遵守则既可以是强制性行为,也可以是自律行为。②通用装备保障法规的适用是把通用装备保障法规运用到具体的人或组织的专门活动,是运用军队权力的个别活动;而通用装备保障法规的遵守则贯穿于通用装备保障法规实施的始终,普遍存在于军事装备活动之中,没有时空限制。由此可见,通用装备保障法规实施的这两种形式相辅相成,相互补充,缺一不可。

(二)主要措施

为了保证通用装备保障法规的顺利实施,在通用装备保障法规的适用和遵守过程中有必要采取以下措施。

1. 加强教育

为了保证通用装备保障法规全面、正确地贯彻执行,必须加强军事装备法制教育。应当通过军事装备法制教育,增强通用装备保障工作人员的法规意识,使其深切认识到守法的必要性和违法的危害性,在知法、懂法的基础上做到严格守法、执法;提高通用装备保障工作人员自觉运用通用装备保障法规能力,使其能自如地运用军事装备法规解决通用装备保障工作中的各种复杂问题,积极主动地与各种违法犯法行为作斗争。

2. 严格执法

为了维护通用装备保障法规的严肃性和权威性,真正把通用装备保障法规落到实处,必须在实施过程中坚持严格执法,严肃查处违法行为。注意做到以下几点:①要将通用装备保障工作的各个方面、各个环节都纳入到法制轨道上,真正做到有法必依,执法必严,违法必究。②要坚持所有通用装备保障工作人员在法规面前平等的原则,不允许任何人超越通用装备保障法规规范的特权。③要针对通用装备保障法规实施的结果,依法实施奖励和处罚。对执法中做出突出成绩的单位和个人给予必要的奖励,对失职、渎职行为给予必要的处罚,从而达到树立执法样板、纠正执法偏差、推动法规实施的目的。

3. 强化监督

只有对通用装备保障法规的实施进行强有力的监督,才能保证通用装备保障工作实现规范化和法制化。主要有以下几种形式:①党组织监督;②行政监督;③群众监督;④审计监督。

第三节　通用装备保障运行机制

一个新体制的确立,除了建立严密、高效的组织机构以外,为了使整个"机器"能够有序、顺畅、高效地运行,还需要制定健全的法规、制度和建立新的运行机制。

一个生命体,或者一个系统,要在恶劣的自然环境和生存环境中存活下来、发展壮大,就必须具有适应环境的能力、获取食物(生存资源)的能力、新陈代谢的能力和繁殖(持续发展)能力等。从控制论的角度看,就是无论是有生命还是无生命的系统,为了系统的进化和发展,都必须具备最基本的条件,即感知、通信、控制或调节、适应。系统具备或达到这些条件的程度,是系统发达程度的重要标志,自组织、自适应系统是系统运行的高级阶段。通用装备保障运行机制就是要寻求通用装备保障的各个要素的重新组合,使通用装备保障的各个组成部分或各种要素能有效耦合,运行同向,信息传递顺畅,实现管理的高效化。通用装备保障运行机制主要由调控机制、竞争机制、监督机制、评价机制和激励机制等基本要素构成。在通用装备保障工作中,深入分析各个组成要素之间、要素与整体之间,以及系统与环境之间的交互作用,形成以调控为导向、竞争为核心、评价为依据、监督为保证和激励为动力的一套完善的通用装备保障运行机制,将有利于促进装备质量、科研水平和维修效能的不断提高,确保通用装备保障沿着正确的方向发展。

一、调控机制

(一)基本概念

调控机制是对装备的规划计划、经费分配、质量进度、总量规模和科研生产能力等进行控制和协调的活动。通用装备保障调控机制主要以法律、经济手段为主,行政手段为辅,通过在装备调配、装备维修、资金分配、技术力量调控等方面施加影响来实现调控目标,最大限度地调动和发挥各个方面的积极性,形成通用装备保障发展的整体合力。

(二)实施原则

(1)统筹规划,科学设计。从通用装备保障体系整体出发,发挥最大保障效能,合理区分各级保障职能,衔接各级保障任务,整体筹划体系结构,科学设计体系内容。

(2)任务牵引,信息主导。要针对不同的保障任务和战场环境,立足实战要求,创新保障手段,构建基于任务牵引的装备保障需求衔接机制,突出信息化保障模式的主导地位,搞好顶层设计。

(三)具体措施

(1)科学统筹保障任务。正确处理当前建设与长远发展、实际需要与现实可能的关系,充分发挥管理计划职能,合理区分地方和军队各级保障机构平战时保障任务,调整各级职责,建立职责清晰、任务明确、结构优化、运行顺畅的军民一体化通用装备保障体系,积极推进通用装备保障能力生成模式的转变。

在保障体制上,按照平时区分保障任务、优化运行机制、强化分工协作,战时统编、统管、统用保障力量的思路,建立有利于统一决策计划、协调组织、宏观调控的军民一体化保障力量体系。

在保障方式上,按照突出规范修理、突出综合保障的思路,平时统一保障内容、方法和工艺,战时完成战场抢修、伴随保障和支援保障等任务。

(2)优化配置保障资源。根据各级保障机构承担的不同保障任务,合理优化和配置保障资源。做到按保障任务区分保障级别,按保障级别配置保障资源,按作业需求进行模块编组,按技术门类组织专业训练。形成保障任务上下衔接、保障资源优化配置、保障能力互为补充的通用装备保障资源配置格局。

(3)统一建设保障力量。通用装备保障力量是完成通用装备等级修理、支援修理和战时装备抢修等任务的主体,加强通用装备保障力量统一建设,是调控机制发挥职能作用的重要领域。

对部队建制保障力量:①要持续深化军民一体化区域保障机构建设。按照"立足现有、合理归并,要素齐全、科学设置,开放修理、动态管理,抓住主干、重点突破"的建设思路,努力创建军地双方"人员合编、手段统建、资源统用、器材联储、信息共享"的运行模式,全面提高战役级通用装备保障能力。②要大力加强队属保障分队能力建设。按照"抓人员培训、促素质提高,抓要素配套、促能力形成,抓手段建设、促功能拓展,抓规范运行、促保障转型"的建设思路,科学组织保障人员训练与演练、保障资源开发与配套、保障手段建设与运用等工作。③要科学指导使用分队开展"用修双能"活动。

对军队直属修理工厂:①积极开展大修能力建设。按照"统一计划、区分状态,同步启动、分步实施"要求,坚持"统筹规划、突出主线、规范修理、确保能力"原则,统筹聚合各方力量,整体提升基地级通用装备大修能力。②加强战略级支援保障能力建设。按照"装备进厂能修理,人员出厂能支援"的要求,重点加强野战条件下检测诊断设备和抢救抢修设备的研制与开发,不断提高战略支援保障能力。

对国防军工企业和社会通用技术保障力量:①建立专业保障队伍。按照"属地动员与行业动员相结合、人力动员与物力动员相结合"的原则,依据《国防动员法》,建立一支相对稳定的专业保障队伍。②适时组织装备保障训练演练。按照"预编预设、平战结合、训保一致"的要求,适时组织国防军工企业和社会通用技术保障力量开展通用装备保障训练演练。③为部队提供技术服务。④探索走开维修器材联储联供的路子。

二、竞争机制

（一）基本概念

竞争机制是一种优胜劣汰的机制。竞争是推动各项工作发展的原动力，在市场经济条件下，竞争机制是最重要、最基本的运行机制之一。在通用装备保障工作中，竞争机制是其重要的组成部分，以引入竞争机制为核心，大力推进装备科研、采购和维修机制改革创新，可以为通用装备保障注入新的生机和活力。把择优招标作为竞争基本手段，在更大程度上发挥市场在资源配置中的基础性作用，以尽可能小的付出获得最好的军事效益。

（二）实施原则

（1）建立科学、合理的竞争组织机构。通用装备保障工作由于其突出的集中性和指令性，使得其竞争机制与商业上的竞争机制存在着很大的差别。为了使得竞争机制能够起到作用，能够有好的效果，就必须建立强有力的组织机构，从而确保竞争机制持续运作，并能发挥重要作用。

（2）制定完善的竞争规则。对于通用装备保障来讲，良性竞争是最重要的，竞争规则是良性竞争的根本保证。

（3）界定竞争的合理范围。竞争是一把双刃剑，既有有利的一面，也有不利的一面。在实施竞争机制时，一定要界定实施这种机制的合理范围，在这个范围内，充分发挥竞争机制有利的一面，避免其不利的影响。

（三）具体措施

在通用装备保障工作中要全面实施以装备维修、器材采购、人才管理等为主要内容的竞争机制，实现通用装备保障效益最大化。

（1）建立和完善装备维修竞争机制。对军队直属修理工厂，推行维修任务和技术竞争机制，实现维修经费跟随任务走；在军区和部队修理机构，推行任务竞标、竞争上岗、工种转换和定期考评等竞争机制。试行企事业单位竞争准入制度，强化军方的主导地位，如严格审查竞争单位是否通过相关资质认证等。同时，对竞争单位的技术水平、生产能力、服务质量、信誉状况、财务状况、合同履行等多方面进行资格审查，确实做到把地方人才和技术优势引入到部队装备保障中来，提高部队装备保障的整体能力。

（2）建立完善器材采购竞争机制。要打破行业垄断，鼓励行业内专业技术相近、研制生产实力相当的企事业单位作为独立的竞争主体开展竞争。尽可能吸纳民营企业参与竞争,打破现有军地企业界限,支持非军工企业进入军品市场,从而改善国防资源配置,对军工企业形成压力。明确竞争范围和竞争项目,建立合格厂商名录,在竞争择优的基础上选择供货单位。对需求量大的器材,采取集团采购、供货单位竞标的方式,提高经费使用效益。

（3）建立完善人才使用竞争机制。按指挥、管理、技术等不同工作岗位,建立各类人才岗位能力标准,依据标准定期对各类人员进行考核。坚持用竞争上岗的办法选拔人才,形成能者上、庸者下、平者让的机制,实行专业技术干部任期制。广泛开展争先创优活动,对各类装备人才实行岗位考评,竞争上岗,末位淘汰。对技术革新项目负责人实行公开选拔,竞争上岗。

（4）建立完善技术革新竞争机制。变过去对技术革新工作单一行政管理为行政和经济手段管理。实行革新项目研制竞争,责任承包合同制。实行重大项目统一调配力量并与军内外科研机构强强联合。推行项目组长竞争上岗,可公开摆擂比武选拔学术技术带头人,项目组成员择优组合,变任务分配制为竞争制。

三、评价机制

（一）基本概念

评价机制是对个人或组织工作业绩、工作效率等方面考核、检验的机制。评价机制对于组织或个人工作业务水平与效率的提高和效益的增大有着重要的作用。对于通用装备保障而言,评价机制还可以加强通用装备保障系统的安全性和稳定性,使系统运行的目的性、有效性和针对性更强。

（二）实施原则

（1）建立科学的评价指标体系。评价指标体系是实施评价的基本依据,没有合理的、科学的、量化的指标体系,所实施的评价就缺乏说服力和可靠性。

（2）构建智能化评价信息系统。建立智能化评价信息系统,目的是减少人为因素的影响,使评价结果更具有客观性和真实性,同时提高评价的效率,为评价的持续实施提供支撑技术和平台。

（3）建立独立的评价组织。评价组织成员应当独立于所要进行评价的管理系统,同时评价组织要具备较强的决策分析能力和专业知识,并有特殊问题的处置能力。

（4）制定规范的评价程序。程序是评价质量的保证,规范的评价程序有助于获得可靠的评价结果,并能使评价工作有章可循、有条不紊地进行。

（三）具体措施

系统科学的评价机制是促进通用装备保障工作落实的重要保证。当前,要依据《中国人民解放军装备条例》的规定和部队装备工作实际,建立一套客观反映装备管理实际的量化评估细则,从装备动用、封存、日常维护保养、车炮(机械)场日的组织实施以及各类库室的管理等方面,对单位管理、个人管理以及专项管理情况进行科学评估。每年组成装备管理评估小组,建立完善以决策论证、资格审定、订货标准等为主要内容的评价机制,实现通用装备保障决策科学化。

（1）落实重大决策论证制度。在团以上装备部门建立专家咨询组,充分发挥专家智囊团的咨询和技术支撑作用,对装备保障中的重大决策,如技术革新项目立项、大项经费开支、装备维修和器材订购合同订立及履行等进行评价。

（2）落实机构资格审定制度。对军队装备修理工厂和修理机构,以及承担装备修理的地方企业,从技术水平、维修能力、质量信誉等诸方面进行资格审查,建立合格厂商名录,实行装备修理准入和退出制度。

（3）执行革新成果评价制度。坚持科学论证,把作战需求、技术可行性与经济可承受性结合起来,把研、改、用、修结合起来,加强系统分析、量化评估和经济可行性分析。正确处理先进性与可行性、创新性与继承性、定性与定量等方面的关系,研究提出合理、切实、可行的意见,把好项目验收审查关,对项目内容逐一进行验收,对未按要求达到立项报告书的研究课题,采取限期修改、推迟验收、取消验收资格等方式,确保科研经费的投入产出良好的效益。

（4）建立器材订货质量标准。建立各类器材质量标准,认真进行成本分析和价格估算,加强合同管理。对器材供货厂商的技术水平、生产能力、质量信誉、财务状况和合同履约情况进行资格审查,建立合格供货厂商名录。

四、监督机制

（一）基本概念

监督机制是一种制约机制。通用装备保障工作涉及技术、经济、供应、生产、质量、安全等多种领域和人、财、物的方方面面,监督机制必须贯穿于通用装备保障的全过程。监督机制在通用装备保障工作中,既要实时起作用,又要做到有的放矢,不能影响工作的正常运行。

（二）实施原则

（1）建立内外监督、左右监督和上下监督相结合的监督体系。

（2）实行专职监督与群众监督相结合的方式。

（3）建立规范的、可行的监督规章和制度。

（4）强化监督机构的独立性和权威性。

（5）要明确监督的目的,合理地选择事前监督、事中监督和事后监督。

（三）具体措施

建立完善以维修工作、技术革新、经费审计等为主要内容的监督机制,实现通用装备保障过程规范化。

（1）加强维修保障监督。充分发挥各级装备领导小组和专家组的作用,加强对装备维修的监督和质量控制,保证竞争行为公平进行。加强合同履行的全过程监督,建立合同纠纷仲裁制度和责任追究制度,确保合同履约的严肃性。

（2）要强化技术革新管理监督。技术革新项目一经立项就要跟踪问效,落实监督机制,建立技术革新项目责任追究制度,实行技术革新项目经费分段拨款,确保革新经费、物资正确使用。在项目的关键点,按任务书要求,对技术、质量、经费进行综合评估,对后续工作进行决策。

（3）要严格经费审计监督职能。要强化经费审计监督,按照集中统一领导与按级负责相结合的原则,建立一个职责分明、协调顺畅、相对独立、具有权威的审计监督体系。重点加强对装备器材购置费、装备器材维修费、装备科研费等进行审计,提高装备经费使用效益。

五、激励机制

（一）基本概念

激励机制是通过激励因素或手段激发激励对象的主观能动性,创造出更高更好的效益。在通用装备保障工作中,人占据着主导地位,由于层次的不同,人可能是主体,可能是客体;但无论是主体还是客体,人的主观能动性对通用装备保障的运行都起着决定性的作用,没有人的主观能动性的调动和发挥,就没有通用装备保障的良性运行,通用装备保障的运行就缺乏活力和创造力。

（二）实施原则

在通用装备保障工作中实施激励机制,应该把握以下几个原则:

（1）激励机制的实施必须把握好时机,注重激励机制的效果。

（2）激励机制的实施必须坚持物质激励和精神激励相结合。

（3）激励机制的制度、措施、手段与方法必须配套、完备,做到有章可循,激励有度。

（4）激励机制既要强化正激励,也要发挥负激励(也可以称为惩戒)的作用,使得激励能够激励先进、鞭策后进。

（三）具体措施

通用装备保障工作中主要通过建立完善以优秀人才、维修保障、科技成果等为主要内容的激励机制,实现通用装备保障工作环境最优化。

（1）加大对优秀人才的奖励。要落实国家有关技术和管理等生产要素与分配政策,建立多样化的分配制度,逐步实现报酬待遇与业绩、贡献挂钩,真正实现"一流人才、一流业绩、一流报酬"。对连续获得专业技术称号、技术革新成果奖以及在装备管理中做出突出贡献的技术和管理人才,可以提前晋级、晋衔、发放优秀人才岗位津贴。设立革新奖励基金并对科研工作成绩突出者实施重奖。对综合素质好的人才要大胆提拔使用,确保能引进并留住部队紧缺的装备技术人才。

（2）突出对维修保障的激励。逐步实现行政激励方式为主向市场激励方式为主的转变,特别是要遵循市场经济的价值规律,通过竞争激励,产生优胜劣汰的激励效应。充分发挥经济杠杆的激励作用,通过项目的竞争,在条件许可的情况下签订激励合同,通过价格激励、订单激励,实现对承修单位和供货方的激励。

（3）突出对科技成果的奖励。加大对技术革新成果的奖励力度,以激励创新、促进转化、防止流失为目的,尽快建立和规范国防知识产权制度,在确保国家利益的基础上,努力激发单位、个人加强技术创新和成果转化的内在动力。

第七章　通用装备保障业务

　　伴随我军军事实践的不断发展与军事理论研究的逐步深入,通用装备保障理论得到了迅速发展和逐步完善,并为通用装备保障实践活动提供了指导和支持。当前,信息化战争正逐步取代机械化战争而成为未来战争的主要战争形态,作战样式也将由协同性联合作战向一体化联合作战方向发展,这对通用装备保障提出了更高的要求,通用装备保障业务工作也必将逐步呈现新的特点并面临许多理论与实践上的问题。为此,探讨和把握通用装备保障业务工作的特点和规律,对于适应军委新时期军事战略方针的要求,推进通用装备保障系统的持续发展和协调运行,有着重要而深远的现实意义和指导作用。

第一节　通用装备日常管理

　　通用装备日常管理是指为了达到一定的目标,采取行政和技术手段,运用科学的管理方法,对通用装备日常勤务工作所进行的决策、计划、组织、指挥、协调和控制活动。通用装备日常管理是装备工作不可缺少的重要组成部分。通用装备日常管理的质量好坏,平时直接关系到部队的训练、执勤、战备和部队建设,战时则直接影响作战任务的完成,甚至关系到部队的生死存亡。加强通用装备日常管理,有利于促进军队现代化、正规化建设,有利于促进部队战斗力的提高,有利于提高军事经济效益。

一、通用装备日常管理的任务与原则

　　做好通用装备日常管理工作,必须首先明确通用装备日常管理的基本任务,遵循通用装备日常管理的基本原则。

(一)基本任务

　　通用装备日常管理是部队全面建设的基础性工作,其基本任务是采取多种管理措施和手段,提高通用装备的完好率、在航率,保证通用装备始终处于良好的技术状态,保证部队能够随时执行各项任务。其主要内容包括通用装备的动用、使

用、保养、保管、封存、启封、定级与转级、登记与统计、点验、检查、评比、配套设施建设及管理、爱装管装教育、安全管理和信息管理等。

（二）基本原则

通用装备日常管理原则，是通用装备日常管理活动规律的体现，是通用装备日常管理中观察和处理问题的准则，是通用装备日常管理中必须遵循的基本要求。部队通用装备日常管理必须按照系统性、层次性和动态性的要求，严格实行科学化、制度化、经常化管理，具体应遵循以下五条原则。

1. 加强领导，常抓不懈

通用装备日常管理与部队现代化、正规化建设密切相关，是部队战斗力生成和提高的基础工程，是提高通用装备军事、经济效益的基本保证，必须做到加强领导，常抓不懈。

在通用装备日常管理中坚持加强领导，就是要将通用装备日常管理作为部队建设的全局性工作，切实做到党委集体经常议，各级主官亲自抓，机关协力办，不断提高管理的广度、深度和力度，提高通用装备管理的整体效能。要深刻认识到，通用装备日常管理牵涉到通用装备技术以及人力、物力、财力等方方面面，影响因素繁多。做好通用装备管理工作，不仅是各级通用装备机关的职责，更是各级党委、首长义不容辞的责任。

在通用装备日常管理中坚持常抓不懈，①应将通用装备日常管理作为部队建设经常性的工作来抓，做到"经常抓、抓经常""反复抓、抓反复""持久抓、抓持久"。②应将通用装备管理融入部队军事训练、政治教育、日常行政管理等各项工作中，做到部署工作有通用装备管理、检查部队有通用装备管理，在部队中形成"党委常议、军官常管、士兵常爱"的管理局面。

2. 责权对应，赏罚严明

通用装备日常管理，既有层次分工，也有系统分工，还有专业分工，必须做到责权对应，赏罚严明。在通用装备日常管理中坚持责权对应，就是要做到管理岗位与管理任务的相对应。①要根据通用装备日常管理主体、管理对象、管理环境的不同，实事求是地确定通用装备管理岗位。②要明确通用装备日常管理责任和管理权力，使得处于一定管理岗位的各级领导和机关人员、专业技术人员、使用操作人员等，都能各司其职，各负其责，按照决策、咨询参谋、组织计划、技术指导、使用操作、管理保障等分工，分别履行通用装备管理职责。

在通用装备日常管理中坚持赏罚严明，可以促使通用装备管理主体在其位谋其政，避免管理责任流于形式，防止滥用管理权力。为此，①要严格按照管理绩效实施奖惩,将管理责任与利益紧密联系起来。②要坚持奖励、惩罚手段并用,既要大张旗鼓地表彰先进,又要严厉惩处各种造成通用装备损失的行为。

3. 平战结合,管用统一

通用装备的管理与使用之间,以及通用装备的平时管理、使用与战时管理、使用之间存在着一定矛盾,它们相互影响和制约。通用装备日常管理的根本目的是保证通用装备能够有效使用,这同时也是通用装备管理工作的出发点和立足点。通用装备的管理与使用具有高度的统一性。但通用装备的使用会降低其技术性能,甚至有可能造成通用装备损毁,因此,通用装备日常管理必须做到平战结合、管用统一。

在通用装备日常管理中坚持平战结合,应做到既能保证部队完成平时的建设、战备、训练和执勤任务,又能为完成战时作战任务做好充分准备,做到通用装备能够迅速完成由平时向战时的转变,做到不经临战抢修、不经补充就能够迅速出动,迅速展开,充分发挥其战术技术性能,在最短的时间内遂行战斗任务。

在通用装备日常管理中坚持管用统一,应做到通用装备管理与使用有机结合,既要尽可能满足军事需要、提高军事效益,又要有限度地使用管理资源,提高通用装备管理的效益,以较小的投入保障平时和战时的需求。

4. 科学组织,严格规范

通用装备日常管理,是一个业务众多、技术繁杂的工作,涉及的门类众多,领域广泛,不仅每一项管理业务都渗透着大量的科学技术,而且管理工作本身也必须建立在科学的基础上,必须做到科学组织,严格规范。

在通用装备日常管理中坚持科学组织,①要树立强烈的科学意识,并将科学意识广泛渗透到通用装备管理的各项工作之中,这是通用装备管理科学组织的基本前提。②应掌握与通用装备技术水平相适应的科学知识,提高管理者的科学素质。③应充分利用现代科学管理知识,综合运用各种现代科学管理方法和管理手段,不断提高管理水平。

在通用装备日常管理中坚持严格规范,就是要严格按照有关标准,合理规范和约束通用装备管理活动。通用装备管理条令、条例和各种规章制度等,是建立在通用装备管理客观规律基础之上的主观指导规律,是管理科学的集中体现,也是长期通用装备管理工作经验的科学总结和通用装备管理智慧的结晶,因此,通用装备日常管理应以各种装备管理规范为准则,不折不扣地严格贯彻执行。

5. 勤俭节约,讲求效益

通用装备日常管理,牵涉到大量人力、物力和财力,为避免浪费,提高通用装备管理资源的综合效益,必须做到勤俭节约,讲求效益。

在通用装备日常管理中坚持勤俭节约,①要发扬艰苦奋斗的精神,尤其是在我国军费还比较有限的情况下,更应如此。②要优化管理资源配置,可以将有限的管理资源用于重点的通用装备管理,确保重点装备系统的运转和重点部队完成主要任务。

在通用装备日常管理中坚持讲求效益,应做到以少的资源消耗,获得大的管理效果。为此,①必须采取科学的管理方法和管理手段,科学决策。②优化管理体制结构,充分发挥各级通用装备管理主体的主观能动性。③要将全局的、整体的、长远的宏观效益与局部的、单位的、当前的微观效益有机结合,提高整体效益。

二、通用装备日常管理的手段

军事装备日常管理,必须针对管理主体、客体及管理环境的具体情况,综合运用多种管理手段。这些手段主要包括法规手段、行政手段、技术手段和教育手段等。

(一)法规手段

装备管理法规,是指国家权力机关、获得授权的国家行政机关和军事机关按照法定的程序制定或认可的,调整涉及武器管理活动中各种社会关系的法规规范的总称。是各级部队做好军事装备管理工作的法规依据,是军事装备管理工作正规化、规范化的重要标志。紧密结合军事装备建设发展形势,不断创新完善装备管理法规,为确保装备管理工作有序开展提供强有力的法规保障,既是贯彻落实依法从严治军方针和新军事战略方针的重要保证,也是加强部队装备管理集中统一领导、提高部队装备管理质量水平和部队战斗力的重要举措。

(二)行政手段

行政管理手段,是指按照行政系统行使行政领导或业务导权,对装备管理诸要素实施控制和管束的手段。其主要形式包括命令、指示、规定、通知、指令性计划等,主要方式包括行政干预、行政委托与授权、行政奖励与处罚等。其基本特征是权威性、强制性、无偿性和及时性。

行政管理手段在通用装备日常管理中具有非常重要的作用。为了正确运用行政管理手段,最大限度地发挥管理效能,必须从实际出发,根据管理对象、管理环境的具体情况恰当运用权力,防止滥用权力或越权管理行为。不同的行政管理形式和管理方式具有不同的作用强度、范围和运用条件,应注意行政管理手段运用的合理性,避免挫伤管理对象的积极性;应提高管理者的素质,提高管理决策的科学性;应不断完善指挥控制系统,保证政令畅通,对装备管理行为实施及时有效的控制和管束。

（三）技术手段

技术管理手段,是指装备日常管理活动中为使装备达到管理标准而采取各项技术措施。装备技术管理主要进行如下工作:对装备的技术状态实施监控,有计划地组织装备的技术状态检查和评定,掌握装备技术状态的定性定量情况,为装备的各项日常管理工作提供可靠的技术依据;制定落实装备的技术管理标准、制度和规范的具体措施,具体指导部队按标准、制度和规范用装管装;加强技术安全工作,制定装备安全操作规则,指导和督促有关人员严格遵守,严防事故,特别是等级事故的发生;认真组织并具体指导装备的维护保养工作,保证装备随时处于完好状态;做好工具、量具的检测和校准等计量工作。

（四）教育手段

教育管理手段,是指通过管装爱装教育提高部队的装备管理意识和管理素质的手段。管装爱装教育应根据部队的任务和装备情况,利用新兵入伍、装备补充、调整和换装、任务转换等时机进行。通过管装爱装教育,可以提高部队对装备重要作用的认识,激发装备管理的自觉性和主动性;可以使部队掌握科学的装备管理知识、方法及手段;可以使部队熟悉装备的战术技术性能,掌握装备使用和管理技能。

运用教育管理手段时应制定相应的教育计划;应根据部队装备情况、人员素质情况等,编写有针对性的教材,提高装备管理教育的系统性、连续性、规范性;应确保部队进行装备管理教育的时间,以提高教育效果;应采取科研院所、军地院校和机关、部队相互结合的方法,提高装备管理教育的水平。

三、通用装备启封、动用与使用

通用装备的启封、动用与使用是充分发挥通用装备使用效能的重要途径和手段,是通用装备日常管理的关键环节。

（一）通用装备启封

通用装备的启封,是指通用装备由封存状态转入动用状态的工作过程,可分为正常启封和紧急启封。正常启封时,各级应按分工上报启封计划,经部队首长批准后,由分队领导组织实施,按规定程序启封通用装备所有封存部位。紧急启封,通常在发生紧急情况时进行,这时要在尽可能短的时间内,清除妨碍通用装备操作使用的封存物,以便迅速执行任务。

1. 正常启封

正常启封通用装备,应当尽量做到"用旧存新、用零存整"。正常启封通用装备的基本要求是:启封前,装备管理部门要拟制启封计划和启封实施方案,并逐级报批、备案。启封时,要妥善回收从封存通用装备上拆下的封存设备和封存材料、器材等;要认真检查通用装备的技术状况,并进行必要的保养。启封后,应将封存通用装备的履历书和在封存期间的技术状况记录等文件资料完整移交给使用该通用装备的部队或承担该通用装备启封任务的部门。部队在接收启封后的通用装备时,应进行详细的检查,按清单清点通用装备及随通用装备携带的备品、工具等。

2. 紧急启封

封存通用装备要制定紧急启封方案,以便在紧急情况下迅速启封。做好通用装备的紧急启封,①要进行必要的紧急启封训练;②要加强紧急启封的组织指挥,在紧急启封过程中,领导应亲自到场,掌握全面情况,随时解决可能出现的问题,保证启封工作顺利进行。

(二) 通用装备动用

通用装备动用,是指军队为达到一定的军事目的而改变通用装备的静止状态。为了保持必要的通用装备随时处于良好状态,保证作战和其他行动的需要,通常要规定通用装备平时动用的数量和比例。

1. 通用装备的动用权限

通用装备动用管理的目的是,保持足够的通用装备随时处于良好状态,保障作战和其他行动的需要。通用装备通常要规定平时动用的数量和比例。通用装备动用权限是上级赋予的对所属通用装备实施控制、指挥、管理和调动的权力。通用装备的动用权限是部队动用通用装备的主要依据,确定通用装备的动用权限是部队进行通用装备动用管理的重要措施。

通常,通用装备动用权限的依据主要通过通用装备的性能、用途,通用装备的动用目的,通用装备的动用程度、范围等来确定。各级部队应有明确的通用装备的动用权限规定。动用通用装备一般要先拟制装备的动用计划并按规定的权限报批;任务紧急时,也可先动用通用装备,后报告情况。①对于携行通用装备动用和在训练、执勤等计划内正常动用的,一般由本级部队首长批准;②计划外动用,由各级装备部门向上级申报;③抢险救灾和执行上级赋予的紧急任务需动用通用装备,由本级首长批准。

2. 通用装备动用要求

(1) 严格按标准动用通用装备。制定通用装备动用标准,是为了对通用装备进行有计划、有控制的使用。通用装备日常动用,是一个动态过程,如果没有标准,只有原则规定和要求,必将产生有限无额现象,使通用装备的动用得不到真正的控制。因此,加强通用装备动用管理,必须制定一个科学合理的动用标准。各级装备管理部门应当对通用装备的日常动用做出严格规定,严密控制通用装备的动用。通用装备主管机构,应当根据部队执行任务的类别,以及保障正常训练、生活的需要等情况,分别规定各类部队日常动用通用装备的比例和数量。此外,各级部队应自觉按规定的动用数量和比例动用通用装备,各级装备部门应严格按标准控制通用装备的动用,并经常检查通用装备动用的落实情况,做到有章必循,违章必究。

（2）严格执行通用装备动用计划。制定统一的通用装备动用计划,是正确动用通用装备的前提和基础,是控制通用装备动用的基本手段和措施,是通用装备动用管理科学化的基本要求。制定通用装备动用计划,要以通用装备日常动用标准和有关规定为依据,充分考虑本单位的实际情况,按照保证重点、兼顾一般的原则,安排好动用通用装备的型号、规格、数量等。部队正常训练、执勤所需的通用装备,应制定年度动用计划,并严格按批准的计划执行。临时动用通用装备,应当报经上级批准后,并由装备主管业务部门统一安排、派遣。

（3）严格控制通用装备动用范围。在编通用装备不得挪作他用,是通用装备动用管理的基本要求。通用装备的编制、配备和动用范围的规定,具有法律效力。任何单位和个人都不得擅自动用在编通用装备。各级应严格控制通用装备动用范围,通用装备用于非军事目的,应严格按有关规定执行。超出本级批准权限的通用装备,不得动用。

（三）通用装备使用

通用装备使用,是指通过操作通用装备来发挥其战术技术性能的过程,是通用装备日常管理的重要环节,是保证部队运用通用装备顺利完成各项任务的必要途径。在通用装备使用管理中,既要对通用装备这个管理的客体进行管理,也要对通用装备的使用者进行相应的管理;既要在宏观上进行计划、组织和协调,也要对具体工作实施检查指导。因此,在通用装备使用管理中,必须树立科学的指导思想,正确处理好通用装备使用管理中各项工作关系,充分发挥通用装备的战术技术性能,提高通用装备的使用效能。

1. 按编配用途和技术性能正确使用通用装备

通用装备的正确使用,是指使用通用装备的部队和人员严格按照通用装备的编配用途、技术性能、操作规程和安全规定使用通用装备,防止违章操作和超强度、超负荷使用通用装备,保证通用装备的正确使用,是通用装备使用管理的主要任务。

（1）要按编配用途使用通用装备。军队各种通用装备都有规定的编配用途,它是由通用装备本身的战术技术性能、部队作战和保障任务的需要决定的,是为特定作战目的服务的。只有严格按照编配用途使用通用装备,才能充分发挥每一种通用装备特定的作战效能。因此,平时非经上级特别批准,战时非特殊情况,不得任意改变通用装备的编配用途,不得挪作他用。

（2）要按战术技术性能和操作规程正确、安全地使用通用装备。通用装备的不同用途是由其战术技术性能决定的,性能不同则用途不同。对于复杂的通用装备系统而言,如果在操作使用的任一环节上违背技术性能和操作要求,就可能使整个装备系统失灵或失控,造成重大的军事和经济损失。因此,应加强通用装备操作、使用人员的教育、训练,使他们熟练掌握操作技能,严格遵守操作规程,正确、规范、安全地使用通用装备。

2. 按计划限量使用

部队平时应对在编通用装备实行计划限量使用,做到既能满足训练和战备执勤的需要,又能最大限度地控制通用装备的使用。

（1）确定合理的限量使用比例。对某些通用装备,应根据部队担负的不同战备、训练任务,以及通用装备编配数量、使用特点等制定合理的限量使用比例,并充分论证。

（2）确定合理的战备封存比例。通过合理地封存通用装备,做到既能满足完成训练和值勤等各项任务的需要,又能最大限度地将暂时停用的通用装备封存保管起来。

（3）限制某些在用通用装备,特别是某些重要在用通用装备的使用。要通过限制某些通用装备的使用,防止通用装备发生故障和技术状况下降,给以后的使用造成不利影响。如为战斗和运输车辆装备等规定摩托小时和车公里限额,以防止无节制使用,造成车辆装备技术状况出现整体滑坡。

四、通用装备封存、保管与保养

通用装备封存、保管与保养,是提高军事经济效益、适应战备需要的重要措施。

（一）通用装备封存

通用装备封存,是指对一定时间内不动用的通用装备按规定的标准或要求进行技术维护并作存放保管的处理;是平时控制通用装备动用,使其保持良好的技术性能或较多的储备里程、摩托小时,以适应战备需要的有效方法,是加强通用装备管理、提高军事经济效益的重要措施。部队动用比例、数量之外的新品、堪用品通用装备,应当按照确保质量、讲求效益、保证安全的要求进行封存。通用装备的封存是一项复杂细致、技术要求很高的工作,应周密组织,严格按照通用装备封存的规定有条不紊地进行。

1. 制定封存计划

通用装备部门应根据上级指示、封存任务以及部队的实际情况等制定周密的通用装备封存实施计划。其内容主要包括通用装备封存的组织领导,通用装备普查,技术骨干培训,封存试验,封存中修理力量的使用、分工以及时间进度等。

2. 培训技术骨干

要适时培训技术骨干,学习通用装备封存的技术规程,统一封存项目、封存工艺、封存部位、贴封尺寸、密封质量等技术标准,为检修和封存打下良好的基础。

3. 进行通用装备普查或点验

封存前首先要组织通用装备普查或点验,详细了解部队通用装备的数量、质量,清点附品、工具,检查配套情况,并认真进行登记统计,做到项项有记载,封存有依据。

4. 进行技术处理

科学编组封存人员,检修拟封存通用装备,恢复其战术技术性能;补充短缺附件、工具,配齐通用装备的附件备品;对通用装备进行清洗和表面处理。在对通用装备进行技术处理的过程中,应确保不损坏通用装备。

5. 进行封存与检验

严格按封存装备技术规范,采用科学而简易的技术,以除锈和密封这两项关键工作为重点,对通用装备进行封存。同时,封存的每一道工序都应进行相应的检验,封存完毕的通用装备最后还要进行相应的试验。经质量检验确实不符合技术要求和标准的,不能入库存放。

6. 封存包装标记

封存通用装备应切实做好封存包装标记,以便于识别和管理。封存包装标记的主要内容为:使用防锈剂的种类代号;应用包装方法的种类或代号;封存包装地点;封存时间等。

(二) 通用装备保管

通用装备保管,是指对储存、停止使用(室内存放、场地停放等)或携行的通用装备按技术、安全要求进行的管理。通用装备保管应着眼战备,确保安全和质量;应不断改善通用装备储存保管环境,做好安全防卫工作。应分类存放,并定期检查保养,做到"四无"(即无丢失损坏、无锈蚀霉烂、无鼠咬虫蛀、无差错事故)、"三相符"(即账、物、卡相符)。部队通用装备保管一般可分为库存装备保管、停放装备保管、携行装备保管三种形式。

1. 库存装备保管

库存装备保管,应当根据技术标准和战备要求,按规定的顺序,统一排列,分类存放,配套保管;要尽量装箱上架,堆垛整齐稳固;要及时进行登记、统计。做到"三分"(携行、运行、后留)、"四定"(定人、定物、定车、定位)、"一垫五不靠"(下有垫木,上不靠房顶,四周不靠门窗和墙壁)、"十防"(即防潮、防热、防冻、防火、防雷、防洪、防尘、防盗窃破坏、防鼠咬虫蛀和防奸保密)。

库区应清洁整齐,并有良好的消防设备和避雷装置;库房结构牢固,警戒严密,安全可靠。对库存保管的装备,还应定期进行检查和维护保养。

2. 停放装备保管

车、炮、机械等大型装备和数量较多且需要集中停放的主要通用装备,应当设置停放场所进行保管。通用装备停放场所一般分为永久性和野战性两种,前者设在营区,其建筑和设备是固定的;后者是作战或离开营区执行任务临时设置的,建筑简易,设备多是临时的或移动的。对场地停放装备的保管,应做到如下几点:①要选择设置科学、合理的场地。场地应选择在平坦坚硬,且不易遭水、火和泥石沙等自然侵害的地方;应当便于通用装备的停放、机动、维护保养;应当便于疏散、隐蔽和伪装;应当有方便的水源和电源,能满足作业需要。永久性场区,应当建有停放装备的库房,检查、清洗装备的固定设施,维修车间和消防设备等。野战性的场区,上述设施因地制宜,简易构筑。②停放的通用装备,应当按照建制、种类和编号有序停放,做到整齐划一、稳固、安全,存放方式和状态符合管理规范和要求,达到规定标准。③要建立严格的规章制度。在规章制度上,应有通用装备的停放、保管规则;人员、装备出入场区的规定和检查、登记制度;紧急情况下通用装备的疏散和后运计划;警卫、消防规则;值班、值日制度及职责分工,以及停放通用装备管理工作计划和登记等。④要严格值班与警戒。停放通用装备出入场,要严格履行手续。值班、值勤人员要严格履行职责,管好场地设备、设施,防止通用装备零部件的丢失、损坏。

3. 携行装备保管

携行装备要防止丢失、损坏。对于用于训练、执勤随身携带的通用装备,要严格遵守安全管理规定,用后应立即擦拭保养,并及时清点入库,防止丢损;对于执行特殊任务携带的通用装备,应按规定的纪律、要求认真保管。通用装备发生丢失或者损坏时,应当掌握以下三条:①要迅速查明丢失或损坏的装备的类型和数量,并及时如实地逐级上报;②要尽快了解装备丢失或者损坏的原因,吸取教训;③根据情节轻重和造成的后果,进行具体分析,依据有关条令条例的规定予以适时的处理。

（三）通用装备保养

通用装备的维护保养是指保持和恢复通用装备技术、战术性能的过程。

1. 通用装备保养的内容

通用装备的保养是根据通用装备的性能、技术状况和使用环境条件,对通用装备进行的一种保护性措施,目的是及时恢复和经常保持通用装备的完好状态,保证通用装备按照战术、技术性能和用途正常使用。

不同的通用装备有不同的保养内容、规范和标准。一般情况下,通用装备保养的主要内容是清洁、检查、测试、诊断、润滑、紧固、加添油液、补充备品(备件)以及排除故障等。通常情况下通用装备保养应达到清洁完整、润滑周到、调整正确、紧固适当,没有故障。

2. 通用装备保养的分类

通用装备技术状况和管理环境不同,其维护保养的要求和方法也有所不同。一般可将通用装备的维护保养分为日常保养、定期保养(定时、定程保养)、换季保养、封存保养和特定保养等五种。

（1）日常保养。是指经常、及时地对通用装备进行的维护保养。包括随用随擦,每日小擦和每周的车炮场日、机械日。主要工作是擦拭、清洁外表,进行一般的技术维护和排除一般故障。

（2）定期保养。主要是指车辆、坦克、机械等通用装备,按行驶里程和运转周期所进行的技术维护保养。定期保养又可分为一、二、三级保养。

（3）换季保养。是指季节变化时,对通用装备进行的维护保养。

（4）封存保养。是指通用装备封存和入库时所进行的技术维护保养。

（5）特定保养。是指在特殊自然条件下对通用装备所进行的维护保养。例如,在热带、亚热带地区,要进行防热、防潮维护;露天存放的通用装备,要及时擦干、涂油。沙漠地区,风沙大,在保证机件润滑、防锈的前提下,要尽量少涂油脂,以防粘结沙土等。

五、通用装备的定级与转级

通用装备的定级与转级是指根据军队统一规定的技术标准,依据质量分级标准,确定通用装备质量等级的过程。通用装备的转级是经技术鉴定和定级后,改变原质量等级的过程。通用装备在使用或储存过程中,受诸多因素的影响,其质量特性将会发生变化。适时对通用装备进行定级与转级,是各级领导、机关准确地掌握通用装备的技术状况,制定维修和退役、报废计划,确定战备程度的依据,是一项十分重要的技术要求很高的工作。

1. 通用装备定级与转级准备

（1）要做好人员准备。可根据具体情况,成立定级与转级工作小组与技术检查小组。

（2）要做好技术准备。要进行必要的技术培训,使全体参与人员熟悉质量分级标准和检查实施步骤;要准备相应的技术检查设备、工具和合适的场地;要准备好各种技术资料,如分级标准、装备履历书、各种检查登记表格等。

2. 实施技术检查与鉴定

根据通用装备质量分级标准,对所有拟定级、转级通用装备逐一进行技术检查和鉴定。检查与鉴定应做到注重科学、实事求是、严宽适中、准确无误,并应细致进行登记统计。

3. 拟制转级计划

通用装备质量等级确定后,要依据有关规定,对质量下降的通用装备,拟制转级申请计划,并向上级装备部门逐级报批。

4. 做好善后处理

上级批准装备转级计划后,要根据通用装备及其质量等级情况,分别制定各类通用装备维修或报废计划,并对不同等级的通用装备按要求进行保管。

六、通用装备质量管理

通用装备在使用或储存过程中受环境和各种因素的影响,其质量特性是会发生变化的。装备质量特性的变化情况主要决定了其执行预期任务的能力,也直接影响着对其进行管理的措施、方法和工作频率等。因而,做好通用装备质量监控和分级工作是通用装备管理的主要任务和方法之一。

（一）通用装备质量特性的监控

1. 监控的意义

通用装备质量特性监控的目的有两个方面:一方面是通过监测及时准确地了解通用装备的技术状况;通过统计分析掌握技术状况的变化规律和影响技术状况的因素;预测通用装备对管理或技术保障、资源的需求,为改善管理或保障系统提供决策依据,以提高通用装备管理或保障的效益;预测通用装备的战备状态和执行任务的能力,为通用装备的使用安排提供信息,保证通用装备的科学管理。另一方面则是对通用装备质量进行控制,延缓通用装备质量下降的速度或采取恢复其质量特性的措施。例如,发现通用装备有锈蚀现象,就要考虑擦拭、涂油或涂漆等保养工作是否做得恰当,使用(或保管)环境条件是否符合要求等。从而及时采取有效的管理措施或技术措施,避免锈蚀的发生。

2. 监控的要求

1) 要强调全系统全寿命过程的监控

通用装备质量特性的监控工作必须贯穿于通用装备全寿命过程中。

通用装备的固有质量是研制和生产出来的,在通用装备研制和生产中监控通用装备的质量特性,就是监控通用装备全面质量特性的形成。全面质量特性不仅包括通用装备本身的作战或使用性能、可靠性、维修性、保障性等方面的质量特性,还包括保障系统的质量;它不仅要监测质量指标本身是否符合要求,还要监控质量要求指标是否全面以及各质量要求指标之间是否协调和优化。显然,论证、研制和生产阶段的质量信息,是使用阶段技术状况监控的基础。

一般而言,通用装备在使用中,质量是逐渐下降的,监控通用装备的质量特性即监控其特性变化情况,为通用装备的使用、维修等管理决策提供依据。监控时机和监控项目的选择要以可靠性分析为基础,来确定监控的内容和时机。因此,要做好以可靠性为中心的技术状况监控工作,必须统计通用装备出现的各种故障,分析不同寿命剖面的故障原因、故障特点,掌握故障规律。

2) 不同任务要有不同的监控重点

通用装备使用阶段通常有储存保管、作战使用和训练使用三个不同的任务剖面,对于各剖面,监控的指标和要点有所不同。

对于储存保管剖面,应主要监控那些易于自然老化(如橡胶、皮碗等)、变质(如液体、化学物品、火炸药等)、泄漏(如气体、液体,电真空元器件)、发霉(如光学镜片)的部分或它们的性能表征参量。对于作战使用剖面,要重点监控那些作战使用中载荷较大、工作频繁的部分及其可表征的参量。对于训练使用剖面,则要重点监控那些训练中工作频繁的部分。对于千差万别的通用装备,其工作原则、工作环境大不相同,监控的重点也很不相同。就是同样的通用装备在不同环境下使用,如海岛、风沙区,其监控的重点也不同。

3) 科学合理地确定监控检测时机和内容

用检测通用装备技术状况的方法满足对其质量监控的要求,检测时机和项目要经过以可靠性为中心的维修分析,通常通用装备的使用说明书或维修手册等技术资料提供了有关检测时机和项目,在对通用装备质量监控中,必须遵照执行。要注意把监控工作结合到通用装备的使用、保管和保养等日常工作中去,如确定日维护(含使用前、中、后维护)、周维修、月维修、年维护的检测监控内容。

4）完善质量监控体系和手段

要根据通用装备管理的编制体制,结合通用装备信息管理的要求,建立健全通用装备质量监控体系。

对高技术通用装备的检测,要用高技术的手段和设备,尽量采用先进的自动检测设备。对高技术通用装备而言,一般结构复杂,需检测的项目多,采用自动检测或机内自动检测可提高工作效率。对于检测到的数据,也要用科学的方法统计分析、处理和应用,即结合通用装备管理信息系统的开发,建立质量监控信息系统和决策支持系统。

（二）通用装备质量等级的划分与确定

1. 质量分级的意义

通过分级,以便准确掌握通用装备技术状况,科学地实施通用装备使用、维修、储存、更换和退役等管理工作,针对通用装备的不同质量等级,安排不同的使用、储存、维修或退役计划,以提高通用装备管理的效益。

2. 分级的要求

（1）要有正确的质量分级标准。质量分级标准是通用装备质量分级的依据。对不同类型的通用装备,应由通用装备的主管部门组织制定不同的质量分级标准。级别档次的多少以及各级具体技术参数和指标标准,应当能反映通用装备的实际技术状况并便于区分通用装备的不同使用、储存和维修工作安排,以达到便于实施分级管理的目的。

标准规定的参数和指标,应抓住技术状况的主要方面(如火炮身管的磨损量、发动机的工作小时等),并照顾到各方面(如表面防护情况、备附件情况等)。标准还应明确规定质量分级的实施方法、评价模型等,做到简单易行。

（2）确定具体通用装备质量等级时,大型通用装备应逐件(部)进行技术状况的检查和评定,经批准后确定其质量等级。具体通用装备的质量等级应按规定登记入档、上报,以便各级管理部门掌握。

（3）通用装备质量发生较大变化时应当及时转级。根据通用装备技术状况变化快慢程度,确定通用装备的转级评定时机。经检查评定应当转级的通用装备,经过批准后方可转级。

3. 通用装备的质量等级

不同类型的通用装备可根据其技术状态划分为新品、堪用品、待修品和废品四级。其划分的依据是:

（1）新品：经检验合格，未经部队携行使用的新通用装备，且配套齐全、包装完整等。

（2）堪用品：能用于完成作战或使用任务的不属于新品的通用装备。主要包括部队使用过或正在携行使用的技术状况完好的通用装备；性能下降或超过了规定储存期，经鉴定能完成任务的库存通用装备；有一般故障的个别零部件需要进行维修，而能在部队基层级修理单位自行解决的通用装备；虽有小的缺陷但仍可供使用的弹药等。堪用品包括的面比较广，为了便于实施分级管理，有的通用装备类型根据其残存的使用寿命（如发动机的残存工作小时等）将堪用品细分为一级堪用品、二级堪用品等。

（3）待修品：需要且准备送工厂等修理机构修理的通用装备；这一等级的通用装备，是不修理不能遂行作战、训练且使用部（分）队又不能自行修理的通用装备。

（4）废品：不能用于作战、训练、且无法修复或没有修理价值的通用装备。

根据上述等级的划分原则，各类通用装备的主管业务部门应当制定具体的分级标准。

（三）通用装备质量状况的综合评价

通用装备的质量状况应根据规定的标准进行评价，以确定其等级。有一些通用装备的质量分级标准是多参量（因素）多指标的，各因素或指标的层次不同，对决定质量等级的重要程度也不同，必须综合考虑后加以评价。这样，单项因素与通用装备的质量状况等级并无直接明显的对应关系，需要综合评价的模型和方法。这种评价的方法很多，有的是依赖经验即专家评估，有的是模仿人的经验建立适当的评价模型，如加权评分模型、模糊数学综合评判的方法等。这些模型的建立过程是比较繁琐的，并要经过实践检验加以修正，才能保证模型正确适用。但是，正确模型建立后，只要输入检测参量数据，就能得到较为正确的评价结果，从而避免因人而异的"专家评估"。

七、通用装备安全管理

通用装备安全管理是指采取必要的措施和手段，消除一切使通用装备及其相配套的物资器材、设施设备、人员人身安全受到威胁的因素或隐患，严防因失泄通用装备及其管理秘密，给国家和军队建设带来重大损失，避免和杜绝各类事故的发生，确保部队训练、战备和各项工作的顺利进行。它是通用装备管理工作的重要内容，是部队做好安全防事故工作的重点，也是各级领导和装备机关的基本任务之一。

（一）通用装备安全管理的内容

部队通用装备安全管理的目的是保证人员、通用装备及其秘密的安全。通用装备安全管理的内容和任务是围绕这一目的进行的一系列工作和目标。

通用装备安全管理贯穿于通用装备全寿命期管理全过程。通用装备配发到部队后,其安全管理的主要内容有两个方面。

1. 技术安全管理

技术安全管理是从技术角度,在通用装备使用、维修与保管过程中,加强安全工作的组织管理,消除事故隐患,最大限度地避免因技术知识缺乏、操作不当、不按技术规程办事、蛮干、乱干,或因没有技术安全规程、技术设备不完善以及技术环境条件恶劣等引发的各类事故,延长通用装备使用寿命。

技术安全管理是通用装备安全管理的重要内容,也是最主要环节。在通用装备管理实践中,因技术原因而造成的事故所占的比重,远远大于其他因素而引发的事故。因此,各级各类通用装备管理人员必须按通用装备及其发展变化的内在规律实施管理活动,按操作和使用规程办事,加强通用装备的技术安全管理,从根本上保证通用装备的安全。

2. 制度安全管理

通用装备的制度安全管理指通过建立健全通用装备安全管理制度,对通用装备安全工作实施有效的指导、督促与监控,保证各项管理制度落到实处,确保通用装备管理的安全。

通用装备制度安全管理是保证通用装备安全管理扎实有效的重要手段。只有认识到位,组织到位,领导到位,教育到位,才能保证各项制度的落实,才能有效避免通用装备管理中人为事故发生,确保军事训练、战备以及其他各项任务的完成。

通用装备技术安全管理与制度安全管理相辅相成,相互补充。技术安全管理是基础,制度安全管理是手段,二者相互依赖、相互促进,构成了通用装备安全管理系统。只有把二者有机地结合起来,综合实施,全面管理,才能保证通用装备安全管理的有效性,达到通用装备安全管理的目的。

（二）通用装备安全管理的基本任务

通用装备安全管理的基本任务主要有以下五条:

（1）坚持预防为主,树立全员安全意识,加强通用装备安全管理工作的组织与宣传教育,自觉把安全管理落实到通用装备管理的每一项具体活动中。

（2）加强技术检查与监督,积极做好技术安全管理工作。

（3）建立健全通用装备安全管理制度,使通用装备安全管理工作有法可依,并通过采取有力措施,不断加大组织领导力度,确保各项通用装备安全制度落到实处。

（4）建立通用装备安全组织体系,开展群众性的安全预防活动,进行定人、定点、定时群众性安全检查。

（5）建立通用装备安全管理队伍,定期进行培训、教育和演练,制定切实可行的安全措施。

第二节　通用装备维修保障

通用装备维修保障是为保持和恢复通用装备技术状态而采取的各种技术措施以及相关勤务活动的统称。维修通常包括维护和修理两种活动,维护过程中发现故障,需要及时组织修理,同样,修理过程中也需要组织相应的维护工作。维修作为通用装备保障的重要内容,对于保持和恢复通用装备良好的战术技术性能、提高部队的战斗力、保障部队完成各项任务具有十分重要的意义。

一、通用装备维修保障的任务与原则

做好通用装备维修保障工作,必须首先明确通用装备维修保障的基本任务,遵循通用装备维修保障的基本原则。

（一）基本任务

通用装备维修保障的任务是保持通用装备处在规定技术状态,即预防故障及其后果,而当其技术状态受到破坏(即发生故障或遭到损坏)后,使其恢复到规定技术状态;并充分发挥各种维修资源的作用,以最低的消耗,保持和恢复通用装备的性能,保障部队完成作战、训练和其他任务;现代维修还扩展到对通用装备进行改进以局部改善通用装备的性能。

（二）基本原则

通用装备维修保障的原则,是反映通用装备维修活动规律,并用于指导通用装备维修活动的基本准则。它对于通用装备维修的组织与实施具有重要指导作用。在通用装备维修保障活动中,必须注意把握以下几条基本原则。

1. 理论指导,科学维修

理论指导,科学维修,是要在现代维修思想和理论的指导下,运用科学的方法实施通用装备维修。现代维修理论,围绕"以可靠性为中心"的维修思想,形成了由维修管理工程、可靠性工程、维修性工程、维修工艺学、故障诊断学等组成的科学理论体系。坚持科学维修,必须始终贯彻以可靠性为中心的维修思想,坚持以可靠性理论为基础,以维修对象的可靠性分析为依据,以对通用装备进行监控为手段,科学地确定维修任务、时机和维修的工艺程序,从而减少盲目性,增强维修的科学性。

2. 质量第一,确保可靠

质量第一,确保可靠,是指通用装备维修必须把质量放在首位,保证维修后的通用装备符合相应的质量标准。没有可靠的维修质量保证,就不可能达到维修的目的。因此通用装备维修要严格按照科学的技术标准和工艺规范进行,并要建立严格的质量保证体系和质量监督制度,完善检测手段,改进质量监督方法,将事前预防、事中监控与事后监督有机地结合起来,保证修复的通用装备达到相应的质量标准。

3. 降低费用,提高效益

降低费用,提高效益,是指在保证质量的前提下,要尽可能地降低通用装备的维修费用,提高经济效益,追求最佳的效费比。维修费用的合理使用是维修经济效益良好的重要标志。在通用装备全寿命周期费用中,维修费用所占的比例很高。因此,对维修进行必要的技术经济分析,综合比较投入与效果,在坚持质量第一的前提下,努力降低维修成本,提高维修效益,是非常必要的。

4. 简便灵活,注重时效

简便灵活,注重时效,是指通用装备维修必须注重采取各种简便灵活的维修措施和手段,争取在最短的时间内修复最多的通用装备。为提高维修的时效性,应当适当减少维修的层次和环节;应当灵活地配置和使用维修力量,尽可能在通用装备故障或损坏的现场进行维修;应当简化维修组织实施的程序,提高维修管理的效率;应当综合采取各种灵活适用的维修方式和方法,缩短通用装备的在修时间;应当合理地规定通用装备维修的优先顺序,保证作战、训练或其他行动最需要的通用装备优先得到维修。

5. 平战结合,军民一体

平战结合,军民一体,是指通用装备维修必须注重平时需要和战时需要的结合,善于发挥军队和地方维修力量的整体作用。为此,通用装备维修应建立以军队维修力量为骨干,与地方维修力量相结合的,既能适应平时通用装备维修的需要,又具有较强的战时组扩编能力的组织体系和力量编成。在其力量构成中,除了现役维修部(分)队外,还应包括预备役维修部(分)队和地方有关技术力量。军队各级维修力量除了应做好平时的维修保障工作外,更应注意加强战时维修训练。维修要有战时预案,以便能做出快速反应。军队平时进行维修要争取地方力量的支援和帮助,战时则必须动员地方力量予以加强。

二、通用装备维修保障的方式与方法

灵活采用多种维修保障方式和方法,是提高维修保障效益的重要因素。未来战争中,各部队担负的作战任务、战场环境、供应手段各有不同,因而应灵活、综合运用多种维修保障方式和方法。

(一)通用装备维修保障的方式

通用装备维修保障的方式通常应根据通用装备故障对使用及安全的影响、故障原因、维修单位的技术条件和维修环境等因素来选择和确定。

1. 根据通用装备及其部件维修时机分

1)定时维修

定时维修是指按通用装备规定的使用期限对其进行分解检修,以避免发生故障的一种维修方式。这种维修方式要对通用装备及其零部件进行定时分解检修,通常不考虑通用装备(部件)的实际技术状况。它便于通用装备的计划使用和维修,但是不能充分利用通用装备的可用寿命。该方式适用于故障率随着使用时间的增加而增高,而其他维修方式又不适用的通用装备(部件)维修。

2)视情维修

视情维修是在通用装备(部件)的技术状况劣化到规定的下限时将其分解检修,以避免发生故障的一种维修方式。其特征是用状况监控技术定期地或连续地监控通用装备(部件)的技术状况,发现故障征兆时立即检修。它可以比较充分地利用通用装备的可用寿命,但需要有反映通用装备技术状况的可检测参数和反映故障征兆的参数依据,并要求在通用装备设计时就确定适用的状况监控技术以及相应的检测点。该方式组织较为复杂,但维修效益较高。

3)事后维修

事后维修是让通用装备(部件)用到出故障后才进行分解检修的维修方式。这种方式可使通用装备的可用寿命得到充分的利用,但是其前提是通用装备(部件)的故障不应直接影响到通用装备的安全使用和任务的完成。它要不断地收集和分析通用装备总体的使用、维修资料,评定通用装备的可靠性,直到通用装备出故障为止。这是对用坏再修这种原始维修做法的提高。该方式适用于故障率不会随使用时间的增加而增高,或虽会增高但预防性维修费用大于故障损失费用的通用装备(部件)维修,还可用于故障率尚不清楚的通用装备(部件)维修。

定时维修、视情维修和事后维修三种方式各有一定的适用范围。对通用装备而言,在制定其维修大纲并在其使用阶段组织实施维修时,为了有效而经济地保持通用装备(部件)的可靠性,充分发挥通用装备的效能,尽量利用通用装备的可用寿命,往往要把这三种维修方式结合起来使用。

2. 根据维修力量的性质和组织形式分

1)伴随维修

通用装备伴随维修是组织维修力量随同部队实施通用装备维修保障。伴随维修具有保障及时的特点。在现代条件下作战,情况变化急剧,部队机动频繁,伴随维修是重要的维修保障方式。执行伴随维修任务,一般以本级建制维修力量为主,有时也可得到上级加强。要选派素质较好的维修人员,配备移动修理设备或轻便机工具,携带必要器材,编入行军纵队。其任务是:在行军途中或休息地域,指导和帮助使用人员对通用装备进行检查、排除故障和急救;对途中损坏通用装备进行可能的修理和收容,处理途中不便修复的通用装备;抢救和处理淤陷、掉沟、事故通用装备等。

2)定点维修

通用装备定点维修是在适当地点开设相对固定的维修机构对通用装备实施维修保障,是野战通用装备维修保障的一种方式。定点维修机构一般由通用装备维修分队抽调人员组成,配备野战维修装备(维修工程车、起重抢救车、抢修车)和器材,也可利用地方修理机构开设。开设地点通常选择在后方地域内部队开进途中的交通要道、渡口、调整点、运输线上通用装备流量较大的路段或主要装卸站附近等。通用装备定点维修的主要任务是:收集、接收下级难以就地修复的通用装备,按修理任务区分进行修理或后送,对过往部队进行技术支援等。定点维修具有作业地点相对固定的特点,有利于集中力量,发挥机具设备的作用,加快作业速度,保证维修质量。在开设定点维修保障机构时,应做好机动抢修的组织与物资准备,以提高保障的时效性。定点维修所选定的地点应随战况的发展及时转移。

3)巡回维修

通用装备巡回维修是组织维修力量到各通用装备集结点或通用装备损坏现场实施维修保障,是野战通用装备维修保障的一种方式。战时巡回维修通常在战前准备阶段或战斗间隙进行,由修理工厂或修理分队派出巡回保障组到部队驻地、集结地域、宿营地、装卸点、炮兵阵地和通用装备损伤现场进行维修。其主要任务:协助下级修理分队或通用装备所属单位抢救抢修损坏的通用装备,对现地无力修复的通用装备进行收集和后送。这种保障形式可以就地修复损坏的通用装备,减少后送,加快修复速度。巡回维修分队要装备机动抢修设备,合理搭配各种技术力量,并携带易损零部件及总成。

(二)通用装备维修保障的方法

原件修理、换件修理、拆拼修理与应急修理是在不同时机、条件和范围内对通用装备进行修理的四种常用方法。

1. 原件修理

原件修理是对故障或损坏的零部件进行调整加工或其他技术处理,使其恢复到所要求的功能后继续使用的修理方法。该修理方法在修理耗费比较经济或没有备件的情况下比较适用。采用新型维修技术对某种零部件进行原件修理还可以改善其部分技术性能。原件修理通常需要一定的设施、设备和一定等级的技术人员等维修资源的支持。大多数情况下,原件修理都不能在零部件的原位进行,而是需要将零部件拆下后修理,所以耗时也较多。原件修理的这些特点,决定其不便于满足靠前、及时和快速维修的要求。

2. 换件修理

换件修理是用完好的备用零部件或总成更换故障、损坏或报废的零部件或总成的修理方法。换件修理能满足靠前、及时和快速维修的要求,对维修级别和维修人员的技能要求也不高。但是实施换件修理,要求通用装备的标准化程度更高,备件要具有互换性,同时还必须科学地确定备件的品种和数量。换件修理并不适用于所有通用装备和所有条件,有的情况下换件修理并不经济,反而会增加保障负担。平时对换下的零部件是废弃还是修复或降级使用,要进行权衡分析。在战时条件下,换件修理可缩短修理时间,加快修理速度,保证修理质量,节省人力,较快地将故障或损坏的通用装备修复并重新投入使用,因而它是战时,特别是野战条件下修复通用装备的主要方法。

3. 拆拼修理

拆拼修理是指经过批准,将暂时无法修复或报废通用装备上的可以使用或有修复价值的部分总成或零部件拆卸下来,更换到其他通用装备上损坏的相应总成及零部件,从而利用故障、损坏或报废通用装备重新组配完好通用装备的修理方法。这种方法可缓解维修器材的紧张状况,保证部队故障、损坏的通用装备尽快得到恢复并投入使用,是适用于在战时或在某些特殊情况下修复通用装备的修理方法。拆拼修理只可用于通用装备具有通用性和互换性的部分。

4. 应急修理

应急修理是指对损坏或故障通用装备的零部件采取临时应急性的技术措施,

以维持其一定战术技术性能的修理方法。如采取旁路、切换等方法将损坏通用装备的有关部分进行重新解构,以应急代用品来替换故障、损坏的零部件,采取粘结、堵漏、捆绑、短接等临时措施来维持通用装备可用性的方法都属于应急修理方法。应急修理可以使损坏通用装备暂时恢复到基本可以使用的状态,是非常情况下的非常修理方法,在战时或紧急情况下可以发挥重要作用。但是各种应急修理方法都有局限性,既不能保证修理质量,也不能保证完全恢复通用装备的战术技术性能,所以,凡采用应急修理方法修复的通用装备,事后均应按照严格的维修技术要求,进行恢复其技术性能指标的正常修理。

三、通用装备维修保障的组织与实施

通用装备维修保障的组织与实施,是利用现有的维修人员和设备,根据维修计划和通用装备的技术状况,进行维修的组织与实施的过程。我军平时的通用装备维修,通常分为日常维修、定期维修、视情维修和年度计划预防修理等组织形式。

(一)通用装备修理前的主要工作

1. 拟订通用装备修理计划

装备维修部门应根据上级下达的任务、本单位通用装备使用情况、通用装备质量状况和现有维修力量等信息,分别拟订年度维修计划。必要时,拟订维修调整计划和临时计划。通用装备维修计划的内容主要包括送修通用装备名称、规格型号、修理等级、送修单位、承修单位、修理价格、需修数量、送修时间安排、送修数量等。通用装备维修计划拟订完成后,要按规定的时间逐级上报审核,经批准后即可作为组织实施通用装备维修的依据。

2. 搞好协调工作

协调工作的目的在于解决通用装备维修所涉及的各单位之间的矛盾,使之处理得当、协调一致。装备维修部门应认真主动地搞好协调工作,保证通用装备维修工作的顺利开展。协调的主要对象和内容包括:与通用装备管理部门和使用单位协调,了解通用装备使用情况、通用装备技术状况及对通用装备维修的要求和意见,及时通知通用装备送修时间,以便其提前做好准备;与装备器材部门协调,及时通报维修器材消耗情况,提出对器材保障的建议和要求;与承修单位协调,如在本级修理分队进行维修,应及时下达通用装备维修计划,提出要求;如需上送修理,应提前与承修单位联系,按计划确定具体送修时间。

3. 做好其他准备

通用装备在本级修理分队修理时,应组织检查修理分队各项修理准备工作的落

实情况,要求修理分队依据通用装备送修凭单、通用装备技术状况鉴定表、通用装备送修交接表,与送修单位共同检查通用装备状况,核实各种文书,并对可见损坏系统、总成和缺件情况进行记录,双方认为符合规定后在修理交接表上签字,作为交接凭证;组织上送修理时,应配合装备管理部门做好送修通用装备的技术鉴定,填写通用装备技术状况鉴定表,并保持通用装备内外清洁,系统、总成和零部件完整;组织巡回修理时应合理编组,并组织必要的专业训练,做好携带的物资、器材准备等。

(二) 通用装备修理中的主要工作

通用装备在本级修理分队实施修理时,应经常、及时地对修理分队进行监督检查和指导,以确保修理质量和通用装备修理工作的安全。其主要工作有:

1. 检查通用装备修理计划执行情况

在通用装备维修中,要经常对通用装备修理分队的计划执行情况进行检查,及时了解和掌握维修定额、维修进度、登记统计、人员出勤和材料消耗情况,审查通用装备在修期是否符合规定等。对检查中发现的问题,及时召集有关人员进行分析研究,找出影响因素,提出解决办法。

2. 组织修理质量监督

要督促修理分队加强质量教育,实施全过程的质量管理;经常监督检查质量责任制度、质量检验制度、质量分析制度的落实情况;了解修理分队质量情报资料的搜集、归纳、分析情况;督促计量标准化的落实。

3. 组织安全检查

安全检查是预防通用装备修理事故的有效措施,装备维修部门应切实重视安全防事故工作。在通用装备维修实施过程中,要加强对修理分队防事故工作的检查,提高官兵的安全意识。安全检查包括安全组织是否落实,安全教育是否经常,各项安全设施是否齐备等。

4. 组织技术指导

装备修理部门应对修理分队进行技术指导,积极组织和开展技术交流活动,不断提高修理人员的专业技术水平;组织通用装备修理中技术难点的攻关,使通用装备修理中的技术问题能及时得以解决。

(三) 通用装备修竣后的主要工作

1. 组织修竣装备的验收、交接

通用装备修竣后,应要求修理分队做好移交前的一切准备工作,尔后由修理分队通知送修单位,并确定交接时间。交接时,修理分队要主动介绍所修通用装备的技术状况,并同送修单位一起对修竣通用装备进行技术检查、试验或试车。经检查验收认为符合修理技术条件和要求,且通用装备附带的工具、附件、备品等无丢失,技术文书齐全无误后,应按通用装备修竣交接表规定的内容要求与送修单位办理交接手续;如发现修理质量问题,应视情返修。交接过程中出现矛盾时,要主动耐心地协商,妥善处理。上送通用装备修竣后,要按照有关规定,配合装备管理部门及时与承修单位办理交接手续。

2. 做好信息管理工作

修竣通用装备交接后,装备修理部门应按照有关规定,及时对通用装备修复信息进行整理、分类、归档。例如,送修通用装备技术鉴定记录,通用装备修理凭单,修竣通用装备接收通知单,通用装备在修期,通用装备修理质量检查、验收情况,技术指导情况,材料消耗情况,各项协调保障情况等。

3. 及时总结上报

装备修理部门应按修理计划的完成情况,及时进行单项的或综合的讲评、总结,并按规定和要求将通用装备修理任务完成情况分别以综合或专项报告的形式向本级机关首长和上级修理部门报告。

第三节　通用装备供应保障

通用装备供应保障是指为保障部队作战需要而组织与实施器材和弹药的筹措、储备、补给、管理的全部活动。它是通用装备保障的主要任务之一,是各级装备部门的重要工作。及时、准确、不间断地为部队供应装备物资,对维持部队战斗力和持续作战能力,保障战役、战斗的胜利,具有重要作用。

一、通用装备供应保障的任务与原则

做好通用装备供应保障工作,必须首先明确通用装备供应保障的基本任务,遵循通用装备供应保障应遵循的基本原则。

(一)基本任务

通用装备供应保障的基本任务,就是根据部队训练与作战任务、装备数量及其技术状况、弹药和器材消耗规律、经济条件和市场供求变化趋势等,运用管理科学理论与方法,对通用装备的申请、补充、调整、退役、报废以及弹药和器材的筹措、储备、供应、保管等环节进行计划、组织、协调和控制,为恢复和保持通用装备保障能力提供强有力的物质保证。

（二）基本原则

组织通用装备供应保障,应当坚持统一计划、突出重点、合理配备、系统配套的原则。这四条原则是不可分割的有机整体,是通用装备供应保障过程中必须遵循的基本准则。

1. 统一计划,分级实施

通用装备供应保障是一项有标准、有秩序的活动,在组织通用装备供应保障时,要把各类通用装备作为一个整体,实施统一计划,分级实施。统一计划,是集中统一管理指挥原则在供应保障中的具体体现,是筹集和运用通用装备保障资源,使通用装备供应保障系统协调有序运行,充分发挥整体保障效能的关键。无论是全军通用装备供应保障,还是战略、战役、战术各层次以及陆军、海军、空军、第二炮兵各军兵种的通用装备供应保障,在总体上都应当坚持统一计划,以确保保障需求与保障可能的总体平衡。分级实施,是指通用装备供应保障应在统一计划下,按照各层次、各军兵种通用装备供应保障的职能分工,分别结合各自的实际情况具体组织实施,以增强保障的针对性、灵活性、准确性。

2. 突出重点,统筹兼顾

通用装备供应保障在统一计划的前提下必须分清先后主次、轻重缓急,突出保障重点部队、主要方向、重大行动对通用装备的需求。在供需矛盾比较突出,保障能力有限的情况下更应如此。组织计划保障要着重关照重点,集中主要力量,优先保障重点;根据情况变化,及时调整保障计划,适时转移和形成新的保障重点;对重点保障对象、内容及关键阶段、重要行动,应打破常规,特事特办,以确保重点的急需。在确保重点的前提下,还必须统筹兼顾。通用装备保障需求对象多元、范围广泛、整体性要求高,必须统筹全局,全面兼顾。在保障对象上,要统筹兼顾各军兵种及遂行不同任务各个部队的需要;在保障时间上,要统筹兼顾平时和战时、遂行任务各个阶段的需要;在保障空间上,要统筹兼顾不同地区、不同方向的需要;在保障内容上,要统筹兼顾各种通用装备及其配套的器材、弹药和维修零部件等各项保障。

3. 合理配备,形成梯次

通用装备体系,是一个由多种通用装备所构成,并相互依存、互为补充、有机结合的整体,因此,通用装备供应保障必须注重合理配备,形成梯次。通用装备供应保障机构必须按照通用装备系统的整体性要求,根据通用装备体制编制、部队任务、作战需求及保障可能等,进行科学合理的调配。注重各种通用装备品种齐全、性能匹配、比例适当、功能互补、系列配套,以形成最佳的作战效能;注重逐渐更替,形成新、老装备结合,高、中、低合理搭配的梯次结构;注意通用装备储备及通用装备供应保障力量的空间配置,形成纵深梯次的配备布局,能够对部队实施全纵深、全方位的及时保障。通过科学配备,形成合理的梯次结构,力求实现以较少的投入保证装备的逐步更新,满足军队建设和作战需要的保障效益。

4. 系统配套,规范适用

系统配套,是保证供应的通用装备能在部队及时形成战斗力,发挥整体作战效能的关键,是对通用装备供应保障种类结构及质量的要求。现代装备种类繁多,系列化、标准化程度高,整体性强,通用装备种类缺少或性能不匹配,都会影响战斗力的形成及整体作战效能发挥,这就要求通用装备供应保障必须注重系统配套,规范适用。因此,各级通用装备供应保障机构必须准确掌握部队通用装备的需求信息,以部队能够有效使用为前提,按照各类通用装备的系列配套要求和标准,科学计划和组织供应保障,做到各类装备及其相应的物资器材齐全配套,品种、规格、性能等方面供需对路,规范适用。供不合需,在数量和时间上与部队需求不相符,不仅会影响保障效率,而且会影响部队的按时使用和任务的完成,战时还直接关系到作战的进程和结局。因此,必须针对各部队的实际需求,周密计划、严密组织、灵活实施,尽可能缩小保障与需求的种类差、时间差、数量差,实施适时适量的保障,以提高保障品种、时间、数量的准确性,满足部队的需要。

二、通用装备调配保障

(一)通用装备调配保障的内容

通用装备的申请、储备、换装、调整、退役和报废等工作的统称是通用装备调配保障。主要内容包括:

(1)通用装备申请。即为保障部队遂行作战、训练任务,向上级机关要求配备、补充和调整通用装备的工作。

(2)通用装备储备。即为了保证部队战时有一定的通过装备后续补充而预先储备一定的通用装备。

(3)通用装备调整。即为了适应部队编制调整和完成作战、训练及其他执勤任务的需要,改变通用装备隶属关系并对装备实体进行调动。

(4)通用装备换装。即为了增强部队的战斗力,用新型通用装备替换旧型号通用装备的行动,从而更新或改变部队的装备。

(5)通用装备退役。即为使用寿命到期、服役时间长、储存年久、性能下降到不足以满足使用需要、型号技术落后,或有其他原因而不宜继续使用的通用装备退出现役而进行的活动。

（6）通用装备报废。即为使不能安全使用的通用装备，或损坏严重且不能修复或者无修复建制的通用装备而采取一系列处理措施的行动。

（二）通用装备调配保障的方法

我军通用装备调配，实行总部、战区、集团军以下部队三级调配保障体制，不同层次采用不同的方法。

1. 总部级

根据统分结合的调配保障体制，在战略范围内，通用装备调配由总装备部统一筹划，并根据战争需要向国家有关部门提出计划，然后组织调配。在具体组织实施方法上，按照总装备部与各军兵种的分工，全军通用装备在统一的计划和指导下，由总装备部有关部门统一计划、订购和储存，并通过各军兵种和各战区组织调配各自的部队。

2. 战区级

战区通用装备调配采取划区调配的方法，每个保障区设置相应的保障机构，各军兵种所需的通用装备，按照战区装备部的指示、计划、规定及集团军装备部和海、空军装备部门的分配计划，调配到陆军师或相当于师的装备部门，海军、空军调配到其基地，第二炮兵调配到第二炮兵基地，然后由各军兵种部队按建制系统组织调配。

3. 部队级

集团军装备部平时是一级装备领导机关和组织计划环节，负责通用装备的组织计划、申请、分配、结算和业务管理等，并储备和掌握部分应急物资，不负责所属部队的调配。战时，根据需要，如果需对所属部队提供保障，则必须得到战区保障力量的加强。

战术范围内的通用装备调配，采用按指挥系统和建制系统相结合的方法组织实施。通常，建制部（分）队按建制程序实施调配，对加强的炮兵、装甲兵部（分）队的通用装备调配，参照以往的作战经验，大体上有以下几种方法：

（1）按指挥系统调配。即由被加强部队装备部门统一组织和实施调配。此种方法的最大优点是：使作战指挥环节与通用装备保障环节相一致，利于保障与作战相适应，充分体现出合成保障，便于保障指挥和组织实施，这是发展的方向。其缺点是：被加强部队保障负担太重，因为战时上级向下加强的炮兵、装甲兵部（分）队一般都比较多，而炮兵和装甲兵都是保障的重点，其装备大都是重装备。因此，被加强部队必须得到上级保障力量的较大加强，才能完成保障任务。

（2）按建制系统调配。即由加强的炮兵、装甲兵部（分）队的原部队（或上级）装备部门自行组织调配。此种方法的优点是：能充分发挥原部队（或上级）的通用装备保障能力和作用，减轻被加强部队的保障负担。其最大缺点是：使作战指挥环节与保障环节相分离,不利于保障与作战相适应,也不便于保障指挥和管理。

三、弹药供应

弹药供应,是通用装备供应保障的重要组成部分,是装备部最主要的保障任务。及时、准确、适量地供应部队弹药,对保障战役、战斗的胜利,具有十分重要的意义和作用。

(一) 弹药储备的组成

弹药储备,是指为保障作战需要预先进行的一定数量的弹药储存。它是弹药供应的重要环节,也是保持供应的及时性和连续性的物质基础。有无充分的储备,关系着战争的胜负。各级建立适量储备,就能保障一定时间内的作战需要,缩短补给距离,节省补给所需的时间,减轻弹药前送的任务,争取供应工作的主动。

1. 战略储备

弹药战略储备是指为保障战略需要而预先进行的弹药储存。由总部负责储备与掌握。用于保障战略性动员、组建新的部队、扩编和战略预备队的需要及总部对主要战役方向的重点支援等。其品种、数量和布局,由总部根据未来战争可能的作战方向、参战兵力、作战规模、持续时间、平转战时间、弹药生产能力等条件来确定。

2. 战役储备

弹药战役储备是指为保障战役需要而预先进行的弹药储存。由军区(方面军)负责储备和掌握。用于本战区独立作战的需要及对其他战区的支援,其品种、数量与布局,由总部确定或由军区(方面军)向总部申请,经批准后建立。

3. 战术储备

弹药战术储备,亦称部队储备,它是战役储备的组成部分,是师以下部队为经常保持战斗准备和一定时间内作战的需要,按规定标准进行的弹药储备。战术储备包括携运行储备和加大储备。

(二) 弹药储供的要求

1. 弹药储备的要求

1) 数量要适当

数量适当就是储备数量不宜过多或过少。储备不足,容易出现供应中断,贻误战机,甚至严重影响战斗的进程和结局。过多储备,势必影响部队的机动作战能力,加重装备部门战前和战后的工作量,还会造成不必要的损失和浪费。因此,必须通过对作战需要量的科学预计,有计划地建立适当数量的储备,克服宁多勿少的盲目性。通常,一次战斗的弹药储备数量是由预计消耗量和机动量构成的。预计消耗量由消耗标准或消耗限额确定。一般情况下,只需储备其中的一部分,剩余部分战中组织补充。机动量取决于作战的类型、样式,作战规模的大小,供应环节的多少,弹药供应的可能性和储存、运输条件等。总之,确定储备数量,应以既能充分保证作战需要,又不影响部队机动和造成积压浪费为原则。

2)品种要突出重点

由于各种弹药的生产和消耗不平衡,国家的财力和各级仓库的容量有限,因此,各个供应环节,必须在全面储备的基础上,强调突出重点。全面储备,就是保持各种弹药品种齐全,并按弹种配备比例和元件配套标准落实储备。突出重点,就是通过分析各种弹药筹措的难易和可能消耗的情况,确定突出重点储备的弹药品种。做到主要弹药多储,一般弹药少储;难筹措的弹药多储,易筹措的弹药少储;消耗量大的弹药多储,消耗量小的弹药少储。

3)布局上要适应作战部署的需要

为了方便供应,利于机动,便于管理,保证安全,应将弹药作纵深梯次、有重点、能机动、分散隐蔽的合理储备。战术储备应根据部队作战任务,合理区分储备数量,搞好各级储备的衔接,使各个供应环节都具有与供应任务相适应的弹药储备,具有独立保障和快速保障的能力。

2. 弹药供应的要求

弹药供应的基本要求是及时、准确、适量。

(1)及时。就是强调弹药供应时机的高效性。应当把握供应的时机,按规定的时间将弹药送达受供应的部队,尽可能缩小保障和需求的时间差和地点差。过早,易暴露作战企图;过迟,将贻误战机,影响作战进程甚至结局。

(2)准确。就是强调弹药供应质量的可靠性。应当确保供应单位、地点准确,确保品种、规格、型号准确,确保数量、配套准确。

(3)适量。就是强调弹药供应数量要适度。应当准确把握各部队的需求,尽可能缩小保障与需求的数量差。补少了供不应求,影响保障行动;补多了供大于求,影响部队机动且造成浪费。

(三)弹药供应的方法

灵活采用多种供应方式和方法,是提高弹药供应速度的重要因素。未来战役中,各部队担负的作战任务、战场环境、供应手段各有不同,因而应灵活、综合运用多种供应方式和方法。

按供应环节、层次,可分为逐级供应、越级供应和调剂供应。逐级供应是弹药供应的基本方式;条件许可时,应尽可能超越中间层次,进行越级供应;当作战急需时,可组织各战役军团之间、各部队之间的互相调剂。

按供应程序,可分为计划供应和下级申请供应。通常应以计划供应为主;当计划外紧急需求时,应随时向上级申请供应。

按供应分工,可分为上级前送和下级领取。通常应以上级前送为主,下级领取为辅;情况紧急或上级运力困难时,下级应主动领取。

按供应环境,可分为无敌情供应和火力、兵力掩护供应及组织作战强行供应。当供应路线被敌切断时,应当向指挥员申请火力或兵力掩护,实施强行供应。

按供应空间,可分为地面、海上和空中供应。弹药供应应充分利用陆、海、空保障空间,综合运用各种供应手段,实施综合供应。

四、器材供应

通用装备维修器材供应,主要是指通用装备维修器材的筹措、储备、补给和管理等活动。它是保持和恢复通用装备战术技术性能、提高部队战斗力的基础性工作,是通用装备保障的重要内容之一。随着战争破坏力的增大、通用装备损坏率的提高、修理任务的加重和换件修理方法的广泛运用,器材供应在未来信息化战争中占有越来越重要的地位。做好维修器材供应工作,对提高通用装备在战场上的再生能力,及时恢复部队的战斗力,具有重要的意义。

(一) 维修器材的筹措与储备

维修器材的筹措与储备是组织实施维修器材供应的前提。维修器材的筹措渠道主要包括向生产厂家订购、国外进口、自制加工和市场采购等。筹措的依据是筹措计划,而筹措计划的制定则主要是根据器材储备标准和器材消耗规律,因此,探索器材消耗规律、制定器材储备标准是系统解决器材供应问题的关键所在。

围绕解决新装备维修器材消耗规律不明确、筹措和储备针对性不强等问题,应积极探索和建立维修器材"军地联储、以厂代储、回收修复"的储备模式,以及"成套供应为主、零星补充为辅、厂家直供支撑、保障渠道多元"的维修器材供应模式。装备常耗件、易损件由军方储备,贵重件、关重件、寿命件主要由承研承制单位储备,可修复贵重器材主要由生产厂家回收修复。

(二) 维修器材供应的要求

器材供应的基本要求是及时、准确、适量、有重点。

(1) 及时。供应时间不能过早也不能过晚。过早可能暴露作战企图,还容易给部队造成累赘;过晚可能造成供应间断,影响部队修复通用装备,贻误战机。现代作战战场情况复杂,对器材供应的时效性要求较高。

(2) 准确。一是要求供应的器材品种、规格、质量、数量与需求一致;二是应准确无误地向被供应的部队和地点实施供应。

(3) 适量。供应的器材数量,既要保障一定时间的需要,又不能积压造成浪费和影响部队机动,避免供不应求和供大于求。同时,能在战后供应的器材,就不要在战中供应。例如,自然磨损产生的中、小修装备的恢复,通常在战后进行,因此所需维修器材可在战后供应,以减少战中器材供应量。

(4) 有重点。器材供应要根据部队作战任务、主次方向、通用装备损坏和器材消耗情况,分清主次缓急,优先保障重点。通常是先主要方向、后次要方向,先一线部队、后二线部队。

(三)器材供应的方法

器材供应时机应根据作战的发展和敌人威胁情况而定。通常利用部队集结和待机之时,作战阶段和间隙,我掌握局部制空权等有利时机,以及利用夜暗、雾天等不良天候。

器材供应的一般方法,通常采用上级计划供应与下级申请相结合,以上级计划供应为主;上级前送与下级领取相结合,以上级前送为主;逐级供应与越级供应相结合,以逐级供应为主。必要时,可组织部队之间调剂供应。

在具体供应形式上可采取定点、伴随、跟进、拦路等。定点供应是通过维修器材仓库、野战维修器材分库、维修器材供应站以及利用存有维修器材的后方基地、综合物资仓库、兵站等,对部队进行供应。这是常用的供应形式,适用于作战任务变化不大、作战地区比较固定、时间又比较充裕时的大量器材供应。伴随、跟进、拦路供应,是对机动部队的供应形式。伴随供应,多用于对穿插部队的供应;跟进供应,多用于对机动速度比较快、距离比较远的部队供应;拦路供应,多用于对紧急机动部队的少量供应,以不至于影响部队机动。

第四节　通用装备保障训练

通用装备保障训练,是指装备保障机关和装备保障部(分)队,为满足作战及其他军事行动对通用装备保障的需要,有计划、有目的、有组织地学习通用装备保障知识、演练通用装备保障技能的活动,是军事训练系统的子系统,是装备保障训练的重要组成部分。

一、通用装备保障训练的任务与原则

做好通用装备保障训练工作,必须首先明确通用装备保障训练的基本任务,遵循通用装备保障训练应遵循的基本原则。

（一）基本任务

通用装备保障训练,要坚持按照装备保障岗位标准,持续开展新装备保障"专家型"技术军官、"技能型"技术士官培训,加强装备保障人员"一专多能"培训,打牢装备保障人才素质基础。要依据训练大纲和保障法,开展装备保障专业基础训练、要素集成训练、单元合成训练、体系融合训练,提高部队实战装备保障能力。通用装备保障训练的基本任务主要有以下几点。

1. 学习通用装备保障理论

学习通用装备保障理论,是通用装备保障训练的首要任务。理论来源于实践,又指导实践。通用装备保障理论是通用装备保障实践的科学总结,也是通用装备保障建设活动的理论指南。

学习通用装备保障理论,要大力开展通用装备保障学术研究,组织丰富多彩的通用装备保障学术交流活动。应针对不同的训练对象选择相应的内容和采取不同的方法。通用装备保障军官的理论学习,应当围绕战役战术课题,结合战例研究和学术研究进行;通用装备保障士兵的理论学习,应该按照训练大纲规定的课题实施,讲授要深入浅出、启发诱导、形象直观。

2. 掌握通用装备保障技能

通用装备保障工作业务种类庞杂,分工越来越细。各级各类通用装备保障人员应根据担负的工作性质和职责要求,进行相应的技能训练。装备首长主要应提高保障指挥、组织训练和管理部队的能力;装备参谋主要应具备运筹谋划、组织协调、文图表达和应用自动化指挥工具的能力;装备各业务部门军官应主要提高组织实施本专业装备保障和专业管理能力;装备专业技术军官主要应具备与本职业务相应的技能;装备分队军官除应具备相应的组织指挥与管理能力外,还应提高组织分队训练的能力。通用装备保障士兵除掌握军事基本技能和本专业必备的技能外,还应向多能化发展。

3. 演练通用装备保障行动

演练装备保障行动,是指为提高装备机关战时装备保障指挥能力和装备保障部(分)队战时装备保障能力而开展的各种实战演练活动,也是装备保障训练中最贴近实战要求、针对性最强的训练形式,是战役、战术装备保障训练的最高形式。

通常应当按照军事斗争准备需求,以作战任务和保障需要为牵引,以信息化战争和复杂电磁环境为背景组织演练。演练中既要演练专业勤务保障行动,又要演练战术行动,全方位提高部队在信息化和野战条件下遂行通用装备保障任务的能力。

(二) 基本原则

通用装备保障训练原则,是反映通用装备保障训练活动规律,用于指导和规范通用装备保障训练实践的基本法则,是组织实施通用装备保障训练的主要依据。它是通用装备保障训练指导思想的具体化,规定着通用装备保障训练的基本方式、方法和要求。通用装备保障训练的基本原则可以概括为以下五条。

1. 按纲施训、依法治训

按纲施训、依法治训,是指以军事训练法规为准绳,严格按条令条例和训练大纲要求进行管理,建立严格、统一、正规的装备训练秩序。为此,必须强化法规意识,严格按照条令条例和训练大纲规定的内容、时间、要求和考核标准组织实施训练;必须善于运用法规调整装备训练的内部和外部关系,使训练正常、顺利地进行;必须从实战出发,从难、从严组织装备训练,并合理把握严格的尺度,不另立标准,不搞土政策。

2. 分级管理、分类指导

就是以训练目标为依据,按行政隶属关系实施分级管理,按装备业务系统实施分类指导,各司其职,各负其责,提高通用装备保障训练效果。①要加强装备训练的宏观总体设计,确立总体的和各级、各专业的训练目标,并据此制定具体的实施计划;②要建立按级抓训练的机制,纵向上逐级负责,横向上协调配合;③要处理好统与分的关系,针对各专业的特点,采取统分结合、分层次、分类别的指导,增强指导的针对性。

3. 全程控制,确保质量

就是围绕提高通用装备保障训练质量,对训练实施全过程的协调与控制,以期获得最佳训练效果。通用装备保障训练的根本目的是提高通用装备保障能力,确保部队战斗力。为达此目的,必须在提高训练质量上下功夫。一方面要把握好训练过程的各个环节和各个阶段,在统筹全局的前提下,分清轻重缓急,突出重点,协调发展,整体推进;另一方面,要充分运用计划、职责、程序标准和奖惩等管理控制手段,实施全程控制,并建立健全相应的岗位责任制和规章制度,形成一个全程封闭的协调与控制体系,及时解决训练中出现的各种矛盾,纠正偏差。

4. 讲究效益,提高层次

讲究效益,提高层次,就是要求通用装备保障训练不但要减少消耗,最大限度地发挥有限资源的作用,而且要着眼于我军装备未来可能的发展和高科技战争的要求,提高训练层次。为此,①要按照通用装备保障训练的客观规律,科学计划,精打细算,使人尽其能、物尽其用、财尽其力、地尽其利,充分发挥现有人力、财力、物力和时间的效益。②要在训练内容上增加科技含量,着眼于提高信息化条件下作战通用装备整体保障能力,围绕新时期军事斗争准备需要,提高通用装备保障训练的针对性。③要改革训练方法和训练器材,加强模拟对抗训练,提高装备训练的合成性、针对性和实战性,努力缩短训练与未来一体化联合作战需求之间的距离。

二、通用装备保障训练组织体系

通用装备保障训练组织体系,是开展通用装备保障训练活动的组织基础。通常包括通用装备保障训练组织领导体系、通用装备保障部(分)队训练组织体系和军队院校通用装备保障训练组织体系。

(一)通用装备保障训练组织领导体系

通用装备保障训练组织领导体系,是领导管理通用装备保障训练活动的组织系统。其职能包括通用装备保障训练决策、计划、组织、协调、控制和考核等。不同层次的通用装备保障训练组织领导机构担负不同的职能。通用装备保障训练组织领导体系的层次性主要体现是"分级管理、按级负责",即各级通用装备保障训练组织领导机构均有相应的责任和权力,分别负责本级通用装备保障训练的组织实施,并对下级通用装备保障训练实施指导。目前,通用装备保障训练组织领导体系的层次:总部装备机关(部门)——军区(军兵种)装备部——部队装备(保障)部(处、部门)。总装备部通用装备保障部是全军通用装备保障训练的最高领率机关,主管全军通用装备保障训练工作。

1. 总部装备机关(部门)

总部装备机关(部门),是指总装备部通用装备保障部、总参谋部分管通用装备部门和总后勤部分管通用装备的有关工作部门。它们是全军通用装备保障训练工作的领率机构,具有不同的通用装备保障训练领导管理职能。

总装备部通用装备保障部作为全军通用装备保障训练的最高领导机关,统一负责全军的通用装备保障训练工作。其职责主要包括:组织领导全军通用装备保障训练工作;制定全军通用装备保障训练的规划计划、法规制度和标准规定;颁发全军通用装备保障训练大纲、教材;部署全军通用装备保障训练任务,指导、监督、检查全军通用装备保障训练工作;组织全军通用装备保障训练的考核、演习及其他有关通用装备保障训练的活动;考核评定全军通用装备保障训练质量,统计、总结通用装备保障训练情况,总结推广通用装备保障训练经验;组织协调全军性通用装备保障训练活动;组织总装备部机关和直属单位的通用装备保障训练;制定全军通用装备保障训练保障标准,计划、调配通用装备保障训练的保障;领导、部署全军通用装备保障训练改革工作,组织试验、论证、推广改革成果等。

总参谋部分管情报、技术侦察、通信、电子对杭、陆军航空、机要、测绘、气象和指挥自动化等装备工作的部门,以及总后勤部分管通用车辆、陆空军船艇等有关装备工作的部门,在总装备部通用装备保障训练计划的指导下,分别负责组织、指导和协调本系统通用装备保障训练工作。

2. 军区(军兵种)装备部

各军区装备部和海军、空军、第二炮兵装备部,是本军区、军兵种通用装备保障训练的领导机构。通常由综合计划(司令、外场)部门统一组织计划,业务部门分别组织实施。军区(军兵种)装备部领导通用装备保障训练主要职责包括:拟制本军区(军兵种)通用装备保障训练规章;部署本军区(军兵种)通用装备保障训练任务,指导、协调、监督通用装备保障训练工作,考核、评定通用装备保障训练质量,登记、统计、总结、报告通用装备保障训练情况,推广通用装备保障训练经验;指导所属单位的装备综合训练,组织本级机关和直属单位的通用装备保障训练;参加总部组织的战略通用装备保障训练活动;参加本级综合军事训练活动;组织指导本军区(军兵种)通用装备保障训练改革和学术研究;组织指导所属通用装备保障训练机构的建设和管理;组织指导通用装备保障训练保障和教育技术工作。海军、空军、第二炮兵还要负责编审本军兵种通用装备保障训练教材。

3. 部队装备(保障)部(处、部门)

部队装备(保障)部(处、部门),是各类部队通用装备保障训练的具体领导机构。主要包括各军区(军兵种)作战部队、装备保障部队、装备试验(训练)部队、装备科研和军代表机构的装备(保障)部(处、部门)。由于隶属关系不同,它们分别构成相对独立的通用装备保障训练领导系统。其中,军、师、旅、团级部队装备(保障)部(处、部门)主要负责部署机关和部队通用装备保障训练年度任务,组织、指导、监督、检查和考核各级机关和部队的通用装备保障训练活动。

各级司令部的军训(作训)部门负有指导本级通用装备保障训练的职能。因此,各级部队装备(保障)部(处、部门)在组织通用装备保障训练过程中,既要受上级装备机关的业务指导,又要受本级司令机关的军事训练指导,并要协助司令机关负责军事训练中的装备保障工作。

(二)装备保障部(分)队训练组织体系

装备保障部(分)队训练组织体系,主要包括装备修理机构、装备(器材)仓库和特运办事处等保障单位。

1. 装备修理机构

装备修理机构,主要包括总部、军区、各军兵种及团(或相当于团)以上部队所属的装备修理厂(大队、营、连、所)。其通用装备保障训练的特点是装备种类多、专业多、技术要求高,对通用装备保障训练的要求差异较大,训练组织结构较为复杂。各级各类装备修理机构的训练工作,通常按照《军事训练与考核大纲》要求及隶属上级机关的通用装备保障训练计划,由各装备维修机构首长统一负责并组织实施。各装备维修机构必须以加强专业技能、提高修理能力和野战抢修能力为基本训练目标,明确本机构所承担的装备修理任务与训练要求,增强全体维修人员的技术和战术水平,提高本机构的综合修理能力和野战抢修能力。

2. 装备(器材)仓库

通用装备(器材)仓库的训练,一般按照隶属上级机关的通用装备保障训练计划,由装备(器材)仓库首长统一领导并组织实施,通常分工专人负责训练工作。各仓库根据《军事训练与考核大纲》要求及所储存装备(器材)的不同,结合日常担负的储存装备(器材)的任务,进行相应的训练。例如,弹药仓库,主要进行仓库的温湿度控制、收发作业、堆码垛、倒库等业务训练。

3. 特运办事处

特运办事处通用装备保障训练,通常按照隶属上级机关的通用装备保障训练计划,由特运办事处首长统一领导并组织实施,一般分工专人负责训练工作。特运办事处通用装备保障训练的重点是熟悉储存、运输要求和业务流程等。

4. 装备训练机构

装备训练机构,是指总部、军区(军兵种)所属技术兵训练基地(大队)、兵种训练基地(大队)等。主要担负从事技术专业工作的新兵培训、技术兵(士官)培训等任务。其通用装备保障训练工作通常由总部、军区(军兵种)装备部负责制定培训计划,在各级军事训练机构首长的统一领导下,由装备部(处、部门)统一计划和协调,各机关部门和各训练大队(中队)分别组织实施。

(三)军队院校通用装备保障训练组织体系

军队院校通用装备保障训练组织体系,是指军队为培养各类装备人才而建立的军队院校组织系统。它是通用装备保障训练体制的重要组成部分。军队院校按培养目标不同,通常区分为学历教育院校、任职教育院校(初级、中级、高级)和士官教育院校。与此相适应,军队院校通用装备保障训练主要包括两大部分:①相对独立的装备学历教育院校、任职教育院校(初级、中级、高级)和士官教育院校;

②军队其他学历教育院校、任职教育院校(初级、中级、高级)和士官教育院校中的装备教育。因此,院校通用装备保障训练在组织生长干部培养、现职干部培训、研究生教育以及士官培训的过程中,主要担负双重任务:①培训各级各类装备保障指挥军官、专业技术军官(文职干部)、技术士官;②提高军队其他军官(文职干部)、士官的装备理论知识和工作技能。

1. 学历教育院校通用装备保障训练

军队学历教育院校通用装备保障训练,按照院校类别和培养对象,可分为专业学历教育院校通用装备保障训练和非专业学历教育院校通用装备保障训练。

专业学历教育院校通用装备保障训练,主要是指以培养专业技术生长军官(文职干部)为目标的院校所进行的装备教学活动。专业学历教育院校教育,具有明显的继续教育和军事应用性质,通常按照中专、大专、大学本科、硕士和博士研究生教育等五个层次,培养专业技术军官和文职干部。根据军队专业的不同,专业学历教育院校可区分为军兵种专业院校,后勤、装备工程技术院校等。其中,装备工程技术院校是我军学历教育院校的重要组成部分,通常按照装备体制和装备技术种类的区分,编设多个不同门类或专业的装备教研单位(院、系、室、所),主要承担装备生长军官的学历教育。

非专业学历教育院校通用装备保障训练,是指以培养指挥或复合型生长干部为目标的各级指挥和综合性院校,在学历教育中所进行的装备教学活动。这些院校通常编设装备教学和科研机构(室、所),根据各自院校的培养任务和目标,分别担负相应的装备教学和科研工作。

2. 任职教育院校通用装备保障训练

任职教育院校通用装备保障训练,主要是指以提高任职能力为培养目的的院校所进行的装备教学活动。任职教育院校主要包括以培训、进修和继续教育为主的各级指挥院校,同时一些以学历教育为主的专业、综合性院校也担负部分任职教育的任务。目前,我军任职教育院校主要以指挥院校为主,并可分为初、中、高三级。

初级指挥院校通用装备保障训练,主要指以培养战术指挥人才为目标的指挥院校,所进行的装备教学活动。此类院校由编设的装备指挥教研室和装备处(科),担负装备教学和培训任务。

中级指挥院校通用装备保障训练,主要指以培养战役指挥人才为目标的指挥院校,所进行的装备教学活动。此类院校由编设的装备指挥系(教研室)及装备科研机构,担负中、初级指挥军官的装备教学和培训任务。

高级指挥院校通用装备保障训练,主要指以培养高级指挥人才为目标的装备教学活动。高级指挥院校由编设的装备教学科研机构(部、室、所),结合培养对象的高层次进行相应的装备教学与研究,并担负战略、联合战役指挥军官的装备教育,组织高中级装备干部的培训和进修等。

3. 士官教育院校通用装备保障训练

士官教育院校通用装备保障训练,是指由专门的士官学校和少量军官院校培养士官的装备教学活动。此类院校主要承担装备士官和技术兵的培训,以及其他士官的装备教学任务。随着我军武器装备现代化和军人职业化的发展,装备士官教育院校成为军队士官教育院校的主要组成部分。

在装备士官教育院校中,通常根据各类装备的体制区分,编设不同专业的教学和科研机构(系、室、队、所),实施系统的技术岗位职业培训,分别完成相应专业技术理论学习和技能训练,以确保毕业后从事各种保障装备操作使用和维修保养工作的需要。

三、通用装备保障训练内容

通用装备保障训练内容反映通用装备保障训练的范围、重点与难度,体现着训练的质量与水平。通用装备保障训练内容,必须适应战争形态的发展变化,适应军事斗争准备任务的要求,适应装备使用性能和不同编制体制的特点。

(一) 单兵专业训练

单兵专业训练,是指陆军军械、装甲、工程、防化、车辆、船艇等装备保障部(分)队的修理工、专工和装备仓库保管员的专业训练。不同类别、不同岗位职责的装备士兵有不同的训练内容与要求。装备保管员应当熟悉所保管的武器装备及器材的数量、质量、性能、规格、型号、分类规定、入库批次、存放位置、收发规定和保管、保养知识,做好会识别、会检查、会配套、会管理。具体内容包括保管员的任务与工作职责,库房工作制度及收发程序、收发方法,所管装备的名称、用途、种类、数量、配套和质量情况,各种凭证检验,账目、卡片和统计报表的记载和处理,保管知识、基数(份额)标准及换算方法,技术检验与保养,"三分"、"四定"及战备行动方案,废品的利用、管理和维修技术,仓库安全知识,库房消防器材及机械设备的使用方法,战时本专业装备的储备、运行规定,野战仓库的开设、转移、伪装与防护,战时装备的收发、管理、消除沾染及特殊条件下的保障作业等。军械员应当熟悉所掌管的武器装备的性能、主要机(部)件的名称和作用,熟悉保管要求和保养时机,能够熟练进行武器装备及器材的保养、轻武器的分解结合和使用附品工具。具体内容包括军械员的任务与工作职责,所掌管武器装备的用途、性能、主要诸元、操作规程和使用要求,构造、分解结合和主要机(部)件动作原理,配套标准、擦拭保养方法和保管要求,配备弹药的名称、分类、用途、识别、基本构造、配套和使用方法,弹药保管、基数标准与换算、常见故障的判断与排除,军械管理制度、标准、规定及统计报告、请领收发方法,战时各阶段主要工作内容、程序和保障方法等。修理工可区分为汽车修理和军械、火炮、光学仪器、指挥仪、雷达修理及车、焊、煅、电、漆等若干工种。具体内容包括机械制图知识、材料学知识、钳工常识等基础知识,按各自担负的维修任务所需本专业技术和相关知识。例如,机械与火炮修理工应掌握兵器构造、兵器勤务、兵器检查与修理技术等;光学仪器修理工应学习几何光学知识;雷达修理工应掌握电工和无线电知识等。装备专业长(技师)按陆军船艇、装甲、通信、航空、测绘、气象、防化、军械、机械、汽修等专业区分。具体内容包括装备技术等基础知识,本专业技术和相关知识,本专业装备维修、保养、保障等组织管理能力等。

单兵专业训练,结合专业共同训练、专业技术训练和技能应用训练等形式确定训练内容。

(二)装备保障部(分)队训练

装备保障部(分)队训练,类别层次多、条件严、难度大,融合练装备技术与练装备战术于一体,连贯性、综合性、针对性强。主要内容包括装备战术保障理论、装备战术保障指挥、战备工作与战时管理、装备专业战术训练等。装备保障部(分)队,根据装备保障部(分)队训练大纲与计划,按照所担负的装备保障任务,组织装备保障部(分)队军官训练、装备保障部(分)队综合训练,并重点强化装备战术训练,增强成系统成建制的装备保障能力。

装备保障部(分)队训练,主要包括装备保障部(分)队军官训练和装备保障部(分)队综合训练。

不同类别的装备保障部(分)队军官,其训练内容有所侧重。其中,装备保障指挥军官的训练内容,一般包括本职和机关各部门战时主要工作任务,战役战术理论和装备及装备保障理论,各种类型战役战斗装备保障指挥的原则、程序和方法,装备协同的组织与实施,装备防卫理论和防卫兵力、兵器的使用,装备各项保障的组织实施程序、手段与要求,战时各种复杂情况的处置等;装备专业勤务军官的训练内容,主要包括装备专业勤务的性质、任务、特点与要求,装备及器材和经费的筹措、储备、管理、供应的组织与实施,装备维修和管理方法,各专业勤务保障的组织实施及专业勤务保障力量的管理与使用,装备专业条令、条例、标准和规章制度,以及装备专业训练的管理等。

　　装备保障部(分)队综合训练,是分队训练的最高层次。在训练内容设置上应具有综合性,突出实战性,重点训练部(分)队指挥员的指挥控制能力,强化保障分队内部的协同能力。装备保障部(分)队综合训练重点内容是装备专业技术训练和装备专业战术训练。修理部(分)队训练,主要由修理部(分)队平转战时的工作,修理所(组)的展开、工作、撤收与转移、修理分队的夜间行动等课题组成。训练内容包括平转战时的工作程序与内容,车辆紧急启封与出动,物资装备(机具设备等)的装载及人员的编组分工,疏散隐蔽,修理力量的编组、展开与防卫,损坏武器、装备、车辆的前接与后送,保障组织与实施,保障部(分)队的撤收与转移,部队行军和输送时的技术勤务保障,机动修理的组织与实施,夜间及特殊条件下保障行动等。仓储部(分)队训练,由平转战时的工作,野战仓库的机动、开设与撤收,物资的收发与管理,仓库的夜间工作等课题构成。训练内容包括仓库平转战时的工作程序与内容,运行物资装车,疏散隐蔽,野战仓库的机动、开设与撤收,伪装与防护,物资的收发、管理、押运及情况处置,战利品的接收与后送,仓库夜间工作的特点、要求及组织实施等。

(三)装备机关训练

　　装备机关训练,是指各级装备机关进行的本职业务和组织指挥的训练。装备机关训练内容,通常由各级装备机关,依据训练大纲明确的课目,按照年度训练课题和军官训练要求,结合专业基础学习、室内作业、装备机关带保障分队演习、参加部队演习等形式确定训练内容。

　　总部(军区)装备机关主要进行装备基础训练、装备发展训练、装备保障训练、装备管理训练。重点是突出联合战役装备保障的组织指挥训练及相关的装备业务训练,把握主要作战方向(本战区)作战任务和装备保障的指导原则与要求,战役装备力量的编成和运用,装备战备动员和后备力量的补充,平时转入战时体制的装备保障指挥程序与保障方法,以及熟悉相关国家(地区)的政治、经济、军事、地理情况及敌战役军团的主要编制装备及作战特点等。加强对相关战役装备保障战例和战场环境(自然、社会、经济、交通运输和通信等)的分析与研究。

　　部队装备机关应按照部队作战性能及不同装备保障任务要求,组织装备基础训练,战役、战术装备保障训练和装备管理训练。部队类型、级别不同,训练内容亦不同。陆军集团军、海军基地、空军军(师)、第二炮兵基地和省军区装备机关在训练内容构成上差别较大,各专业部门间专业勤务保障内容、特点不同,因而也会以本专业勤务保障作为重点训练内容,将其他专业勤务保障辅助训练内容。一般说来,部队装备保障指挥与勤务保障训练、装备管理训练是部队装备机关训练的重点内容。

四、通用装备保障训练方法

训练方法是教练员和训练对象在训练过程中,为了实现训练目的,完成训练任务,在共同活动中采取的训练方式与办法。训练方法按照不同的标准可分为不同的类型,每一类型的训练方法又自成体系。根据训练对象在训练过程中认识活动的不同形态为标准,可将通用装备保障常用的训练方法归纳为以语言传递为主的训练方法、以直接感知为主的训练方法和以实际训练为主的训练方法。

(一)以语言传递为主的训练方法

以语言传递为主的训练方法是指通过教练员和训练对象的言语活动和训练对象独立阅读书面语言为主的训练方法。

在训练过程中,讲授、问答、讨论等属于以语言为主要传递形式的训练方法,它的训练效果主要取决于教练员是否具有正确的表达能力和训练对象是否具有较强的领悟能力、阅读能力。

讲授法是指教练员运用口头语言,系统而有重点地向训练对象传授军事知识和技能的训练方法。

问答法是指教练员根据训练的目的要求,把训练内容概括成为一系列问题,有计划、有步骤地通过提问、答问、反问、修正、补充、讨论和总结等形式,在教练员的启发引导下,依靠训练对象的独立思考而达到训练目的的训练方法。

讨论法是指在教练员的指导下,由训练对象围绕某一训练中心问题发表个人的看法、见解从而进行相互学习的训练方法。

(二)以直接感知为主的训练方法

以直接感知为主的训练方法是指教练员通过对实物或直观教具的演示,使训练对象形成正确认识的训练方法。

分队采用以直接感知为主的训练方法主要是演示法。演示法是指教练员配合讲授和问答,把实物、教具展示给训练对象或向训练对象作示范性的操作,来证明或印证所传授的训练内容的方法。从被演示物体的性质来区分,演示法可分为实物和模型演示;图表、照片的演示;示范性的操作和实验的演示;幻灯、录像、电影的演示。从训练的要求来区分,演示法可分为单个物体和现象的演示及事物发展变化过程的演示。

(三)以实际训练为主的训练方法

以实际训练为主的训练方法是以形成技能和发展训练对象能力(尤其是实际

运用专业知识的能力）为主的训练方法。通用装备保障训练过程中常用的实际训练的方法主要有练习法、作业法和演练法。

练习法是指训练对象在教练员的指导下,经过反复练习熟练掌握通用装备保障方法要领的一种训练方法。

想定作业法是以对敌我双方态势、作战企图和作战发展情况的设想为依据,组织和诱导训练的方法。

演练法,是训练对象在完成理论学习和基础训练之后,在想定情况诱导下进行的近似实战的组织指挥与行动的综合性训练方法。

五、通用装备保障训练保障

通用装备保障训练保障,是指为完成通用装备保障训练任务而采取的各项保证性措施及进行的相应活动的统称。

（一）训练保障的任务

制定训练保障方案,为实现有效保障提供依据;组织训练过程保障,最大限度地满足训练需求;实施科学训练保障,不断提高训练保障效益;运用现代管理手段,确保训练保障全面落实。

（二）训练保障的内容

通用装备保障训练保障的内容,通常分为训练经费保障、训练器材保障、训练教材(图书资料)保障、训练物资保障、训练场地保障、训练勤务保障等。

训练经费保障,是为部队和院校教育训练筹措、分配、使用和管理所需经费的保障。

训练器材保障,是为通用装备保障训练提供所需的各种武器、装备、技术器材、设备、器具、器械的保障,以保障训练的正常进行。

训练教材、图书资料保障,是为部队和院校教学提供训练专用教材、图书资料等的保障,是组织实施通用装备保障训练必不可少的客观条件之一。

训练物资保障,是对训练中需要消耗的各种物质的筹措、补给和管理活动。训练物资保障,通常按油料、统配物资和其他物资等分类实施。

训练场地保障,是为部队、院校教育训练提供场地、教室、实验(习)室等空间条件的保障。

训练勤务保障,是指配合通用装备保障训练活动而进行的各项服务性工作。

（三）训练保障的方法

通用装备保障训练保障的基本方法，主要有计划保障和随机保障两种。

（1）计划保障。是指通过严格的计划来规范、控制各项训练保障活动，它是训练保障的主要方式。

（2）随机保障。是针对训练中出现的偶发因素所实施的计划外保障，它是计划保障方式的必要补充。

第八章　通用装备战备动员与战时保障

通用装备战备是指为了应对可能发生的战争或军事突发事件,而在平时进行的通用装备保障准备和戒备。通用装备动员是指为了满足战时或应对突发事件需要,对通用装备科研生产、军民通用装备(含通用装备保障设施、通用装备物资器材等),以及地方上具有通用装备保障技能的人员等进行的动员、征调、征用或征集等活动。战时通用装备保障是在通用装备战备动员的基础上,在战时组织实施的保障活动。通用装备战备动员是战时通用装备保障顺利实施的基础和前提。

第一节　通用装备战备

通用装备战备是一项系统、复杂的综合性工作,涉及人员、通用装备、物资器材、战备设施以及训练、保障等诸方面,其目的就是在平时状态下,通过组织、计划、控制、协调等手段,科学地编制战备方案,合理地配置保障力量,科学地储备与管理战备物资器材,加强战备教育、训练和战备设施建设,保证通用装备始终处于良好的技术状态,保证一声令下,通用装备能够拉得出、联得上、打得响,圆满完成上级赋予的各项作战任务。

一、通用装备战备的基本任务和职责分工

(一) 通用装备战备的基本任务

1. 通用装备战备是军队战备的重要组成部分

不管是早期的欧洲战争理论,还是现代战争理论,都把装备列为战争的三大要素之一。通用装备建设是军队建设的重点,因此通用装备战备也就自然成为军队战备工作的重点内容。

2. 通用装备战备是我军职能的要求

我军的职能是对外反侵略,对内反分裂,维护国家领域(领土、领海、领空)和主权的完整、统一。换言之,军队就是为可能发生的战争而设置的。因此,要认真地履行军队的职能,就必须认真做好装备战备工作,这是党和国家赋予我军职能的要求。

3. 通用装备战备工作是通用装备平时管理工作的落脚点

通用装备平时管理工作内容很多,各项管理工作有其各自的目的、任务和要求。但其共同的目标是为了战争做好准备,都以是否符合战时需要为标准。不管是物资的储备、人员的训练、装备的完好、战备基础建设等,都以战争的需要为牵引,都要落实到战备工作的标准上。

4. 通用装备战备是由平时转入战时的关键环节

通用装备战备工作的一个重要内容是等级战备时的转换工作。其中,平转战是一个关键环节。能不能将平时正常训练的部队迅速、顺利、有序地转入战时状态,在很大程度上取决于装备战备的程度。如果通用装备战备工作做得不好,在平转战这个环节上就可能出现忙乱无序、拖延时间的情况,严重时可能贻误战机。通用装备战备工作是通用装备保障由平时转入战时的一个"接口",是争取时间、获得战争主动的一个重要因素。

(二) 通用装备战备的职责分工

做好通用装备战备工作是各级首长、机关及全体官兵的共同职责和任务。通用装备战备工作应在本级军政首长领导下由装备指挥员(或保障指挥员)负责,受本级司令机关和上级机关指导。各专业通用装备战备工作,受本级战技(综合计划)部门或参谋(以下简称战技部门)和上级业务部门的指导。通用装备战备工作实行统一领导、按级负责、分工管理的制度。各级装备指挥员(或保障指挥员)、装备部门及其部(分)队应认真履行职责,抓好通用装备战备工作的落实,其具体职能为如下。

1. 装备指挥员(或保障指挥员)职责

组织贯彻上级有关战备工作的规定、指示,结合部队任务部署通用装备战备工作;协调与其他工作的关系,保证通用装备战备工作落实;领导部属完成上级赋予的各项战备任务。

2. 战技部门职责

负责搜集、管理通用装备战备资料;协助直政部门和装备指挥员(或保障指挥员)搞好通用装备战备教育;根据本部队战备建设规划和战备计划,负责组织拟制通用装备战备建设规划,组织有关业务部门拟制、修订、上报通用装备战备方案(计划);负责通用装备实力的统计、上报与管理;组织协调通用装备的申请、补充、动用、使用、转级、退役和报废;组织通用装备战备设施建设;了解和掌握通用装备的数量质量及通用装备战备物资储备情况,适时向指挥员提出报告和建议;组织装备部门和部(分)队战备训练;针对高技术战争通用装备保障的特点,组织有关通用装备保障方面的理论研究和技术革新,提高通用装备保障能力;根据首长指示,安排和组织装备战备值班;主管直属部(分)队的战备工作;负责组织通用装备战备工作检查考核,总结交流通用装备战备工作经验。

3. 直政部门职责

根据政治机关下达的战备教育计划和部队担负的战备任务,结合通用装备战备工作实际,制定战备教育实施计划,组织机关有针对性地搞好教育,督促、指导通用装备保障部(分)队按计划完成战备教育内容;适时向党委、首长提出调整、健全党团组织和调配补充通用装备干部的建议;部队执行作战或应急保障任务时,负责机关及其保障部(分)队的战备动员和思想政治工作。

4. 业务部门职责

负责拟制本专业装备保障战备计划;负责指导本专业装备保障部(分)队的战备建设与管理;负责本专业装备实力的统计和登记工作,掌握本专业装备的数量质量,适时向本部(处)首长提出报告和建议;负责本专业装备的请领、补充、封存、动用和转级,以及退役、报废的技术鉴定;组织本专业装备的修理、维护和保养,保持规定的完好率、配套率和技术储备;负责本专业装备器材和弹药的筹措、储备、管理和供应;针对高技术条件下局部战争装备保障的特点,加强本专业装备保障对策研究和技术革新;组织本专业装备保障部(分)队战备训练和演练,提高战时保障能力。

5. 通用装备保障部(分)队职责

负责本单位战备设施建设和管理;贯彻上级战备工作指示、规定,完成上级赋予的通用装备战备任务;依据上级战备计划和本单位战备任务,拟制通用装备战备方案;落实经常性战备教育,保持常备不懈;按照上级下达的战备训练任务,组织实施战备训练和考核;针对高技术条件下局部战争通用装备损伤特点,开展通用装备保障法演练,提高通用装备保障能力;确保人员在位率,保持通用装备、设备和机工具的完好率、配套率。

二、通用装备战备工作的主要内容

(一)拟制装备战备方案

战备方案也称战备计划,包括装备保障计划和各种行动方案。装备战备方案是在结合本级部队战时可能担负的任务、贯彻党委、首长决心的基础上拟制的组织装备行动的预案,是平时组织实施战备工作,战时组织实施各项保障工作的主要依据和重要措施。装备战备方案分为两类:①装备机关(或保障机关)、部(分)队战备方案,主要包括装备机关(或保障机关)的作战装备保障计划,机关、部(分)队编组方案、收拢方案、疏散方案、机动方案、动员扩编方案、留守方案等。②部队行动装备保障方案,主要包括部队疏散、收拢、机动、动员扩编、预定作战任务和其他军事行动的装备保障方案。

(二) 开展有关的地形勘察和社会情况调查

装备机关(或保障机关)、保障部(分)队应结合军事训练、装备保障和战备任务,积极开展有关的地形勘察和社会情况调查,主要是对预定作战地区的战场环境(地情、社情、民情、天文、水文、人文、气候等)进行充分的调查研究。

(三) 储备和管理装备、器材

通用装备物资战备储备是圆满完成战时通用装备保障任务的基础和前提。为了保持部队战备和战争开始后一段时间的需要,必须要有充足的通用装备物资储备,并按照通用装备物资储备管理的有关要求科学管理。组织通用装备物资储备应做到:储备规模要适当、储备结构要突出重点、储备布局要合理。

(四) 组织通用装备战备设施、设备和指挥自动化建设

通用装备战备设施是使通用装备处于良好的战备状态、提高部队快速反应能力的重要物质基础。在通用装备战备设施建设方面应当做到"三个配套":①战备库(室)建设配套;②通用装备指挥手段建设配套;③野战维修保障手段建设配套。

在组织通用装备战备设施建设及配备通用装备战备物资时,应符合由平时向战时快速转换的要求。装备机关(或保障机关)应按照集中领导与系统论证、平战结合与突出重点、解决急需与分步实施、健全制度与规范管理的原则,加速完善、配套硬件设施设备,积极研究、开发应用软件,建立并逐步完善通用装备保障指挥自动化系统。应建立平战结合的通用装备指挥局域网和通用装备野战指挥平台。通用装备指挥局域网平时应通过本级局域网加入装备保障指挥自动化网,实现装备数据资源共享。战时集成在装备指挥平台上,构成装备系统内部的指挥自动化网络,形成上下贯通、左右相连的指挥通信体系,并能方便地加入本级野战指挥自动化网络,实现装备指挥与控制、信息收集与处理、战术计算与辅助决策、文书生成与数据传输的自动化。

(五) 组织通用装备战备演练

通用装备战备演练是根据装备战备计划和战备方案,按战备规定的有关内容

及担负的通用装备保障任务而进行的战备训练。

演练的内容主要包括装备机关(或保障机关)、保障部(分)队的紧急收拢、疏散、扩编、机动、展开、撤收和战备等级转换,部队各级战备时的通用装备保障,部队遂行作战和其他紧急任务时的通用装备保障等。

通用装备战备演练通常应与部队战备演练同步进行,也可由装备机关(或保障机关)单独组织实施。通用装备保障部(分)队的战备演练,一般由装备机关(或保障机关)组织实施。其他战备演练可结合训练任务进行,由本级或上级组织。各级应有计划地组织机关、部(分)队从难、从严、从实战出发,加强通用装备战备演练。

(六)搜集、掌握通用装备战备的有关资料

通用装备战备资料是装备部门作好战时通用装备保障的依据,平时要搜集、整理好一些必备的通用装备战备资料。必备的通用装备战备资料通常包括以下内容。

1. 基础资料

基础资料包括《全军部队战备工作若干规定》,各等级战备对通用装备工作的要求,通用装备、器材编制、现有、余缺、完好、储备、待修情况分布表,维修器材储备、分布情况统计表,人员(管理干部、技术干部、士官、修理工)编制、现有情况统计表,主要作战样式下不同规模作战装备损坏率标准,主要作战样式下不同规模作战弹药消耗标准。

2. 工作资料

工作资料主要是组织实施通用装备物资保障所需要的数据、换算资料,主要包括弹药、器材基数标准,弹药、器材携运行标准,本单位一个基数弹药的重量、发数、箱数,战备物资账,留守物资账,常用装载工具装备物资装载标准,各种通用装备物资包装标准(发数、长、宽、高、重量等)等。

3. 专业资料

专业资料主要包括各种通用装备的使用手册及修理规程,各种通用装备的技术图纸、电路图等。

4. 辅助资料

辅助资料主要包括我军的作战原则及主要战法,敌军的作战原则、战法特点、战术手段、通用装备性能等,部队驻地的地情、社情、民情、气候特点,可能担负任务地区的地情、社情、民情、气候特点,部队驻地电子地图,可能担负任务地区电子地图等。

（七）落实日常战备制度

日常战备制度主要包括战备教育、军情研究、战备值班、节日战备、兵员管理、通用装备管理、战备设施和物资管理,请示报告、战备演练、战备工作检查考核等制度。

（八）协同有关部门制定通用装备动员方案

通用装备动员的基本原则是依法动员、突出重点、预有准备、专业对口、就近就便、照顾建制。协同有关部门制定通用装备动员方案包括装备科研、生产动员方案和民用装备、通用装备保障力量征用等内容。

三、进入等级战备时通用装备保障工作

（一）战备等级区分

战备等级是军队作战准备程度的区分,指部队处于临战前的作战准备状态,目的是为了保证军队在规定的时限内顺利完成由平时到临战状态的转换,应付可能发生的突然情况,提高部队的快速反应能力。

根据准备时间的长短和情况的紧急程度,我军将战备等级区分为三级战备、二级战备、一级战备。在情况不紧急,准备时间比较充裕的条件下,部队根据命令通常由平时状态向三级战备、二级战备、一级战备状态逐级转换。在情况紧急、准备时间较短促的条件下也可根据命令在规定的三个等级内跳跃一级或几级实施越级转换。无论是逐级或越级转换,都有严格的转换时限规定。同时,完成转换的时间,根据部队的任务不同而有所区别。

（二）进入战备等级时通用装备保障工作

我军的战备等级区分为三级战备、二级战备和一级战备,不同的战备等级有不同的战备工作要求。在部队进入等级战备时,装备部门和通用装备保障部(分)队应根据不同的战备等级,针对自身专业特点,按照不同的工作要求落实战备等级转换。

1. 三级战备工作要求

受领任务,进行战备动员。根据战备工作的具体要求和受领的战备工作任务,针对可能的行动特点,修订完善战备行动方案和技术保障计划,熟悉各种战备计划,并视情进行必要的演练;加强值班,保证通信联络畅通,按照收拢方案,召回外出人员、通用装备和机具设备;启封、抢修在修、在保通用装备,补充通用装备器材、

油料和其他战备物资；调整、补充人员和维修机具设备，按照战备训练计划，积极组织和开展临战训练；加强对重点目标的警戒，抓紧做好行动准备，确保接到命令之后 24 小时内出动，应急机动作战部队应能在 12 小时内出动。

2. 二级战备工作要求

进行战备动员，明确区分任务，完善战备行动方案和维修保障计划。值班人员坚守岗位，确保通信指挥畅通；召回在外人员、通用装备和机具设备；检修、调试通用装备、维修装备和机具设备，完成战备物资补充；进行人员、通用装备、维修装备的防护和伪装；强化维修保障训练；值班部队完成一切行动准备，接到命令后 12 小时出动，应急机动作战部队 6 小时内出动。

3. 一级战备工作要求

临战战备动员，熟悉任务和行动方案、保障计划；人员昼夜坐班，保持通信指挥不间断；完成维修装备检修和人员调整补充，组织应急扩编，达到齐装满员，所有通用装备保证完好的技术状态；加强警戒和防护，做好防卫准备；做好实施机动和遂行保障任务的一切准备；战备值班部队进入指定待机位置，接到命令 4 小时内出动。

4. 越级转换战备等级时的工作

战备等级越级转换是一项复杂的程序，工作的难度较大。越级转换的突出特点是时间紧，任务重，这就要求在战备等级转换时，要按转换目标和等级战备的要求，严格执行战备等级转换并做好所超越的战备等级需要做的各项工作。

第二节　通用装备动员

通用装备动员是指为了满足战时或应对突发事件需要，对通用装备科研生产、军民通用装备（含通用装备保障设施、通用装备物资器材等），以及地方上具有通用装备保障技能的人员等进行的动员、征调、征用或征集等活动。通用装备动员是装备动员的重要组成部分，其过程包括动员准备、实施和复员等阶段。通用装备动员是打赢信息化战争、完成多样化军事任务的物质技术基础，是将通用装备保障潜力迅速转化成通用装备保障实力的基本手段，是快速提高通用装备保障能力的重要措施。通用装备动员的速度和质量，直接影响通用装备保障任务的完成。因此，必须高度重视通用装备动员工作。

一、通用装备动员的目标与任务

通用装备动员具有很强的战略性、全局性、整体性、关联性，必须着眼于履行我军使命任务,整体筹划通用装备动员建设。针对当前形势和任务,为满足军事斗争通用装备准备的需要,应明确通用装备动员的目标和任务,坚持统筹兼顾、突出重点,先急后缓、分步实施,稳步启动、打牢基础的工作思路,积极推动通用装备动员工作的展开。

(一)通用装备动员的目标

通用装备动员的目标是:建立上下贯通、反应迅速,平时应急、战时应战的通用装备动员体系,努力做到通用装备动员机构健全、职责明确、潜力清楚、方案完善、法规配套、工作落实的目标,满足未来作战持续支援保障的需要。

(二)通用装备动员的任务

平时通用装备动员的基本任务,是对通用装备动员工作进行准备,为战时组织实施通用装备动员奠定基础。主要内容包括了解并掌握通用装备动员资源;提出通用装备的战时动员需求;对通用装备动员能力、布局提出建议;协助政府有关部门拟制国家战略装备物资储备计划;协助有关部门制定通用装备科研、生产动员方案和民用装备、技术保障力量动员预案;编制战时通用装备动员军用标准;会同有关部门组织通用装备动员演练;协助有关部门开展通用装备动员教育;协助国家有关部门制定通用装备动员相关法律法规等。

战时通用装备动员的基本任务,是国家为保障军队作战需要,所进行的动员通用装备科研生产、征用军民通用装备(含装备保障设施、装备物资器材)和征集通用装备保障人员等重要工作。主要包括:动员通用装备科研与生产力量,研制新装备,改装现有装备,扩大通用装备(器材)生产,实施通用装备紧急补充;征用、加改装民用装备;征用民用装备保障设施;组织、动用国家通用装备物资器材储备;征召、征集装备技术与保障人员,组建、扩建装备技术与保障力量,实施通用装备技术保障支援。

二、通用装备动员的特点与功能

(一)通用装备动员的特点

通用装备动员作为装备动员的重要组成部分,在确保军队完成多样化军事任务行动中,地位重要、特点突出。掌握通用装备动员的特点,对做好通用装备动员工作具有重要意义。通用装备动员除了具有其他动员的共性特点外,还具有自身独特的特点,主要体现在以下几个方面。

1. 通用装备动员专业性强,军事属性突出

由于装备具有专业特殊性,使得通用装备动员也具有专业性和针对性,主要体现在:①通用装备动员不是对所有装备、物资和设施的动员,而是对能为战争直接服务的装备、物资和设施的动员,主要是战争消耗、损坏的各种武器装备、弹药等作战装备以及通用装备保障的器材、设施、设备等,通用装备动员具有很强的军事属性。②通用装备动员的人员主要是具有一定专业技术技能的通用装备保障人员以及通用装备科研和生产技术人员。高技术通用装备的保障人员,需要具有专门的知识、经过必要的专业化训练,普通兵员和劳力不属于通用装备动员的范畴。

2. 通用装备动员任务重,地位重要

通用装备是战争的物质基础,现代战争的快节奏、高毁伤、高消耗使得通用装备保障的任务非常繁重,而部队平时的通用装备保障力量不足,储备有限,战时需要通过通用装备动员来提供通用装备保障能力。由于战时通用装备物资的消耗量巨大,通用装备动员任务繁重,要求通用装备动员必须以最快的速度为战争提供装备、物资、器材以及大量高素质的通用装备技术保障人员,提供及时、高效、可靠的通用装备保障服务。建立与完善运转灵活、反应快速的通用装备动员机制,对确保军队完成多样化军事任务具有至关重要的作用。

3. 通用装备动员涉及范围广,组织协调复杂

通用装备、通用物资和维修器材种类繁多,技术复杂,通用装备保障工作涉及到机械、电子、光学、火控、液压等诸多领域,这就决定了通用装备动员必然会涉及范围广,既包括通用装备科研、生产动员,也包括军民通用装备、设施、设备、器材的动员,还包括通用装备技术与保障人员的动员,涉及工业、金融、贸易、科技等多个国民经济领域,涉及政府各部门、各行业、社会团体、企事业单位和个人,还涉及军队系统的作战、政治工作、后勤和装备部门。通用装备动员的这种特点,使得通用装备动员组织协调复杂,需要军地之间、军队和地方的各个部门之间相互协调、相互配合,按照统一的计划行动。

(二) 通用装备动员的功能

通用装备动员的功能,分为外向功能和内向功能两大系统。通用装备动员的外向功能主要有实战功能和威慑功能,通用装备动员的内向功能主要有转换功能和连接功能(图8-1)。

1. 外向功能

(1) 实战功能。通用装备动员的本质和规律表明,通用装备动员,是为了战争的目的,对国家各种装备力量的开掘、组织和运用。通用装备动员的实战功能,是直

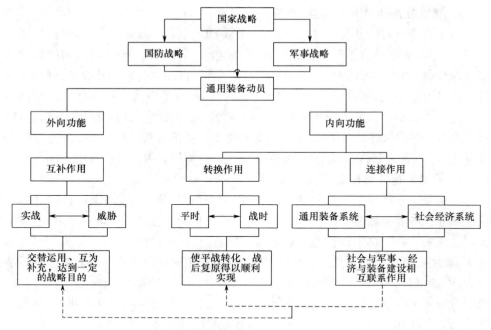

图 8-1　通用装备动员多维功能示意图

接为战争服务、保障战争进行的功能,是通用装备动员最本质、最基本的功能。在平时动员准备的基础上,通过通用装备动员的实施,使国力、军力、民力得到综合发挥,并在战争全过程中不断地使通用装备动员潜力转化为实力,一直持续到战争的结束。实战功能发挥得好坏,对战争的进程和结局发生直接的有利或不利的影响。

(2)威慑功能。威慑,是不可忽视的战略手段,也是通用装备动员所具有的功能之一。就威慑本质属性来讲,它是非实战的;而就其实际效果来讲,又可以说是实战功能的变相表现形式,它可以起到相当于实战功能的作用。实战与威慑,虽然表现形式不同,但是实际上异曲同工,殊途同归。通用装备动员的这种威慑功能,由于国家所处的不同性质的战略地位,而它的作用性质也是不同的。首先,处于战略防御地位的国家的威慑功能,对国内而言,它是国家安全、社会稳定的因素;对敌国来讲,它是制止侵略、使敌人望而却步、不敢轻举妄动的因素;对国际而言,它是维护世界和平、稳定世界局势、制止世界战争爆发的因素。其次,侵略性国家,则把威慑作为争夺世界霸权、进行军备竞赛、相互制约、夺取战略优势的手段,作为侵占他国权益、使他国屈服于其军事上的压力,力图兵不血刃而获得经济上的好处,达到政治上、军事上的目的。再次,中立性国家,威慑则是一种战备防卫手段,用实力保卫中立,以使自己不卷入战争的旋涡。

2. 内向功能

通用装备动员的内向功能,主要表现在以下两个方面:

(1)转换功能。通用装备动员是通用装备保障系统平时与战时两种状态相互转换的杠杆。战争是阶级社会一种普遍的社会现象,从宏观上看,和平与战争的相互交替,已成为人类历史上一种规律性的运动。通用装备动员的功能,在平时战时交替的关键时刻,就如同杠杆的作用,使国家由平时状态转入战时状态时,平时通用装备保障体制转入战时通用装备保障体制得以实现。这种转换功能作用的发挥程度,不仅决定国家整个通用装备保障力量由平时转入战时状态的速度和效果,而且对国家在战争初期对战争的适应程度、战争的装备保障程度、战争的进程和结局,都将产生直接的深远的影响。转换的关键,取决于平时的准备程度、临战时的快速反应能力。

通用装备动员的转换功能,不仅作用于由平时转入战时,也作用于由战时转入平时。战时进行动员,战后就要进行复员。复员为再一次的平时向战时转换准备基础。在国家转入战争时期以后,通用装备保障由平时体制转入战时体制,如何进行战时通用装备科研,如何组织军工企业的战时生产,如何动员和组织民用企业支援军工企业、转产通用装备和物资,如何征用和组织各种技术人员和其他保障力量支援通用装备科研、生产以及进行战时通用装备技术保障,对通用装备动员潜力和资源保护得如何,其影响不仅直接关系战争期间本身,而且影响到战后的恢复能力和重建能力。所以,从平时到战时的转换固然十分重要,但战时到平时的转换也绝不可忽视。

(2)连接功能。通用装备动员是军队与地方、装备建设与经济建设相互连接的纽带。首先,通用装备动员使通用装备与地方各行业紧密相连。现代战争不仅要依靠军队自身的力量储备及其在战场的作战运用,还需要国家社会大量人力、物力、财力的支持,所需要的通用装备、通用装备保障人员的储备和支援需要得到地方的大力支持。正是通用装备动员活动,把社会系统与装备系统连接在一起。同时,通用装备动员计划和实施都要军地双方的共同协调。其次,通用装备动员是经济建设和装备建设协调发展、紧密联系的纽带。国家经济建设是装备建设的基础,装备建设要与经济建设相适应,要从国家经济建设的实际和国力基础的实际出发。装备建设是国防建设的关键组成部分,是关系国家安危的大事,没有先进的装备,就没有强大的国防,国家的一切都没有保障,在经济建设中必须对装备建设有一定的投资。同时,经济建设与装备建设还相互作用。装备建设着眼于世界军事科技发展的最新成果和最高水平,从而不断地对经济建设提出高水平的尖端技术项目的要求,这对经济建设的科技水平向更高的层次发展,无疑是个很大的推动。出于动员准备的需要,需要保持国防科技、军工生产的基础,扩大军工生产的能力和转入战时的应急措施。经济建设系统要了解战时通用装备动员的任务和要求,在民用生产部门落实动员准备措施,以便战时能迅速转轨,完成国家经济由平时体制向战时体制的转换。

三、通用装备动员的主要工作

(一)通用装备科研与生产潜力的动员

通用装备科研与生产潜力的动员,是指根据战争需要,依法对平时担任通用装备科研与生产任务的企业、科研机构以及相关力量进行调整和充实,将其转入直接为战争服务状态的一系列活动。其基本内容一般包括:依法组织、调整科研生产机构,依法征集相关通用装备科研和生产人员,特别是专业技术人员和管理人员,充实通用装备科研和生产企业及相关管理机构;展开通用装备紧急科研,研制急需的通用装备;启封和恢复通用装备生产线,将部分民用企业转产通用装备;进一步明确通用装备科研与订货的优先权;确保原材料、能源、设施设备、经费、成果等优先保证通用装备科研与生产的需要等。

(二)军民通用装备及其保障物资的征集

军民通用装备及其相应保障物资,是指其基本功能既适合于民用又适合于军用的各种技术装备及其物资器材,如运输车辆、通用机械、电子计算机、工程装备和器材等。军民通用装备及其保障物资的征集可以补充战时或紧急状态下军队装备及其保障物资的不足,满足战争和军事行动的需要。

(三)军民通用设施设备的征用

军民通用设施、设备,是具有军用属性的民用设施及配套设备,主要指用于装备停放、保管及维修的场所、建筑物及其配套设备。例如,民用机场、码头及船坞等装备停放(泊)与维修设施、可用于其他装备停放及修理的设施、可用于存放通用装备的仓库及其配套设备等。凡是在国家通用装备保障设施建设计划外,部队所需要的军民通用设施、设备,通常都可列入征用范围。在和平时期,军队不可能也不必要完全按照战时要求修建大量通用装备保障设施。战时征用地方大量军民通用装备设施、设备,可以弥补现有通用装备保障设施的不足。

(四)通用装备保障人力动员

通用装备保障人力动员,是指依法动员社会上具有通用装备保障技能的人员,从事通用装备保障的一系列措施和活动。通用装备保障人力动员主要是预备役动员和地方支前动员。大型和高新技术通用武器装备,应主要依靠动员承研承制单位、科研院所等支前力量实施保障。通用装备保障人力动员,要做到专业对口、确保用其所长,以便充分发挥其应有的作用。

(五) 通用装备保障力量的组扩建

组扩建武装力量通用装备保障力量,是指在平时通用装备保障力量的基础上,对通用装备保障力量的组建与扩充。由于平、战时通用装备保障任务相差悬殊,平时不可能也没必要保持大量的通用装备保障力量,为满足战争对通用装备保障力量的需求,必须在战前按照动员令,采取充实式、扩编式、递升式、组建式等方式,迅速组建和扩建装备机关及通用装备保障部(分)队。

四、信息化战争通用装备动员

(一) 信息化战争通用装备动员的特点

20 世纪 70 年代以来,在新技术革命浪潮的冲击下,一场波及世界范围的军事变革悄然兴起,现代战争正在向高技术化、信息化方向发展。以信息技术为核心的高技术通用装备正逐渐成为信息化战争的主要工具,战争形态和战争手段以及作战方式的变化对通用装备动员产生了深刻影响,使通用装备动员具备以下特点。

1. 科技型动员是通用装备动员的基本形态

科技型动员是指通用装备动员以高科技领域为主要动员范畴,以高科技及其相关产业为主要动员对象的通用装备动员。具体地说就是以高科技通用装备、高科技成果、高科技装备技术保障人员等为主要对象和内容,充分运用信息技术等高科技动员手段,以适应和保障信息化战争为主要目的的通用装备动员。科技型通用装备动员有着雄厚的物质技术基础和深刻的社会发展背景,是人类社会科技与社会发展,特别是其所导致的信息化战争发展的必然结果。

目前,为适应新的形势,世界各国政府普遍开始采取一系列措施加强科技型通用装备动员准备工作。主要有:

(1) 制定和完善军事高技术发展计划。高技术通用装备动员,耗资巨大,任务艰巨,不能企求一朝一夕就能完成,必须从长计议、周密计划、统筹安排。为此,各国政府依据本国的军事战略方针,纷纷制定军事高技术发展计划。制定军事高技术发展计划有两种形式:一种形式是以军事高技术为主的发展计划,如美国的"国防科学技术战略"即是一例;另一种形式是以民用高技术为主的发展计划,将军事高技术隐含在其中。

（2）坚持走"多研制、少装备"的道路,为战时通用装备动员储备技术力量。军事科学技术特别是军事高技术日新月异,促使通用装备不断朝着高度自动化、智能化、集约化的方向迈进。同时,由于通用装备技术寿命的缩短,其研制费用浩大、价格昂贵,从而使通用装备生产成本不断提高。对此,各国政府为减轻财政负担同时又要储备必要的技术力量,纷纷走"多研制、少装备"的通用装备动员发展道路,即多研制、少生产、少装备;多储备技术,少储备成品。

（3）平时动员准备工作突出科技动员准备。具体表现在:①开展地方技术力量普查。建立技术动员潜力的档案资料,摸清各类企业、科研单位、科研人员的专业性质、分布状况和战时提供保障的能力,尤其要重点掌握国家科技领域的前沿状况。②搞好动员地方科研力量的准备工作。平时明确征用对象,明确任务,做到军地科研单位和人员对口挂钩,并在保密的前提下交流信息。③确定适度规模的维修工厂,以扩大战时技术力量的动员规模。

2. 通用装备质量将成为通用装备动员的关键

现代战争中广泛使用的信息化通用装备,与传统通用装备相比具有高精度、高速度、高杀伤度和高消耗量、高需求量的特点,这使得现代战争对通用装备动员的依存度空前增加。信息化战争通用装备消耗的特点是单位时间内消耗量急剧增大,而且传统装备物资消耗减少,高技术装备物资消耗急剧增大。这使得通用装备动员必须抓住质量和速度这个中心,以质量求胜,以速度争取时间。

在未来的高技术战争中,高技术通用装备将对战争结果起着决定性的影响。战争中,通用装备消耗的数量将呈现逐步减少的趋势,而对质量的要求却越来越高,通用装备质量对战争的制约程度已远远超过装备数量对战争的制约程度,使战争对通用装备需求正由追求数量转向追求质量。因此,通用装备动员必然从数量规模型向质量效能型转变,以信息化高技术通用装备物资及其相应的高技术保障人员和设施代替传统的信息技术含量较低的机械化,甚至非机械化装备物资及其保障人员和设施作为主要动员对象。"以量代质"的传统动员方法和思想已经失去了意义,只有在保证装备数量足够的同时,取得装备性能优势,才能确保战争的胜利。

3. 联合动员将成为通用装备动员的主要方式

联合通用装备动员,是指国家或政治集团在信息技术基础上,把通用装备动员诸单元和要素有机连接起来,整合并统筹配置通用装备动员潜力资源,实施全维综合通用装备动员,以满足一体化联合作战的需要。目的是实现通用装备保障与战争需求的"高度匹配"。

信息技术的飞速发展改变了战争力量形成的方式和途径,作战要素的简单相加正被"综合集成"所替代,一体化联合作战已成为信息化条件下局部战争的基本作战形态。新的作战形态需要有与之相适应的动员方式,联合动员成为一种历史的必然。

联合动员不是通用装备动员各个要素的简单叠加,而是高度融合的整体动员,必须通过特定的手段才能实现。飞速发展的信息技术和信息技术资源奠定了联合通用装备动员的物质技术基础。在这个基础上,通用装备动员诸单元和要素实现了"互联、互通、互操作",动员力量得到了系统整合,动员资源得到了优化配置,动员保障实现了可视化,动员组织更加周密、有序,动员实施更加快速、高效,整个动员体系成为了一个真正统一的有机整体。因此,对于联合通用装备动员体系而言,信息好比其"神经",信息网络好比其"神经脉络"。信息盘活了整个动员系统,失去了信息的支撑,这个系统就会"貌合神离",成为"一盘散沙"。

(二)信息化战争通用装备动员的目标

通用装备动员应以维护国家安全利益、遏制和打赢信息化局部战争为目标,以新时期军事斗争通用装备保障准备为依据,以国家战略储备为支撑,以国民经济为依托,以高科技为重点,以平战结合、军民兼容为基本方针,形成资源投入有限且配置有序、平战转换灵活、运行机制顺畅的通用装备动员体系和快速、有序、高效的动员能力。主要内容可以概括为以下几个方面。

1. 形成技术含量高且规模适度的"小实力、大潜力"型的通用装备动员基础

未来信息化战争的通用装备动员基础,在规模、结构、技术含量等方面与以往传统的通用装备动员基础都有根本性区别。其显著特征:①形成"小实力、大潜力"的通用装备动员发展模式。即通用装备动员基础的核心部分(国防工业)的规模比较小,常备国防工业实力以满足和平时期军队建设和训练需要为主,重点在于高新技术通用装备的研制,加强技术储备,增强通用装备动员潜力和平战转换能力;通用装备动员基础的主体部分(动员型工业)的规模相对较大,以军民两用技术开发和应用为重点,增强军民结合能力,其规模足以应付中等强度的局部战争需要。②通用装备动员的技术含量高。一方面,随着国家科学技术发展,通用装备动员基础的整体技术水平显著提高;另一方面,高技术产业成为通用装备动员基础的重要组成部分;此外,可供通用装备动员实施的技术手段有较高的技术含量,逐步实现信息化。③规模适度。通用装备动员基础的核心部分与主体部分所占比例不大,占用和消耗的资源较少。

2. 形成与信息化战争以及市场经济相适应的通用装备动员体制

通用装备动员体制由与保障全面战争、核战争需要相适应转向与以信息技术为核心的高技术局部战争需要相适应；由以计划经济体制为依托转向以市场经济体制为依托。未来信息化战争的通用装备动员体制的显著标志：①精干、高效、灵活的通用装备动员组织体系。②适合中国国情、军情的通用装备动员法规体系。③编制方法科学、编制工作制度化的通用装备动员计划体系。

3. 形成能够应付信息化战争和突发事件的通用装备动员快速反应能力

通用装备动员快速反应能力与通用装备动员基础、通用装备动员体制息息相关，但有其自身的建设内容与要求。未来信息化战争通用装备动员快速反应能力的显著标志是：能适应未来战争突发性的需要。通用装备动员快速反应能力的建设重点应包括：完善的通用装备动员预案体系（产品性预案、保障性预案、组织程序性预案、征用性预案等）；形成通用装备动员信息系统的框架。在充分利用国民经济信息系统的基础上，形成战区通用装备动员信息系统、重点行业动员信息系统、通用装备动员宏观决策支持系统等，做到信息搜集迅速、保密性能好、军民兼容性强。

（三）抓好通用装备动员工作的对策措施

1. 转变观念，重视通用装备动员准备工作

（1）克服"平时不必抓，战时一声令"的错误思想。随着世界新军事革命的不断深入，现代战争作战理论、作战原则、作战方式和战争形态等发生了重大变革，作战节奏快、时间短、物资消耗大是未来信息化战争的基本特征，单位时间内的能量积聚释放需要在短时间内能够聚集足够的通用装备资源，在客观上大大地缩小了前方作战与后方通用装备动员的"时差"和"位差"，这就要求平时要有充分的通用装备动员准备，战时才能实施快速高效的通用装备动员。

（2）克服"应付局部战争，不必大动干戈"的错误思想。从近年来发生的几场局部战争看，高技术特别是信息化条件下作战，"远战""精确战"充当战场主角，电磁、网络多维一体，全时空领域内的作战是现代"小战争、大战场"的"非线式"特征，通用装备动员工作面临着高技术、高消耗、高速度、生存难、组织难、输送难"三高三难"的巨大挑战。为此，和平时期通用装备动员准备工作必须以未来信息化条件下的高技术局部战争需求为导向，力求在重点行业、重点地区、重点方向形成局部保障优势。

2. 整体规划，军民结合，夯实通用装备动员基础

通用装备动员是国防建设的重要组成部分，需要在国防建设和经济建设的协调发展中谋求自身建设。经济建设是通用装备动员的基础，通用装备动员是确保国家安全利益的重要战略措施，因此，要在符合国家发展战略规定的经济社会发展总目标、总任务的前提下,把通用装备动员的规划和建设纳入国家经济建设和社会整体规划之中,依靠国民经济与社会发展规划的导向功能、协调功能和调控功能,以政策和法规的手段明确通用装备动员准备的目标和任务,协调和调控全社会人力、物力、财力、科技力资源,突出重点并综合平衡发展,为通用装备动员准备创造宽松的环境。这样才能符合国家整体利益需要,才能有通用装备动员自身发展的广阔空间。

3. 平战结合,加强演练,提高通用装备动员平战转换能力

为检验通用装备动员平战转换反应能力和速度,评估战时通用装备动员运行机制,验证战时通用装备动员预案,应积极组织有关部门进行通用装备动员演练。要按照战时装备动员的体制和机制,定期组织装备首长机关演练,重点是检验各级装备动员机关的组织协调能力和动员反应能力。通用装备动员演练主要有两种组织形式:①实装动员演练;②计算机模拟演练。通用装备动员演练既可以分阶段进行,也可以全程进行;可以在国防动员演练中,统一组织实施,也可单独进行通用装备动员演练;可以进行通用装备动员综合演练,也可进行专项或分类通用装备动员演练。

通用装备动员是为了满足战争对通用装备及其保障急剧增大的需求而进行活动,目的是保障战争的需要。平时的通用装备动员准备是为了战时迅速、高效地实施通用装备动员,因此,通用装备动员必须强调平战结合,加强演练,积累经验,才能提高平时与战时的转换能力,增强通用装备动员的实战能力。

4. 健全体制,完善机制,提高通用装备动员效能

建立完善的通用装备动员体制,要建立健全的通用装备动员组织体系。通用装备动员组织机构是平时通用装备动员准备、战时通用装备动员实施的组织和领导机构。通用装备动员机构的建立应与各级国防动员组织机构相协调一致,坚持军民结合、平战结合、专兼结合、精干高效的原则。具体设置应注意以下几点:①便于军地协调。通用装备动员机构应按军队和政府系统分别设置,以便于其对整个通用装备动员工作实施统一领导,对通用装备动员部门进行协调和管理。②有职有权。国家和军队应授予其相应的权力,使之具有权威性。③机构精干。选配的人员应当精通业务,一专多能;具有较强的快速反应能力、组织计划能力、信息获取能力、决策应变能力等,以确保通用装备动员工作的时效性。

第三节　通用装备保障指挥

通用装备保障指挥,是通用装备保障指挥员及其机关运用通用装备保障力量,保障军队作战及其他军事行动所进行的组织领导活动。它是军事指挥的重要组成部分。通用装备保障指挥正确与否,直接影响通用装备保障任务的完成和作战的胜利。信息化条件下联合作战,通用装备保障对象多,保障关系复杂,保障要求高,因此,提高通用装备保障指挥的科学性,对于保障作战胜利,具有重要的意义。

一、通用装备保障指挥的任务与要求

(一)通用装备保障指挥的基本任务

通用装备保障指挥的基本任务是筹划和运用人力、物力、财力,从经费、通用装备物资器材、技术等方面,保障军队作战和其他军事行动的需要,以巩固和提高部队战斗力。其主要内容如下。

1. 筹划和运用通用装备保障力量

根据作战需要筹划通用装备保障力量,使通用装备保障力量编成与作战力量编成及通用装备保障任务相适应。对编成内的通用装备保障力量,进行合理区分、科学编组、正确配置,使建制、加强和地方支前的通用装备保障力量形成整体合力。

2. 组织计划通用装备保障

根据通用装备保障任务、现状及上级指示和战场环境条件等,确定通用装备保障体系、指挥体系;组织计划通用装备供应、维修等各项保障,使通用装备保障与作战任务和复杂多变的情况相适应。

3. 指挥装备机关(或保障机关)和部(分)队的行动

根据上级指示及装备保障计划,对装备机关(或保障机关)和部(分)队的集结、转移、行军、疏散隐蔽、警戒、防卫及保障等行动,实施及时、正确的指挥,以确保通用装备保障决策的实现。

4. 协调通用装备系统内、外部关系

按照装备保障计划,及时与本级作战指挥系统、后勤系统和地方支前机构及友邻通用装备保障指挥系统进行协同,并周密组织通用装备系统内部的协同,以确保通用装备保障行动的协调一致。

(二)通用装备保障指挥的主要原则

1. 科学预测,周密计划

科学预测,周密计划,是积聚通用装备保障力量和挖掘通用装备保障潜力的过程,是指挥员为实施通用装备保障而采取的主动措施。这就要求指挥员必须依据客观实际,围绕通用装备保障目标,从最困难最复杂的情况出发,科学全面地进行预测和计划,以确保部队通用装备随时处于良好状态。

2. 统筹全局,把握关键

统筹全局,把握关键,是通用装备保障指挥的重要使命。作为指挥员,在组织和实施指挥中,必须胸怀全局,整体统筹,从客观上把握通用装备保障指挥活动中最关键、最有决定意义的问题。全局和局部是相对的,就通用装备保障指挥活动而言,对上级通用装备保障指挥和本级军队指挥是局部的;对下级通用装备保障力量而言又是全局的。因此,通用装备保障指挥一定要处理好这两个方面的关系。同时,指挥员还必须把握好对全局有影响的关键环节,解决好对全局有重大影响的关键问题。

3. 统一指挥,协调一致

统一指挥,协调一致,是高技术条件下通用装备保障指挥的基本要求,其实质是通过统一指挥,达成统一的思想、统一的行动,提高通用装备保障指挥的整体效能。统一指挥的基本要求是指挥机构和指挥关系的统一。协调一致的目的就是将各种相对独立的通用装备保障力量合理地进行组合,并协调其行动,使其整体功能得以发挥。

4. 党委领导,分工负责

党委领导和分工负责相结合,是我军作战指挥中一条传统的根本原则,也是通用装备保障指挥的根本原则。党委领导有利于充分发扬军事民主,集中大家的智慧和正确意见,对重大问题进行科学的预测和论证,做出正确的决策。分工负责是指在上级和党委的决策下,通用装备保障指挥者积极、负责、主动地对通用装备保障工作实施开创性指挥。

5. 坚决果断,灵活机动

坚决果断,灵活机动,是通用装备保障指挥的基本要求之一,也是装备保障指挥员指挥素质和指挥艺术的集中表现。坚决果断,是装备保障指挥员必须具备的优良素质之一。指挥员是否具有坚定、沉着、勇敢、顽强的素质是能否完成各项任务的重要因素。灵活机动,是指能够适应多变的情况,做出快速反应和恰当的处置。通用装备保障指挥员应能够巧妙地运用各种方法进行指挥,以夺取主动,力避被动。

6. 整体协调,按级控制

整体协调,按级控制,是通用装备保障机构协同的基本形式之一,是通用装备保障指挥关系的具体体现。整体协调,是指挥者在通用装备保障活动中,密切协调各种指挥活动间的关系及其内部有关要素,建立合理的指挥层次,充分发挥通用装备保障指挥的整体效能。按级控制,是指在通用装备保障指挥活动中建立合理的指挥层次,各级按其职能行使职权,并正确处理各层次之间的关系。只有做到整体协调,按级控制,才能使整个指挥关系和谐统一,达成整体协调的目的。

7. 改进手段,提高效率

现代高技术条件下,特别是现代作战,通用装备保障指挥任务重、难度大,指挥的严密性、准确性和时效性要求高。因此,为提高指挥效率,必须改进通用装备保障指挥的手段和方法。通用装备保障指挥自动化是切实并大幅度提高通用装备保障指挥效能的重要手段和方法。

二、通用装备保障指挥活动

(一) 通用装备保障指挥环节

通用装备保障指挥的范围和内容虽然因层次而异,但是就其活动过程而言,各层次基本相同,具有一定的规律性,一般可分为决策、计划、组织、协调和控制五个环节。

1. 通用装备保障指挥决策

通用装备保障指挥决策是指在通用装备保障指挥中确定保障目标及对实现目标的方法、步骤、措施等进行选择和做出决定的过程。决策贯穿于通用装备保障指挥活动的始终。指挥员定下保障决心的过程,就是决策过程。决策是形成决心的基础,决心是进行决策的目的,只有正确的决策,才有正确的决心。通用装备保障指挥决策的一般程序是:

(1) 确定目标。具体、明确的目标是决策的首要条件。确定目标,首先要全面了解与通用装备保障有关的敌我情况、战场环境、作战目标,以及为达成作战目标而应完成的保障任务;其次是进行分析判断,找出实施通用装备保障的关键问题;再次是预测关键问题的差距,以及随着战况发展可能增大和解决差距的相关问题,深刻认识它们对通用装备保障的影响;最后是把解决关键问题所需的客观条件同现实条件相比较,初步确定决策目标所能达到的极限,并经过专家和群众的论证和讨论,审慎地定下决策目标。

(2) 准备方案。决策目标定下后,要以目标为依据,准备几个互不相同的方案,以便择优。制定方案时,要从实现目标、解决问题的多角度、多途径设计方案,各方案应有各自独立的内容和原则区别,不能相互包含或只有细节的差异。

(3) 选优决断。选优决断是对几个方案进行分析论证,然后从中优选保障效益最大、人力和物力消耗最小、可靠性最大、风险性最小的方案。当没有效益、代价、风险三者都优的方案可选时,应综合几个方案的优点、修改补充预先的方案,使之形成最优方案。

(4) 追踪决策。确定最优方案不是决策的终结,指挥员应以最优方案构成保障决心,据此下达命令或指示,在实施过程中,要掌握情况的变化和决心的执行情况,根据反馈信息和作战环境的变化、通用装备保障力量的消长,调整或修改决策方案。

2. 通用装备保障计划

通用装备保障计划,是指为了装备指挥员(或保障指挥员)决心的实现而对具体工作或行动的方法、步骤、时间和人力、物力等预先作出的筹划和安排。它不仅是指挥活动的一项重要职能,同时也是组织指挥通用装备保障行动的一个重要环节。在战时通用装备保障指挥文书中,计划又是通用装备保障指挥的纲领性文件。因此,计划职能包括筹划通用装备保障指挥活动的全部内容。计划的实质,就是通过控制和协调,使通用装备保障行动的各个环节相互衔接,协调一致,从而实现通用装备保障行动的综合平衡。

3. 通用装备保障活动的组织

通用装备保障活动的组织,是把本级建制的、上级加强和地方支援的各种通用装备保障力量优化组合成一个有机整体的指挥活动过程。它是通用装备保障指挥的一项非常重要的工作,其组织是否科学、合理,将直接影响保障能力的发挥、保障效益的提高和通用装备保障活动的成败。

通用装备保障活动的组织,必须把握三个方面的问题:①在确定保障机构组织结构时,要有利于各种通用装备保障力量保障能力的充分发挥;②组织结构一旦确立,即应明确其保障任务、责权范围及与相关组织的关系,并分配给相应的通用装备保障力量;③要为各组织机构确定完成任务的方法、步骤,并提出要求,以使按其既定的目标和轨道协调有序地运行。

4. 通用装备保障活动的协调

在军事术语中,协调是指对行动的调节,使力量配合适当,步调一致,成为和谐的统一体。通用装备保障活动的协调,是指为完成通用装备保障任务,指挥员及其指挥机关根据通用装备保障决策和计划,同有关部门进行的联系、协商、协助等活动。它是保证通用装备保障力量得以整体发挥的重要环节。通用装备保障协调活动要贯穿于通用装备保障的全过程,结合战中实际不间断地进行协调,确保通用装备保障活动的协调一致。特别是现在我军师以下部队(含师)后勤部门与装备部门合为保障部(处)后,更加体现了通用装备保障活动协调的重要性。

通用装备保障活动协调的范围主要区分为内部协调和外部协调。内部协调,是指装备机关内部各业务部门之间、所属各部(分)队之间的协调。主要内容包括各种通用装备物资的筹措、储备,通用装备保障任务的分工与协作、通用装备保障防卫的相互协同与配合等;对师以下部队而言,还包括保障部(处)内各业务部门的内部协调,主要内容有通用装备及物资的储存、管理、发放的分工与协作,通用装备保障力量与后勤力量部署的相互衔接与结合等。

外部协调,一般包括与本级司令部、后勤部等部门的协调,与地方支前机构的协调等。与司令部的协调,主要明确各部(分)队通用装备调配的品种、数量及通用装备物资消耗限额的确定,各作战阶段通用装备保障活动与作战行动的协同,通用装备保障防卫、工程、通信与指挥自动化的组织分工和协作。与后勤部的协调,主要明确通用装备物资的储存、管理、发放的分工与协作,通用装备保障力量与后勤力量部署的相互衔接与结合等(师以下部队除外)。与地方支前机构的协调,主要明确地方支前力量的动员方式、数量、质量时限和使用规定,地方支前力量配置与通用装备保障部署的结合及保障行动的配合等。

5. 通用装备保障活动的控制

通用装备保障活动的控制,是对通用装备保障决策目标、命令、指示、计划执行过程进行监督和检查,及时发现问题,采取措施迅速纠正偏差或将偏差限定在允许范围之内,保证通用装备保障活动按计划顺利实施的指挥过程。通用装备保障活动的协同是按保障计划对通用装备保障活动进行的预先控制,而通用装备保障活动的控制则是随机地调节、纠正通用装备保障实施过程中的偏差,及时督促、检查保障部(分)队遂行每一项保障任务,引导其按保障计划行动,是通用装备保障活动控制的主要内容。对部队弹药等物资消耗进行控制,也是控制的一个重要方面。对战场环境的影响和敌人破坏后的损害进行控制,则是按预定计划实施保证通用装备保障不可缺少的工作。

通用装备保障活动控制的基本程序和方法:确定控制标准,衡量执行情况,纠正出现的偏差。控制标准就是控制依据,主要包括上级的指示、标准、规定和要求,本级指挥员的命令、指示,本级制定的保障计划等;衡量执行情况,就是将通用装备保障实施情况与上述标准进行对比,并做出正确的评价;纠正偏差,就是通过衡量执行情况发现通用装备保障现状与保障计划的偏差,确定产生的原因,判断这些偏差对实现决策目标的影响程度,根据偏差的大小和控制能力,制定纠正偏差的方案,从而消除偏差或将偏差的影响限定在允许的范围内,使有限的保障能力与改变了的决策目标相适应。

通用装备保障指挥过程的五个环节都有各自明显的特征,有先有后,并相互影响、相互制约,形成交错进行、周而复始的动态过程。

(二) 通用装备保障指挥关系

战时通用装备保障指挥关系是通用装备保障指挥权限与责任确定之后指挥主

体与客体之间建立起来的某种联系形式。由于战时通用装备保障指挥属于装备保障指挥的一部分,因此,其指挥关系本质上就是上下级指挥员之间、上下级指挥机关之间、指挥机关与保障部(分)队之间构成的有机联系。明确了指挥关系也就明确了相关各方在指挥中的权限、责任与相互间的联系形式。战时,及时明确通用装备保障指挥关系对提高通用装备保障指挥效能,对于充分发挥通用装备保障力量的整体威力具有重要意义。

1. 隶属关系

隶属关系也称直接指挥关系,是指挥过程中所构成的指挥与被指挥的关系,是最基本的指挥关系。各级部队装备部门在编制序列上隶属于各级部队的统一编制,受本级军政首长的直接领导和指挥。因此,各级军政首长与本级装备指挥员及其指挥机关之间(师以下部队是保障指挥员及其保障指挥机关)是隶属关系。各级装备指挥员(或保障指挥员)与本级装备机关和所属的保障部(分)队之间,各级装备指挥机关(或保障指挥机关)与所属的保障部(分)队之间,均构成隶属关系。

2. 指导关系

指导关系也称业务指导关系,上级指挥员及其指挥机关与下级指挥员及其指挥机关之间,为指导关系,上级有权就有关业务问题和保障的方针、政策、标准、规章制度等执行情况,对下级进行监督、检查、指导,并提出改进意见,协调下级装备部门之间、下级和本级所属保障部(分)之间的关系。下级装备部门需要决策的重大问题,通常由其直接首长决定,报上级装备部门备案,而不能由上级装备部门决定,上级装备部门只有建议权,而没有决定权。

3. 协同关系

各级装备部门与本级司令、政治、后勤部门之间,与友临部队和地方支前部门之间,以及装备指挥机关(或保障指挥机关)内部各业务部门之间,均是平级和兄弟单位,除防卫作战、政治工作应接受司令和政治机关的指挥或指导外,其他有关问题都应按协同计划组织密切配合、互相支援、互通信息。

4. 保障关系

上级装备部门所属的保障部(分)队开设的兵站、仓库、修理机构等保障机构与被保障部队的装备保障机构之间构成保障关系和业务上的联系,二者之间不存在直接指挥、指导与协同关系,只有保障与被保障关系。上级开设的兵站、仓库和修理机构等,只根据其上级机关的命令、指示为被保障部队分发物资、修理装备;被保障部队装备保障机构,也只根据自己上级的命令、指示到指定的上级保障机构领取物资、后送损坏装备和更换装备,二者之间发生的矛盾和需要解决的问题,则通过各自的上级装备部门进行协商。通用装备保障指挥关系如图8-2所示。

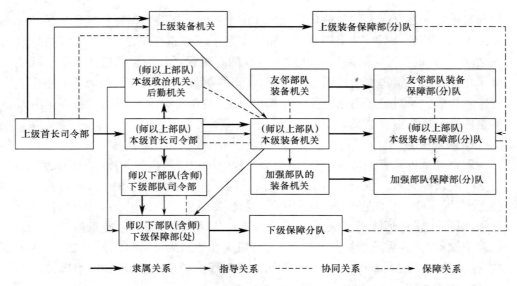

图 8 - 2　通用装备保障指挥关系

目前,我军上述通用装备保障指挥体系,总体上是采用直线结构式与职能结构式相结合的混合结构式体制,其间以师一级保障部为指挥节点,指挥活动对应上级的后勤部与装备部,同时对应下级的保障处。其优点是,上下关系清楚,左右关系明确,便于各级指挥员直接实施对通用装备保障指挥,便于各级指挥员对所属保障部(分)队的指挥。

(三) 通用装备保障指挥方式

1. 通用装备保障指挥方式的概念

通用装备保障指挥方式是装备指挥员(或保障指挥员)对通用装备行动实施保障指挥时的一种指挥与控制的方法和形式,是组织领导活动中重要的手段。

研究通用装备保障指挥方式,首先必须对通用装备保障指挥方式的实质有清楚的认识。我们认为,通用装备保障指挥方式的实质,是指挥者在通用装备保障指挥时如何分配和使用手中的指挥权。通用装备保障指挥过程,一定意义上讲,是指挥者对被指挥者行使职权的过程,职权的大小,不仅决定着指挥者指挥的广度和力度,也决定着指挥者实施指挥的自由度。通用装备保障指挥方式,从本质上讲,就是为解决这一根本问题提出来的。通用装备保障指挥有许多方式,如集中指挥与分散指挥、指令式指挥与指导性指挥、命令式指挥与委托式指挥、逐级指挥与越级指挥等,称谓虽然不同,然而反映的实质是一致的,都是围绕指挥职权的分配与使用。所不同的是权力分配与行使形式和程度有一定差别。因此,通用装备保障指挥方式,实质是如何有效地分配与使用指挥权,使权力的分配与使用同所担负的通用装备保障指挥任务实现最佳的结合。

2. 通用装备保障指挥方式的类型

指挥方式大体可分为命令式指挥和委托式指挥两类。命令式指挥,亦称指令性指挥或程序式指挥。其基本特点:①有明确具体的命令,上级在赋予下级任务时,要明确完成任务的具体方法、起止时限、步骤要求和有关协同事项。②有可行的计划,包括各类装备保障计划和指示等。命令式指挥按其性质可分为集中指挥和分散指挥;就其方法可分为按级指挥和越级指挥;按空间位置区分还有靠前指挥、定点指挥、运动指挥和空中指挥等。委托式指挥,亦称指导性指挥和适应性指挥。其基本特点:上级对下级用概略性指令实施指挥,赋予任务时,只说明基本意图,规定保障的方向、完成任务的计划指标,至于完成任务的具体方法步骤,则由受领任务者独立自主地自行决策。

3. 通用装备保障指挥方式的运用

我军未来高技术战争的通用装备保障指挥中,指挥员应依据实情,灵活而又恰当地运用指挥方式,提高通用装备保障指挥效能。在具体运用中应注意以下几点:

(1)高度强调集中指挥。集中指挥是指指挥员直接掌握和控制职权,对所属通用装备保障力量实施的统一指挥。通常按隶属关系实施指挥,不同建制的通用装备保障部(分)队共同遂行任务时,由指定的指挥员及其指挥机关统一指挥。实行集中统一指挥是十分必要的,是我军未来高技术战争通用装备保障的重要指挥方式。集中指挥有利于装备指挥员(或保障指挥员)协调各种通用装备保障力量,充分发挥通用装备保障的整体优势;有利于保持各种保障行动在全局上平衡和协调一致,能有效地保证作战方针、指挥员意图和通用装备保障计划的贯彻执行。

(2)广泛运用分散指挥。我军未来高技术条件下的作战,部队较分散,作战行动点多面广,而通用装备保障又多为各兵种、各专业、各职能部门按计划分别实施,在一些通用装备保障的具体细节活动中,实施集中指挥将会遇到许多指挥上的困难。因此,较多运用分散指挥更具有重要意义。分散指挥,是指各级装备保障机构在分散行动时,通常上级只给下级下达完成任务的原则指示,下级指挥员根据上级意图和当时战场实际情况,独立自主组织通用装备保障行动。实施分散指挥,有利于发挥下级指挥员的主观能动性和积极主动精神,提高机断行事的应变能力和整体快速反应能力,增强各种条件下指挥的稳定性,实现指挥的高效率。

(3)合理运用按级指挥。按级指挥,即装备指挥员(或保障指挥员)按照装备系统隶属关系逐级实施的指挥。通常是在作战准备、机动阶段和战中时间较充裕时指挥员运用的指挥方式。实行按级指挥,首先要强调局部服从全局的观念,在遂行任务时,下级要坚决服从上级的指挥;其次要确保指挥的顺畅,一旦指挥中断,要迅速恢复,保证按级指挥达到预期目的。

(4)适时运用越级指挥。越级指挥,是在紧急情况下和对执行特殊任务的部队超越一级或数级实施的指挥。我军未来高技术条件下的作战中,战场情况瞬息万变,紧急情况、特殊情况出现的可能性较多,必须视情及时进行越级指挥。越级指挥,主要是减少指挥环节,有利于在紧急情况下争取时间,抓住时机;有利于对执行特殊任务的部队在质量上、速度上直接达成通用装备保障的目的。越级指挥,一般与作战的越级指挥同步实施,越级指挥时,上级指挥员应将自己的指示通报被超越的指挥员;被越级指挥的通用装备保障部(分)队指挥员在可能的情况下,应将越级受领任务和执行情况及时向直接的上级指挥员报告。

(5)视情组织加强指挥。加强指挥,即上级装备保障机构派人员到下属装备指挥机构协助指挥的指挥方式。在我军未来高技术条件下的作战中,为确保重要方向、主攻集团、关键时节的通用装备保障,应视情组织加强指挥,突出保障重点。加强指挥有时是在下属装备指挥机构受损或指挥力量较弱时组织实施。加强的人员要精干得力,切实起到辅助指挥、组织协调的作用。

我军未来高技术条件下机动作战的通用装备保障指挥,应突出运用命令式指挥,严格把握委托式指挥。在具体运用上,不能机械地规定用某一种指挥方式,要因地、因时、因情施变,把集中指挥与分散指挥、按级指挥与越级指挥有机结合起来,贯穿靠前指挥、跟进指挥、定点指挥、运动指挥和空中指挥等多种不同的方式,指挥完成通用装备保障任务。总之,无论采取哪些指挥方式,指挥员应把指挥、控制、平衡全局放在首位,同时注意调动各级指挥员的主动性和创造性,既要防止统得过紧,以适应战场变化急剧的特点,又要防止放得过开,失去对全局的平衡和控制。

三、通用装备保障力量部署

(一)通用装备保障力量部署依据与要求

1. 通用装备保障力量部署的依据

在高技术战争中,影响通用装备保障力量部署的因素很多。只有对这些因素进行全面分析并从中找出具有直接制约作用的因素作为通用装备保障力量部署的依据,才能扬长避短、趋利避害,使通用装备保障力量的部署更具针对性,从而提高通用装备保障的效能和可靠性。

(1)作战任务、部署及行动。由于战时通用装备保障是为作战服务的,而各部队担负的作战任务不同,采取的作战部署和作战行动不同,致使部队对通用装备保障力量使用也不同。因此,在进行通用装备保障力量部署时应根据作战任务、部署及行动的需要,确定通用装备保障力量的任务区分、编组及配置,从而使通用装备保障力量部署有利于保障作战部(分)队迅速达成作战目的,完成作战任务。

依据作战任务、部署及行动部署通用装备保障力量,必须集中主要力量保障主要作战方向,同时兼顾次要作战方向;既便于保障部队顺利完成当前作战任务,也利于保障部队顺利完成尔后作战任务。同时,还必须留有一定的预备力量,以便当作战情况发生重大变化时,通用装备保障力量能适应作战部署的新变化。另外,通用装备保障还必须依据作战样式进行部署,进攻时符合重点突破、连续突击的要求;遂行机动作战任务时,要适应广泛机动和多种歼敌方案的需要;防御时,要符合部队整体抗击和攻势防御的要求,从而为正确地进行通用装备保障力量部署打下良好的基础。

(2)通用装备保障力量。通用装备保障力量是通用装备保障的主要要素,是实施通用装备保障的物质基础。因此,通用装备保障力量是通用装备保障力量部署的重要依据。包括通用装备保障人员、用于通用装备保障的装备物资。

① 保障人员。通用装备保障人员是通用装备保障力量构成要素中最具活力的因素。人是决定战争胜负的首要因素,特别是装备处于劣势的一方,只有充分发挥人的主观能动作用,才能弥补装备的不足。因此,依据通用装备保障人员的素质特点进行科学的优化组合,使他们各尽其能,是提高保障效能的前提和基础。

② 用于通用装备保障的装备物资。包括训练保障器材、装备维修器材、专用保障设备和通用装备的附属物资等。用于通用装备保障的装备物资是完成通用装备保障任务的物质条件,这些装备物资的性能将直接关系到通用装备保障力量的使用与配置。未来高技术条件下的作战,通用装备保障将综合运用各种先进的手段,保障环节之间的空间距离受通用装备制约的程度将相对减小,为了保持通用装备保障各环节之间的紧密衔接,仍然要根据用于通用装备保障的装备物资的技术水平,恰当配置通用装备保障力量。

(3)受敌威胁程度。敌人对通用装备保障力量的威胁程度,是影响通用装备保障力量部署的重要因素。在高技术战争中,敌将使用精确制导武器对我全纵深实施综合火力打击和立体毁伤,必将严重威胁我装备保障机构及其保障活动的安全。因此,装备指挥员(或保障指挥员)在确定通用装备保障力量部署时应根据敌我态势、敌可能对我通用装备保障的威胁程度等多方面因素进行科学决断。当敌对我威胁程度较小时,通用装备保障力量部署可适当靠前;当敌对我威胁程度较大时,装备保障机构的编成应尽量小些,并适当分散地靠后配置。同时,在确定通用装备保障配置地域时,应避开交通枢纽、重要目标、敌可能机降的地域,尽可能隐蔽分散地配置通用装备保障力量,避免和减少敌人的打击破坏,提高通用装备保障力量的生存能力。

(4)战场自然地理条件。通用装备保障力量部署受地形、道路等战场自然地理条件的影响很大。地形的隐蔽情况、交通道路数量及气象等,对通用装备保障部署的形式、集中与分散的程度等都有着直接影响。当地形开阔、交通方便,装备保障机构配置可适当靠后;当地形复杂、道路条件不好时,装备保障机构可适当靠前。通常情况下,应当部署在靠近主要的前送后运道路、与作战部(分)队保持适当的距离且便于隐蔽伪装和构筑工事的地域。同时,还应依据天候、季节等当地的具体情况,充分利用有利条件,克服不利条件的影响,使通用装备保障部署与自然地理环境相适应。

总之,指挥员在确定通用装备保障力量部署时,应把握需要及可能,充分考虑影响通用装备保障力量部署的诸因素,并对各种影响和制约因素进行全面综合分析,因地因时制宜,趋利避害,科学决策,以选择最佳部署方案。

2. 通用装备保障力量部署的要求

(1)与作战部署相一致,与保障任务相匹配,与作战行动相适应。通用装备保障力量部署是作战部署的组成部分,并以保证作战需要、实现指挥员作战决心为目的。作战部署是首长作战决心的集中体现,只有与作战部署相适应,才能满足作战需要,符合首长的作战意图,确保通用装备保障任务的顺利完成。高技术条件下的作战,是全纵深、立体作战,通用装备保障力量部署要与作战部署相适应,首先要有利于发挥整体通用装备保障的效能,使通用装备保障形成拳头,形成规模。因为,只有发挥通用装备保障的整体效能,才能解决通用装备保障任务繁重和保障能力不足的矛盾。同时,也为突出保障重点创造条件。其次,在区分通用装备保障力量时,在质量和数量上应着眼于灵活多变,以便在作战中根据其所承担保障任务的大小、难易程度、重要程度,及时调整通用装备保障力量,与所保障部队的作战类型、样式、任务、部署、战法和行动相适应。这就要求在保障重点、兼顾一般的原则指导下,科学合理地分配和使用通用装备保障力量,以达成对部队作战实施全过程、全方位的有效保障。

(2)纵深梯次,上下衔接,形成整体。体系对抗、整体对抗是高技术战争的突出特点之一。通用装备保障任务的完成,是依靠各级通用装备保障力量有序可靠地运作来实现的。每一级都是整个通用装备保障体系中的一个层次和环节,各层次必须互相衔接,形成整体,充分发挥作用,才能做好通用装备保障工作。充分发挥各级通用装备保障力量的作用,使通用装备保障力量形成一个上下衔接的完整体系,是对通用装备保障部署的客观要求。

要发挥通用装备保障力量的整体保障能力,必须保持各种通用装备保障力量间的紧密衔接。首先要保持上下级通用装备保障部署的衔接,以便于上下级的协同和相互支援,形成环环相扣的纵深梯次部署。同时,也要注意本级前后梯队之间、主次方向力量之间的衔接,以及与配属部队通用装备保障部署和地方支前机构的衔接,从而在整个保障地幅内形成上下衔接、左右照应,便于相互支援的整体。在进行通用装备保障部署时,本级与上下级要主动协调配合,上级要为下级通用装备保障力量的机动和实施创造条件。在确定各级通用装备保障力量配置位置时,要充分考虑地形和道路条件,以主要前后送道路为主线,各级保持适当距离,形成纵深梯次、前后衔接的保障体系,防止相互重叠或脱节;在区分保障任务和通用装备保障力量时,要合理区分各级保障任务,并配备相应的通用装备保障力量,使每一级环节都能充分发挥作用。

(3)合理部署,便于保障,利于安全。通用装备保障力量部署离不开一定的自然地理条件。作战地区的地形、道路、水文、地质、植被等条件对通用装备保障力量部署的影响极大。通用装备保障力量部署不仅需要一定的展开地幅,而且要有便于隐蔽和构筑工事的地形,同时还要靠近主要的前接后送道路等。只有这样,通用装备保障力量才能有一定的地幅展开实施保障,减少损失,迅速地组织前接后送和物资补充。因此,在部署通用装备保障力量时,必须充分考虑不同的自然地理条件对通用装备保障的影响,充分利用其有利条件进行部署,为顺利完成通用装备保障任务创造良好的工作环境。陆、海、空、天、电五维一体高度立体化作战是高技术战争的基本作战形式,战场已无前后方之分,部队投入作战的时间已无先后之分,作战将在前沿和纵深同时进行,因此,在配置通用装备保障力量时,必须注意疏散隐蔽,使各级保障力量保持一定的距离和配置面积,以降低被敌发现的概率和敌火力杀伤密度,确保通用装备保障力量配置地域的安全和保障任务的完成。安全和保障是相辅相成的,是统一的,安全是为了保障,保障必须安全,二者不可偏废。

(4)优化组合,便于机动,便于应变。高技术战争,战场情况瞬息万变,主次方向和作战样式经常变化,攻防交替进行,机动作战将成为重要的作战形式。因此,在编组通用装备保障力量时,要对建制、加强的通用装备保障力量进行统一计划,使之形成新的通用装备保障系统。优化系统的结构,科学合理地划分子系统,采用积木式的灵活编组方式,能根据情况的变化,随时分合,保持高度的机动能力。在区分通用装备保障力量时,必须保留一定的预备力量,以应付意外紧急情况,保持部署的稳定性,增强应变能力和通用装备保障的主动性。

(二) 通用装备保障力量部署基本方式

1. 按属性和质量水平部署

按属性和质量水平部署即按通用装备保障力量要素的物质、技术属性和质量水平进行编组。

(1) 同类属性组合。将通用装备保障力量要素中具有同类物质、技术属性或同类职能的部分进行联系和组合,使之形成具有专门属性和功能的系统。

(2) 横向互补组合。即将分布在各层次的同类属性的要素进行专业对口的纵向组合;或将非同类属性的要素在各层次上进行组合,形成横向的协作与联合。这是强化纵向专业功能和横向综合功能的重要组合方式。

(3) 相应水平组合。即将具有同等质量水平的要素组合在一起,这是按保障任务的难易程度形成层次不同质量水平的组合方式。

(4) 纵向互补组合。通用装备保障各要素的能力水平不尽相同,水平差异不可避免,因此,将具有高、中、低质量水平的相关要素组合在一起,使之具有各要素互补作用的组合方式。

2. 按数量部署

按数量部署即按各保障要素在构成保障系统(机构)时的数量配比进行部署。

(1) 按保障机构的任务分工,确定其编成规模和组成各要素的数量。

(2) 按各要素内部成分的比例关系及各要素之间的比例关系,来确定人与人组合数量比和人与物组合的数量比及各专业、各层次的数量比,即确定其技术构成。

(3) 按各要素的价值比率来确定各要素的构成数量,即价值构成,使技术构成与价值构成处于最佳水平上的统一和协调,实现构成的有机性,是按数量编组的主要任务。

3. 按空间部署

按空间部署即按各保障要素在地域空间上的分布和联系状态进行编组。其编组是否合理将直接影响保障活动范围、各要素间的互相衔接与协调、局部综合功能和全局整体功能。

4. 按时间部署

按时间部署即按保障活动的先后顺序和持续时间对保障力量进行编组。因为,通用装备保障活动具有时间序列性、连续性、时效性和周期性的特点。

以上四种基本编组方式,都不能独立存在,彼此间互为条件,互相渗透,融为一体,要综合运用,使通用装备保障力量各要素在质量上相互适应,数量上相互匹配,时间上合理组合,空间上合理布局。

（三）通用装备保障力量部署的样式

通用装备保障力量部署的样式,即通用装备保障力量区分、编组与配置的样式。根据作战部署、敌情、地形、道路和天候等条件,通用装备保障力量部署的样式有梯队式部署、按方向部署、按方向成梯队部署、分群(群体)式部署样式。

1. 梯队式部署

当作战部署采取成梯队式部署的样式时,通用装备保障力量也应相应采取梯队式部署,具体而言,包括成一个梯队部署和成两个梯队部署两种样式:

（1）成一个梯队部署。就是将建制、加强和地方支援的通用装备保障力量,编成一个梯队,配置在一个地域内,对所有的作战部(分)队进行全面保障。其优点是建制完整,力量集中,便于集中统一指挥和管理,利于警戒和防卫。缺点在于一旦遭敌袭击,影响整个保障体系。

（2）成两个梯队部署。就是将建制、加强和地方支援的通用装备保障力量分成两部分,组成前后两个梯队,分别配置在前后两个地域内,前梯队担负对一线作战部(分)队的保障,后梯队负责对前梯队的支援和纵深作战部(分)队的保障。其优点是有较强的弹性,便于保障,利于安全,即使遭敌袭击,也不至于影响整个体系。缺点在于某些单一专业人员保障力量不便于进行分解,造成难以指挥、通信和管理,工程作业量相对增大。

2. 按方向部署

按方向部署,就是将通用装备保障力量区分为轻重不同的几个部分,分别配置在主次两个或两个以上方向对作战部(分)队实施保障,形成主次两个方向部署或多个方向部署的形式。其优点是适应作战部署和地形、道路的特殊情况,便于保障。缺点在于主、次方向的通用装备保障力量不便于互相支援、协调。

3. 按方向成梯队部署

按方向成梯队部署,就是将通用装备保障力量分成三部分,以两部分组成前梯队,分别配置在主次方向上,直接担负对一线作战部队的保障;另一部分为后梯队,配置在前梯队之后的纵深地域内,负责支援前梯队和对纵深作战部队的保障。其优点是既可突出重点,保障主要方向,又利于前后衔接,保持较高的连续性。缺点在于力量过于分散,不便指挥和管理。

4. 分群(群体)式部署

分群(群体)式部署,就是将通用装备保障力量分成若干部分,分别组成装备前进(方)保障群、基本保障群和机动保障群或若干综合保障群,使每群具有较强的综合保障能力,能供能修,基本群和前进群分别配置在纵深作战群和前方作战群之后或之中,机动群配置在纵深便于机动和隐蔽的地域内。装备前进保障群通常负责保障一线各作战群。装备基本保障群负责保障位于纵深的作战群,并负责为装备前进保障群提供支援,或接替装备前进保障群的保障任务。装备机动保障群则担负各种机动保障任务。综合装备保障群主要用于担负对某一作战编成的通用装备保障任务,也就是要以群的编组形式担负作战群的保障任务。

这种部署形式的优点是适应作战部署,便于保障;既相对独立,又相互照应,灵活机动;具有综合保障能力,不以某类(种)装备为保障对象,而以作战单位整体为保障对象,符合高技术战争非线性作战的要求。缺点在于不便于指挥员直接指挥,通用装备保障力量相对比较薄弱、分散。适用于作战部队成群体式(分群)部署时。

四、非战争军事行动通用装备保障指挥

非战争军事行动,是指武装力量为实现政治、经济或军事等目的而采取的不同于作战行动的军事行动。主要包括反恐怖行动、维稳行动、处置边(海、空)防事件行动、维权行动、维和行动、抢险救灾行动、联合军事演习、保交护航等行动。

(一)非战争军事行动对通用装备保障指挥的基本要求

1. 反应迅速,决策果断

尽管非战争军事行动样式多样、情况不一,但就绝大多数非战争军事行动而言,其往往事发突然,情况多变。在短暂的时间内,通用装备保障系统既要保障任务部队快速准备、快速展开,自身也要快速完成准备,还要能够对出现的意外情况做出快速反应,这都要求通用装备保障指挥机构和人员反应迅速,决策果断,及时确定保障重点和相应对策措施,快速高效地开展保障行动。

2. 集中统一,关系顺畅

非战争军事行动特别是重大行动,往往需跨军区、跨军种、跨建制调集各类部队聚合用兵,通用装备保障关系较为复杂。既要保障体制内的各种通用装备,又要保障体制外的特需通用装备;既要组织按建制保障,又要组织跨建制区域保障。通用装备保障需求大、要求急,如不及时明确和理顺通用装备保障指挥关系,容易造成通用装备保障的混乱。为此,必须构建集中统一的通用装备保障指挥体制和机制,针对不同规模、不同样式非战争军事行动的实际情况,合理确定指挥关系,按照指挥层次和工作程序科学地组织实施通用装备保障。

3. 军地结合,形成整体非战争军事行动

大量使用的军队体制外的非作战通用装备的维修保障技术门类特殊、专业性

强,部队现有的保障力量缺乏相应的维修能力。即使是在部队体制内,某些通用装备由于投入使用量大、强度高,发生故障和损坏频繁,有时远远超出部队保障能力,也需动员和使用地方保障力量。非战争军事行动通用装备保障军地之间密不可分的客观条件、地方保障力量特有的地位和作用,以及通用装备保障内容的军民通用性,都要求在通用装备保障指挥上实现军地联合、优势互补,以充分发挥军民整体保障效能。

(二)非战争军事行动通用装备保障指挥的组织实施

1. 指挥体系的建立

我军遂行非战争军事行动任务,总体上构建了"总部—属地军队最高单位—任务部队"保障指挥体系。对于较大规模的非战争军事行动,通常建立由总装备部负责组建的总部层次的通用装备保障指挥机构,其主要职责:①为军委、总部首长决策提供通用装备保障建议,指挥战略层次通用装备保障力量实施支援保障,组织筹集和调配特需通用装备器材等。②属地军队最高单位通用装备保障指挥机构。其由事发地区军队最高单位建立,主要职责是:为非战争军事行动联合指挥部指挥员决策提供通用装备保障建议,统一指挥多方调集的通用装备保障力量,建立任务地区通用装备保障体系,组织指挥进入任务区的各军兵种部队的通用装备保障行动,直接协调属地地方通用装备保障资源动员等。③任务部队通用装备保障指挥机构。由师以下部队通用装备部门建立,在属地非战争军事行动通用装备保障指挥机构的直接指导、支援下,组织本级部队的通用装备保障。

2. 指挥方式的确立

(1)集中指挥与委托指挥相结合,以集中指挥为主,注重把事关全局的主要工作和关节点纳入通用装备保障指挥的重点范畴。

(2)逐级指挥与越级指挥相结合,以逐级指挥为主。通常按指挥层次和系统实施逐级指挥,对突发情况灵活把握指挥重心,视情实施越级指挥。

(3)在行动的关键阶段通用装备保障指挥员要亲临一线,现场指挥,实时掌握并处置各种情况,确保通用装备保障行动稳定高效。

3. 部门之间的协调

(1)加强与作战部门沟通协调,及时掌握非战争军事行动的总体态势,了解本级任务和首长意图,力求使通用装备保障指挥与整个非战争军事行动指挥同步。

(2)建立军地联合办公、联席会议、联络员制度,健全军民联供、联修、联运、联防模式。同时,加强通用装备保障与作战保障、后勤保障的分工协作。

（3）加强通用装备保障系统内部的协调，互通信息，相互配合，密切协作，形成整体合力。

（三）非战争军事行动通用装备保障指挥系统建设

1. 加强理论研究

坚持理论先行，加强对不同样式非战争军事行动通用装备保障指挥特点规律、基本任务、指导原则、指挥体制和保障运行机制等的理论研究，从理论层面上科学回答非战争军事行动通用装备保障指挥"是什么、干什么、怎么干"的问题。充分利用军队参加抢险救灾、处突维稳、涉外演习、国际维和等非战争军事行动时机，在实践中梳理总结经验，发展相关理论，加快形成系统配套的非战争军事行动通用装备保障指挥理论体系。

2. 完善法律法规

非战争军事行动保障通用装备的动员征用、采购、补偿等，多涉及军地关系和军地利益，需要从国家层面立法，军地双方共同遵守。当前急需由军地双方对非战争军事行动通用装备保障指挥关系、物资和通用装备动员征用权限、物资和通用装备补充采购范围、物资和通用装备动用补偿办法和标准等做出具体规范，确定相应立法目标和实施计划，以法律武器保证行动时的通用装备保障指挥令出有据、查责有规。

3. 配套指挥手段

按照"指挥平台机动化、指挥手段多样化、信息数据实时化"的要求，把非战争军事行动通用装备保障指挥手段建设列入军队信息化建设统一规划，依托作战指挥平台综合组网，加大机动式通用装备野战指挥平台和卫星背负站、海事卫星电话等便携式先进通联手段的配发力度，辅以电话、传真、网络、机要等多种通信手段，并建立军地间专向通信网络，构成上下互通、军地互连的通用装备保障指挥系统。

4. 强化指挥训练

通过有针对性的训练，重点解决非战争军事行动通用装备保障的编成部署和保障方法的综合运用、复杂情况的临机处置、信息化指挥手段的操作使用等关键问题，提高指挥机构和人员的决策能力和谋划、协调技能。广泛采取战术作业、要素演练、指挥所演习等方式，切实提高领导机关遂行非战争军事行动通用装备保障的筹划谋划、指挥决策和协调控制能力。同时，要加强联训联保融合训练，组织军兵种之间、后勤部门与通用装备部门之间、保障与作战之间的联合编组、任务衔接等指挥课题训练，提高非战争军事行动通用装备保障的纵向衔接和横向协调能力。

第四节　战时通用装备保障组织与实施

通用装备保障活动的组织实施,是把本级建制内的、上级加强的和地方支援的各种通用装备保障力量优化组合成一个有机整体,对通用装备实施保障的活动过程。它是通用装备指挥的一项非常重要的工作,其组织实施是否科学、合理,将直接影响保障能力的发挥、保障效益的提高和通用装备保障活动的成败。

一、战时通用装备物资供应

(一) 战时通用装备物资供应的任务

战时通用装备物资供应保障组织指挥的基本任务是组织、计划、协调通用装备物资,使其按照一定规律有序的流动,指挥物资保障分队的行动,满足部队战备和作战的需要。其主要内容有以下几项。

1. 组织制定通用装备物资供应保障计划

通用装备物资供应保障计划是组织通用装备物资供应保障的依据。要组织通用装备物资供应保障,装备指挥员和机关首先要做到心中有数,即对通用装备物资需求做出科学的预计。没有需求预计,筹措、储备多少物资、各种品种比例多少、何时补充何种物资等就无法确定。在供应中就可能发生冗余而造成浪费,或因缺少而断供、断档。因此,要做好通用装备物资供应保障,首先就要组织制定通用装备物资供应保障计划。

通用装备物资供应保障计划的主要内容:上下级物资仓库的配置位置及开设时间、规定对参战部队的保障关系、战前加大(储备)的区分、物资消耗限额区分、战前和战中物资补充的方法和保障措施、缴获物资的利用和处理办法、物资保障分队的部署与防卫、物资消耗统计报告及各项准备工作完成的时限等要求。

2. 组织通用装备物资的筹措与储备

组织好通用装备物资的筹措与储备,是做好通用装备物资供应保障的基础。由于通用装备物资的生产与消耗有一个较大的时间差,因此,面对突然发起的战争,对战争需求的大量通用装备物资,既不能等战争打起来后再筹措,又不能等物资筹措好了再打仗。所以要做好通用装备物资供应保障,必须组织战前通用装备物资的筹措和储备。

组织通用装备物资筹措,就是要组织有关筹措部门、人员,通过不同的筹措渠道,采用不同的方法筹集通用装备物资。特别是要组织好战时通用装备物资生产、采购。作战部队战时通用装备物资筹措主要是通过向上请领、就地自筹、利用缴获等方式筹集所需物资。

组织通用装备物资储备,是指总部和军区要根据预定作战任务做好战略、战役储备,作战部队在作战前要根据所担负的作战任务组织好加大储备。组织通用装备物资的储备,①要确定合理的储备布局;②要确定合理的储备规模;③要确定合理的储备模式;④要组织抓好储备物资的质量和安全。组织通用装备物资的储备,要周密计划、适时调整、科学调度。

3. 组织通用装备物资的补给

组织通用装备物资补给,就是将通用装备物资补充到下一级直到作战部队的一系列组织活动,包括制定补给计划、组织发运、交货等。通用装备物资补给是通用装备物资供应活动的末端环节,是物资传递、流动的过程。在现代高技术战争中,装备物资消耗规律变化大,补给活动受到严重威胁,补给行动处在动态和其他许多不利条件下进行,补给量大、制约因素多。因此,通用装备物资补给的组织指挥工作更加困难。

组织通用装备物资补给时要着重抓好以下几点:①灵活运用补给方式方法,提高补给的效率;②选择合适的时机,提高补给的时效;③适时调整补给重点,适应战场变化情况;④控制好补给数量,提高补给的准确性;⑤掌握机动的物资和人力,保证补给的持续作战能力。

4. 组织指挥物资保障分队的行动

组织指挥物资保障分队的行动,是使通用装备物资供应保障工作能够有序进行,通用装备物资保障能力得到充分发挥,达到最佳保障效果的重要前提。对通用装备物资保障分队的指挥要统一组织、统一计划、统一指挥、统一行动、统一协调。具体要做好以下工作:

(1)统一部署物资供应保障力量,形成前后衔接、左右相连、与作战部署相一致的物资供应网。

(2)统一组织物资保障分队的开进与展开,使之与部队作战行动、与整个装备保障实施同步一致。

(3)及时调控物资保障分队的保障实施,使之与战场的变化相适应,达到物资保障及时、准确、适量的要求。

(4)统一组织物资保障分队的防卫、转移,提高物资保障分队的野战生存能力。

(二)战时通用装备物资供应的工作程序和主要内容

1. 预计供应保障任务

通用装备物资供应保障任务预计,是制定通用装备物资供应保障计划、筹组和使用供应保障力量的基本依据。装备保障指挥员及其指挥机关,应当根据作战任务、样式、规模、持续时间、参战通用装备数量、使用强度和敌武器装备的打击破坏威力等因素,对各种通用装备及其配套器材的战损量和弹药需要量做出预计。在各类通用装备的战损量中还应分析轻度、中度、重度损坏及报废的比例,着重预计重度损坏和报废的数量,为通用装备补充提供依据。弹药需要量应在弹药消耗量的基础上加上可能的损失量和一定的机动量。

2. 拟制供应保障计划

通用装备物资供应保障计划,是通用装备供应保障决策的具体体现,是实施通用装备供应保障的直接依据。装备保障指挥员及其指挥机关,应当根据通用装备物资供应保障任务预计和现实保障能力,拟制通用装备物资供应保障计划。通用装备供应保障计划的主要内容通常包括:通用装备物资供应保障力量的编成与部署方案,各种通用装备及器材的储备和补充计划,各种弹药的储备和补充计划等。

拟制通用装备物资供应保障计划,应着重把握以下几点:①统筹全局,分清主次缓急。既要统筹兼顾需要与可能、全局与局部、当前与尔后、重点与一般,又要分清主次缓急,突出保障重点,对主要方向、主要作战部分、关键作战阶段及行动实施优先保障。②积极主动,搞好协调配合。要与作战指挥机构主动联系,根据作战计划制定供应保障计划,使之与作战需要及作战行动相一致、相协调;要与后勤指挥机构主动联系,通报通用装备供应保障计划,周密协调仓库储备、发放及运输事项,使储备、发放、运输相互协同、紧密结合。③多案准备,预有应变措施。要立足最困难、最复杂的局面和战中可能变化的情况,制定多种保障方案,留有充分的余地,预有各种应变的准备和措施,增强计划的适应性和可行性。

3. 组织供应保障力量

通用装备物资供应保障力量,是实施通用装备物资供应保障的基本力量,是通用装备物资供应保障计划的直接执行者。各级装备保障指挥员及其指挥机构,应当根据各自的通用装备物资供应保障任务,迅速组织通用装备物资供应保障力量,形成战略、战役、战术层次通用装备物资供应保障力量紧密衔接、有机结合的保障力量体系。战略层次通用装备物资供应保障力量,通常以总部和各军兵种建制内的战略装备仓库为主体,与国家有关军民通用装备仓库、非作战战区战役装备仓库相结合,建立战略通用装备供应保障集团,甚至也可将有关通用装备生产企业纳入保障集团,采取后方基地固定配置与机动前伸配置相结合的布局,对战役层次的通用装备物资调配保障实施支援。

战役层次通用装备物资供应保障力量,通常以战区和战区各军兵种建制内的战役装备仓库为主体,与地方有关军民通用装备仓库相结合,建立若干固定的战役通用装备保障基地仓库群,以及若干野战仓库,采取基地仓库群固定配置与野战机动仓库机动前伸配置相结合的区域部署,按保障区对基层战役军团和战术兵团的通用装备供应保障实施支援。各基本战役军团以平时建制的通用装备物资供应保障为基础,通过临时扩编或上级加强,编成若干通用装备物资供应保障部(分)队,采取固定与机动相结合的部署,对所属各师旅实施保障。

战术通用装备物资供应保障力量,通常以战术部分队建制内的通用装备物资供应保障力量为主体,与上级加强、地方动员的通用装备物资供应保障力量相结合,编组若干保障分队,紧随部队实施快速、机动保障。

4. 调整充实装备物资储备

通用装备物资储备,是为保障作战行动需要在平时就建立的通用装备物资储存。各级装备保障指挥员及其指挥机构,应当根据各自的通用装备物资供应保障任务,迅速调整充实通用装备物资储备,对作战方向和地区,形成以战役、战术储备为重点,战略、战役、战术储备纵深梯次和紧密衔接的通用装备物资储备体系,增强通用装备物资供应保障的及时性和连续性,确保战争初期和尔后作战的不间断供应。

通用装备物资储备的数量,应根据预计的需要量、各级通用装备物资供应保障机构的储存能力、战中筹措补充的难易程度、可能的损失量和机动量、战场自然条件等进行确定,通常应适当高于预计的消耗量。在确定通用装备物资储备总量的基础上,应分别区分战略、战役和战术层次的储备量,重点应加大战役、战术储备。战役、战术各层次和各级部队储备区分,还应根据作战任务、作战环境、保障可能等情况进行具体的储备区分。通常情况下,战区储备多于基本战役军团储备,战役储备多于战术储备;主要作战方向储备多于其他作战方向储备,执行主要作战任务的部队储备多于其他部队储备,筹措补充难度较大的通用装备物资储备多于易于筹措补充的通用装备物资储备等。

5. 实施通用装备物资供应保障

装备保障指挥员及其指挥机构应当根据临战和战中部队的通用装备物资需求,分别组织实施通用装备物资供应保障。

临战准备阶段,各级装备保障指挥员及其指挥机构应当根据通用装备物资供应保障计划,及时组织实施部队组扩编的通用装备物资补充和战前的通用装备物资储备补充。对通用装备及其配套器材的供应保障,主要在临战准备阶段进行。应当根据部队组扩编的通用装备物资供应保障计划,及时组织坦克、火炮、枪械、车辆等各种通用装备物资的补充,满足部队迅速完成组扩编的需要,保障部队齐装满员,达到作战需要的配备率和完好率;对配备新型通用装备的部队,应同时提供相应的配套设施,并组织装备专家队伍和专业技术力量,为部队实施新装备的使用及管理指导,确保其迅速形成战斗力,顺利投入作战作用;战中使用强度大、损坏率高的主要作战装备和保障装备,应分别在各级预先建立适量的储备,以便在战中随时予以补充,保持和巩固部队的战斗力。弹药的供应保障,应当根据弹药储备与补充计划,按照各级的储备标准及储备任务区分,及时将所缺的弹药补充到位,确保按时完成规定的储备标准。临战阶段的通用装备物资补充,通常采取逐级补充与越级补充相结合的方法组织实施,尽可能实施越级补充,以减少补充环节,缩短保障时间,保障部队迅速完成作战准备。

作战实施阶段,各级装备指挥员及其指挥机构应当根据部队的通用装备损坏及弹药消耗情况,结合作战需要和保障可能,及时组织通用装备及配套器材、弹药的补充。通用装备及配套器材的补充,应当根据战中损坏的数量、程度及作战需要而定。当主要作战装备和保障装备损坏数量多、程度严重,难以及时修复,直接影响遂行作战和保障任务时,通常应及时实施补充,以恢复和保持部队的作战和保障能力。

二、战时通用装备维修保障

组织实施战时通用装备维修保障的方式方法多种多样,各级装备部门只有熟悉这些方式方法,才能在战时根据实际情况灵活选用,取得最佳保障效果。组织与实施战时通用装备维修保障的方式方法按照保障需求与保障行为之间的关系、保障行为发生的地点、保障行为发生的时间可以进行以下分类。

(一)战时通用装备维修保障基本方式

1. 按照保障需求与保障行为关系区分

(1)自我保障。它是指保障需求者自身完成的一种保障。自我保障的保障行为者就是保障需求者。

(2)支援保障。它是指后方专门的保障人员对保障需求者进行的保障。支援保障的保障行为不是保障需求者本人,保障行为者对保障需求者是一种支援的行为。

(3)调剂保障。它是指发生在两个保障需求单位之间的一种保障活动。它是介乎于自我保障与支援保障两种形式之间的一种特殊的保障方式。调剂保障一般情况下由两个调剂单位的上级的保障指挥机关组织协调。

2. 按照保障行为发生地点区分

(1)现地保障。它是指保障行为发生在保障要求的现场或现场附近的一种保障方式。

（2）后方保障。它是在后方保障配置地域的保障力量完成保障任务的保障方式。对于战略、战役、战术等不同层次，"现地"和"后方"的范围是不同的。

（3）途中保障。它是发生在部队机动途中进行保障的一种方式。它既不是在保障后方，也不是在阵地发生的保障活动。

3. 按照保障行为发生时间区分

（1）事前保障。它是指在需要保障的事件（损坏、消耗）发生之前所进行的保障。

（2）事中保障。它是指在需要保障的事件发生后（如损坏）或发生过程中（如消耗）所进行的及时性（在规定的时间内）的保障。

（3）事后保障。它是指战斗后进行修理与补充的活动。

（二）战时通用装备维修保障的工作程序和主要内容

1. 预计通用装备维修任务

通用装备维修任务预计，是组织实施战时通用装备维修的前提，是制定通用装备维修计划、筹组和使用维修力量的基本依据。各级装备保障指挥员及其指挥机关应当分别对装备维修任务做出预测。战略装备保障指挥机关通常应对战争的通用装备维修任务进行预测；战役、战术装备保障指挥机关应对战役、战斗的通用装备维修任务进行预测。通用装备维修任务预计通常按以下步骤进行：①预计通用装备的损坏量。应当综合分析作战任务、样式、规模、持续时间，参战通用装备的数量、战术技术指标、使用强度，敌打击破坏手段、程度和己方的防护条件，作战地区自然地理条件等多种因素的影响，参照以往通用装备战损的经验数据及出现故障的一般规律，预计出各类通用装备的损坏量。②预计各类通用装备的损坏程度。在各类通用装备的战损量中，分析轻度、中度、重度损坏及报废的比例，预计出各类通用装备各损坏等级的数量，再次计算通用装备维修任务量。应分别计算各类通用装备轻度、中度、重度损坏的维修任务量，并根据各级维修机构的任务区分计算出相应的维修任务量。通用装备维修任务预计，应综合运用经验推算预测法、模拟计算预测法、实验验证预测法等方法，尽可能做出比较准确的预测。

2. 制定通用装备维修计划

通用装备维修计划，是实施战时通用装备维修的直接依据。在预计维修任务的基础上，应当根据各级、各军兵种的维修任务和维修能力，分别制定相应的通用装备维修计划。通用装备维修计划的主要内容通常包括：维修力量的编成、部署及维修任务区分；各作战阶段的主要维修工作及采取的主要措施，维修器材的筹措、储备与补充,各修理机构之间的协同事项,以及修理机构的防卫等内容。必要时也可以单独制定维修器材保障计划。制定通用装备维修计划,必须注意全面兼顾,突出保障重点;根据修理机构的维修能力,合理区分维修任务;立足最困难、最复杂的局面和战中可能变化的情况,预有多种维修方案和应变措施,增强计划的适应性和可行性。

3. 组织通用装备维修保障力量

通用装备维修保障力量,是实施战时通用装备维修的基本力量,是通用装备维修计划的直接执行者。各种装备指挥员及其指挥机构,应当根据各自的通用装备维修任务,迅速筹集和组织通用装备维修保障力量,形成战略、战役、战术层次通用装备维修力量紧密衔接、有机结合的维修力量体系。

战略层次通用装备维修保障力量,通常以总部和各军兵种建制内的战略通用装备维修保障力量为主体,与国家有关通用装备生产企业、军事通用装备修理工厂相结合,建立战略通用装备维修集团,采取后方基地固定配置与机动前伸配置相结合的布局,担负战略后方的通用装备维修任务,并对战役通用装备维修实施支援。

战役层次通用装备维修保障力量,通常以战区和战区各军兵种建制内的战役通用装备维修保障力量为主体,与地方有关军民通用装备制造和修理工厂、上级加强的维修力量相结合,建立若干固定的战役通用装备维修基地,以及若干野战机动修理部(分)队,采取基地固定配置与机动前伸配置相结合的区域部署,按保障区实施战役级通用装备维修,并对基本战役军团和战术兵团实施通用装备维修支援。各基本战役军团以平时建制的通用装备维修保障力量为基础,通过临时扩编或上级加强,编成若干通用装备修理部(分)队,采取固定与机动相结合的部署,实施部分战役级通用装备维修,并对所属各师旅实施装备维修支援。

战术通用装备维修保障力量,通常以战术部(分)队建制内的通用装备维修保障力量为主体,与上级加强、地方动员的通用装备维修保障力量相结合,编组若干修理分队,紧随部队实施快速、机动维修。

4. 实施通用装备维修保障

各级装备保障指挥员及其指挥机构应当根据临战准备阶段和战中的通用装备损坏情况,组织指挥所属维修力量,实施通用装备维修。临战准备阶段,在进行各项维修准备的同时,主要应组织维修保障力量,指导、协助部队进行通用装备的检查保养,对有故障的通用装备进行及时修理,提高通用装备的完好率;根据作战需要对部队通用装备实施必要的临时加改装;为下级修理机构补充维修器材,完成战前器材储备。作战实施阶段,主要应主动了解和掌握部队的通用装备损坏情况,及时组织各级修理机构按照任务区分,实施对损坏通用装备的抢救抢修;根据通用装备维修器材的消耗情况及维修任务,及时组织维修器材的请领与补充;主动与有关运输部门密切协同,及时组织对本级不能修复通用装备的后送;针对作战和通用装备维修任务等情况的变化,及时调整维修保障力量和维修计划,积极采取有效措施,保证损坏通用装备及时得到修复或后送。作战结束时,首先应组织维修保障力量突击抢修机动装备,保障其迅速撤离战场,尔后修理和后送损坏的通用装备,及时调整补充力量,准备再战。

三、战时通用装备保障基本方式

一般情况下,通用装备保障方式可以分为伴随保障、定点保障和机动保障等三种传统方式。信息化条件下,为体现信息主导、体系对抗、整体联动、精确保障等保障思想,可以将通用装备保障方式分为以下五种:

(1)基地联合保障。是指把战区划分为若干通用装备保障区,每个保障区建立通用装备保障基地,统筹区域内其他保障节点,负责对保障区内的部队实施通用装备统保,战区内实行基地联合保障。这种方式强调通用装备保障的综合性,体现了整体保障的思想,一般由战区组织实施。在行动方法上,主要依托基地固定设施遂行装备保障任务,也可派出机动保障力量,对部队实施机动支援保障。

(2)节点辐射保障。是指配置位置相对固定的战略、战役级保障节点,以"一对多"向外辐射的方法,对部队实施快速支援保障的方式。它是传统定点保障方式在信息化条件下的拓展,强调直接支援,具有一点保障多点的特征。实施节点辐射保障,通常按照就近就便、相互衔接、直达保障的要求,在兵力部署和作战行动较为集中地区,如沿海一线炮兵防空兵群配置地域、部队集结展开地域、预定装载上船地域等,建立若干个前沿保障支撑点,并根据需要适时增设或前伸保障节点,形成以节点为支撑的保障布局。

(3)动态重组保障。是指通用装备保障机构依据战场态势变化,实时调整保障力量编成结构,或调整保障力量配置地域,形成新的装备保障布势,以保障目标为核心,快速实施保障的方式。动态重组保障的基础在于保障力量和保障资源的模块化编组运用。如从联合火力打击、联合封锁作战转入局部联合登岛作战,战略、战役装备保障指挥机构应根据作战样式变化,采取向下加强保障力量、投入预备保障力量、前推配置保障力量的方法,适时动态重组保障,确保部队登岛作战的顺利实施。

(4)多维聚焦保障。是指各级通用装备保障机构,根据装备保障任务需要,集中保障力量、资源和技术信息,多方向、多方式聚集保障能量,形成某一时空的装备保障能力优势,以"多对一"对部队实施保障的方式。多维聚焦保障有很强的指向性,体现了灵活保障、重点保障的思想,通常由战役级按照多点联动、聚焦重点、强化末端的原则组织实施。多维聚焦保障有多种方法,在方向上强调向一线聚焦、向主要方向聚焦以及向重要地区聚焦;在空间上强调从陆上、空中、海上实施立体聚焦;在保障对象上强调向主要作战部队聚焦等。

（5）越级直达保障。是指上级通用装备保障机构超越某些装备保障环节,直接对下级部队实施保障的方式。它是传统的越级保障方式在信息化条件下的拓展运用。传统的越级保障,是分层逐级上报需求,被动组织保障行动。信息化条件下保障体系的建立,使上级能够实时感知保障态势,实现由逐级申请、越级支援保障向实时感知、越级直达保障转变,从而减少中间环节,有效提高保障时效。越级直达保障,主要表现为向下跨越一级或数级组织实施装备保障,一般在为加快保障速度的情况下采用。

第九章 通用装备保障发展

信息时代的到来推动了信息化战争的发展,战争节奏越来越快,战场界线越来越模糊,作战样式越来越丰富,高新技术装备运用越来越广泛。信息化战争的这些新特点,决定了通用装备保障必须不断调整体制编制、创新保障方法、完善保障手段,按照建设信息化军队、打赢信息化战争的战略目标,构建适应信息化战争的通用装备保障体系,形成信息化条件下通用装备核心保障能力。

第一节 通用装备保障发展趋势

信息化战争需求的牵引和以信息技术为核心的高新技术的推动,使通用装备保障越来越多地体现出信息化的特点,呈现出新的发展趋势。

一、通用装备保障要求向集成化方向发展

随着信息化装备和信息系统的广泛运用,特别是信息化战争对作战、保障模式的影响,使通用装备保障环境越来越复杂,从空间、时间以及保障内容都有了更大的拓展,对通用装备保障提出了更高的要求。

(一)在多维一体的空间实施保障活动

由于大量先进的、装备有数字化信息系统的运输飞机、舰船和各种技术性能优越的野战运输车辅助进行各种战场兵力投送,使整个部队的中远程机动能力大大提高。装备精良的数字化部队通常并非预先配置在预定战场上,而是通过战略海空运输运达作战地域。这种空间范围大、实施频繁的战场机动,必然使通用装备保障的空间范围扩大,不仅从平面到立体,从海洋到空间,甚至可能是从一国到多国的跨地区保障,而且通用装备保障活动可能全程处在复杂地磁环境之间进行,多维一体的空间环境,给通用装备带来了巨大困难。通用装备保障不仅仅局限于特定的作战地域,而是涉及作战地域之外的各个地区,与以往主要是在前线修理所储备和使用备件器材、进行维修保障相比,通用装备保障将在更广阔的空间范围展开。

（二）在日趋紧迫的时间完成保障任务

装备的信息化发展,使战场上的装备具有反应速度快、机动性能好、命中精度高、杀伤威力大等特点,能够在作战中以较小的代价达到消灭对方有生力量、摧毁对方作战力量体系的目的。这在客观上使信息化战场上作战行动的快速性、准确性、破坏性大大增加,使作战的时间大为缩短。这种快速而短促的作战进程必然要求通用装备保障在紧迫的时间内,尽可能最快地恢复装备作战性能,完成装备物资供应保障,尽快形成作战能力,在最短的时间内完成通用装备保障任务。

（三）保障内容向全方位不断拓展

信息化战争通用装备保障从过去以维修保养和保障弹药、备件等传统的物资器材供应为主,逐步拓展到以信息技术装备为主的各种通用装备的维修保障,各种精密仪器、电子器材设备的供应保障,突出高新技术的弹药供应保障,计算机软件、技术咨询等各种保障内容。通用装备保障的内容更多,难度更大。通用装备信息化程度的提高,使通用装备维修保障的任务更为复杂,机械、电子、计算机软件等多种系统的高度集成,不仅拓展了维修保障的内容,而且大大提高了维修保障的难度;同样,通用装备信息化程度的提高,对装备的储存、运输等各个供应环节,也提出了新的要求,使供应保障的难度日益增加。为了完成通用装备保障任务所需的保障装备越来越复杂,要完成好通用装备保障任务,必须确保保障装备的高效运用,这本身也增加了大量的保障任务,因此,通用装备保障的内容从维修保障、供应保障、保障装备的保障等全方位不断拓展。

二、通用装备保障力量向模块化方向发展

传统的通用装备保障力量是区分专业、基于型号构建的,形成了各专业"大而全、小而全"的保障力量。随着通用装备复杂程度的提高,单件装备技术体系越来越复杂,不同装备间共用技术越来越多,基于型号建设保障力量的模式越来越不现实,通用装备保障力量越来越朝着模块化方向发展,立足现有的需求和保障能力构建通用装备保障力量模块,实现保障力量编组的小型化和功能的一体化。

（一）保障力量编组模块化

保障力量编组模块化,就是把各种专业保障力量、防卫力量及辅助力量,按功能区分,组成具有综合功能的统一体,将通用装备维修、弹药器材供应等专业保障力量分离的平行结构,以通用装备保障任务为牵引,调整为以部队战时通用装备保

障需求为中心的集各种功能于一体的综合结构,同时,配备适量的通信、警卫力量,使通用装备保障力量实现模块化多专业融合,具备相对独立的综合保障功能。

现代战争通用装备保障力量构成多元,既有军队建制内保障力量,又有预备役力量,还有地方动员力量,同时由于高技术武器和信息技术出现和使用,技术复杂,保障要求高,部分任务超出了现役部队和预备役保障能力的范围,一些重要的武器合同商也要派出专业技术人员参加保障,为自己生产的武器装备提供保障、维修服务和备件供应。现役、预备役、民兵、合同商四位一体的保障力量编成,将构成信息化战争的通用装备保障力量体系。有效利用各种保障力量,必须从基于能力出发,对各种力量进行有机编组,可采取"军地混编"的方式,以现役保障人员与预备役和地方动员人员混合编组,并以现役人员作为各级指挥员和骨干力量,突出模块功能,共同完成保障任务。

(二)保障任务区分模块化

随着通用装备的不断发展,各种装备在结构上出现了很多的相近性和交叉性,通用装备保障的专业差异减小,专业分工界限日趋模糊,在管理和建设上"任务共担,资源共享"的需求越来越强烈。通用装备保障的任务区分必须在充分掌握不同装备作战运用的基础上,结合不同装备配置地域以及保障需求,打破专业的界限,对保障任务在重新整合的基础上进行再区分,针对装备保障任务对不同模块的需求,派出保障力量,组织实施通用装备保障。

按模块化方式区分保障任务,既可以将几个模块进行组合,集中使用保障力量,也可以视战时具体情况临时抽组,按需改变保障力量的专业种类和数量,形成不同规模、不同类型、满足不同保障需求的保障模块。美军认为,"战斗勤务保障部队编制的灵活性是应付各种新任务的必要"条件,保障单位必须模块化、易组合和灵活机动,"现役和后备部队的模块式单元将能迅速地组合成部队的勤务系统"。这种根据任务需要随机灵活"拆卸"或"组装"保障力量,像积木一样任意抽组,形成多元保障体系的做法,更利于信息化条件下通用装备保障任务的高效完成,是通用装备保障任务区分的必然发展趋势。

三、通用装备保障方式向多元化方向发展

为适应现代作战节奏加快、进程缩短、时效性强等特点,通用装备保障方式将向快捷、高效、多样的方向发展,更加注重机动伴随保障、直达供应保障、战场应急保障以及远程支援保障等,由此推动通用装备保障方式朝着多元化的方向发展。

（一）更加注重机动伴随保障

机动伴随保障是指围绕遂行的作战任务,灵活地将各种保障力量编组成具有相对独立性的综合保障模块,与不同作战单元进行组合对接,随时随地向作战部队实施保障。随着信息化战争的推进,通用装备保障更加注重机动伴随保障,以适应信息化战争需求,不断提高保障效能。

美军认为,战术部队必须具有强大的自我保障能力,即在孤立的地区单独遂行作战任务的能力。美军将战区、军、师保障职能下放到旅级战斗队,将"前方小修、后方大中修的多级维修体制"变为"前方换件、后方修理,联合组织、直保维修"的两级维修体制。美国陆军21世纪的重型师和目标部队编成中,每个作战旅都编设了前方保障营,每个作战营都编设了前方保障连,具有补给、维修、防卫等功能。我军即将组建的数字化机步师,师辖勤务支援团,团辖勤务支援营,并配备了大量野战保障装备,也是要实行机动伴随保障。

（二）更加注重越级直达保障

越级直达保障是上级装备保障机构超越某些装备保障环节,直接对下级部队实施保障的方式。它是传统的越级保障方式在信息化条件下的拓展运用。

传统的通用装备保障基于指挥与作战力量体系"树状"结构模式,相应地依照体制、区分层次组织实施。如战术级通用装备保障力量只完成一般装备的抢救抢修和携运行弹药、器材等装备物资的保障任务,较复杂的技术问题、需要较长时间恢复的战损装备、较大规模的弹药器材消耗由战役级负责,战役级再将无力保障的问题交由战略级负责。

信息化作战,指挥与作战力量体系由"树状"结构转变为"扁平"结构,相应地压缩了通用装备保障层次,拓宽了每个层次的保障范围,而且为各业务间的横向沟通提供了平台,使立体直达的供应越来越频繁。伊拉克战争中,美英联军突出以信息技术为支撑的主动配送式保障,后方基地指挥部通过计算机系统和通信系统随时跟踪作战部队装备、物资、器材的消耗和需求状况,收集各种实时信息,综合运用各种供应保障力量,根据需要组织门对门的保障,体现出直达供应保障的巨大的优越性。美军还采用了越过战区、集团军,直接将某些急需物资从美国本土直接投送到第一线作战部队的保障方式,减少了中间环节,提高了保障效率。

（三）更加注重战场应急保障

信息化作战,敌我双方立足于体系与体系的对抗,从层层剥皮的逐次作战转向直取重心的并行作战,作战行动的节奏明显加快,作战情况的发展变化更加复杂,通用装备保障需求超出计划之外的情况将频繁发生,有的意外情况可通过调整保障行动得到满足,但大部分意外情况会远远超出计划之外,正常的保障难以满足需要,着眼于满足最低限度需求的应急替代保障措施将发挥至关重要的作用。海湾战区恶劣的自然地理条件带来的最大难题是如何解决环境对装备战技术性能的影响,酷热条件下钢材可能变形,橡胶或金属构件产生松动、膨胀、断裂等现象,风沙和高温会使电子元器件或电子系统失灵,沙粒堵塞过滤器、磨损机件、卡住运动体等。为此美军采取了许多应急的、替代的措施,满足了通用装备保障的需要,如在M1A1坦克上安装了挡热板、装甲板并实施了光学处理;增加清洗、擦拭次数,由湿润滑改为干润滑,或在即将投入作战时再注入润滑油,车辆每行驶180千米左右即仔细维修一次;安装空调或置于阴凉处防热,经常更换润滑油、空气过滤器,加装遮蔽物防沙尘等。

(四) 更加注重远程支援保障

远程支援保障是通用装备保障主体借助信息网络的链接,通过信息交换,对正常作用渠道、作用时空距离之外的保障单元、保障平台进行远程支援,完成实时赋予的各项保障任务。

远程支援保障,既适用于通用装备保障指挥机构对跨建制、跨层次、跨系统的通用装备保障部(分)队实施操控,提高保障行动的灵活性,适应快速多变的信息化作战行动;也适用于通用装备保障人员通过网络跨越时空,远程操控智能化的保障设施、保障装备,完成现地人员无法操作完成的通用装备检测、修理任务和弹药器材供应等保障任务,也即实施无人化保障;还适用于对位于一线的通用装备保障部(分)队,甚至是通用装备操控人员提供技术支持等。信息化作战,各作战保障单元和要素以数字化网络为基础,形成了横向联通、纵向一体的网络布局,可以实现各种力量和要素之间多链路直接互通,无论是机动中,还是展开保障,都可随时在网络中与数个节点联系,全维可视,全程可控。这种无缝链接的信息网络,能够使通用装备保障指挥机构根据战场动态和保障需求变化情况、通用装备保障力量部署和能力情况,对特定的保障单元发出指令,调整或重新赋予其保障任务;能够使后方技术专家通过网络对一线技术保障人员实施远程技术指导,也可直接操纵分布于一线的信息化装备。远程支援保障,可以提高通用装备保障的时效性、灵活性,同时提高保障效益。

四、通用装备保障手段向信息化方向发展

信息化作战通用装备保障手段的信息化程度将不断提高,通用装备保障部门

可以利用网络系统跟踪监测作战部队对通用装备储供和维修的动态要求,将所需的通用装备物资和维修资源及时、准确地送到各战略、战役和战术单位。

(一)在保障指挥上,突出信息系统的基础作用

在通用装备保障指挥方面,积极使用各种指挥管理信息系统,以系统保障形成信息优势。通过网络,了解作战部队通用装备物资的消耗情况,有效选择运输路线和运输手段,随时协调作战部队周围的保障力量,实现通用装备物资的补给和维修。例如,美军建立了战区、军和师三级、海陆空协同的装备保障机构,构建了战区一体化装备保障指挥体系,推进了通用装备保障指挥。各级指挥机构均装备了先进的信息收集、处理系统,从而极大地提高了保障指挥管理能力和水平。美军包含通用装备保障在内的后勤指挥主控系统,可使通用装备保障人员和作战部队人员结合起来,共同了解作战态势,而且能跨军、兵种界限协同指挥,提高了通用装备保障计划、行动和决策的准确性,从而使通用装备保障与作战协调一致。

(二)在物资储供上,充分利用可视化技术

在通用装备物资储供方面,充分利用可视化技术,以可视化保障形成时间优势。在伊拉克战争中,美军积极推进全资产可视化技术在通用装备保障中的应用,并取得了明显的效果。美军所需的通用装备物资虽然种类繁多,数量巨大,但补给物资的申请和发放都纳入了计算机联网作业,能迅速查明所需物资的存储位置、数量和战备等级,及时发往作战前线,而且已经基本上实现了运输途中的资产可视。在战场上,后方基地指挥部能够通过计算机系统和通信系统随时跟踪作战部队的消耗和需求状态,根据实际需要前送和配发物资。为了对运输车辆在途中的情况加以监控,美陆军为许多卡车安装了"运输跟踪系统",驾驶员通过全球定位接收器和卫星通信系统,可随时报告自己的位置和状况,指挥部也可随时向运输途中的驾驶员发出改变目的地的命令,大大提高了物资输送效率。

(三)在维修保障上,注重信息技术的应用

在通用装备维修方面,信息技术大量应用。信息化装备及装备保障自身的发展,使维修保障在整个保障中的地位不断提高。通用装备系列化、通用化和一体化趋势越来越明显,装备技术改造也广泛应用,装备维修涉及的技术越来越广。维修保障任务的增加,使从事专业技术保障的人员逐步增加;保障装备的日益高技术化,使技术保障专业化分工朝着越来越细的方向发展。维修保障的要求越来越高,组织与协调更加困难,电子信息技术和通信技术与材料技术等在通用装备保障领

域得到广泛的应用,要使这些领域的高技术装备充分发挥其作用,就必须有与这些科学领域有关的技术人员进行保障。高技术作战平台、精确制导武器等信息化装备及其系统,正在成为通用装备保障的重要对象,战术与技术的结合更加紧密。除了传统的"硬件"技术保障外,新的"软件"技术保障比例越来越大。在伊拉克战争中,美军维修保障体现了很高的技术含量,突出表现在各种信息技术在维修领域的大量应用。例如,大量使用自动检测与修理技术,在地面进攻的美军坦克配备了数字诊断与测试"工具箱",电子技术手册替代书面技术手册的做法已经普及。据美军中央司令部新闻会介绍,担负南部主攻任务的美军第 3 机步师的所有坦克都配备了数字化的"工具箱",士兵们往往在战斗间隙就可以参照"工具箱手册"对坦克进行必要的维护。

第二节　通用装备保障发展目标

根据信息化战争发展趋势以及军事斗争对通用装备保障的需要,通用装备保障发展应把构建信息化条件下通用装备保障体系,形成信息化条件下通用装备核心保障能力作为发展目的,紧贴军事斗争通用装备保障需求,科学确立通用装备保障发展的方向、重点和途径,准确把握资源投向投量,确保建设成效向通用装备核心保障能力聚焦。

一、构建信息化通用装备保障体系

构建信息化通用装备保障体系涉及多部门、包含多要素、拥有多环节、涵盖面宽,需要以系统思想为指导,构建信息化通用装备保障理论体系、组织体系和资源体系,并保持其均衡发展,为形成通用装备保障核心能力打下坚持基础。

(一)构建信息化通用装备保障理论体系

信息化通用装备保障理论体系,主要包括装备保障基础理论、装备保障应用理论和装备保障发展理论三部分内容,构建信息化通用装备保障理论体系,必须构建起信息化通用装备保障的基础理论、应用理论和发展理论等理论体系。

1. 构建信息化通用装备保障基础理论

信息化通用装备保障基础理论是对信息化条件下通用装备及通用装备保障建设实践活动一般规律的研究,是从总体和宏观的角度,对通用装备保障实践活动中的问题加以理论的抽象和概括而得出的规律性认识,对信息化通用装备和通用装备保障建设的各种实践活动及其理论研究具有普遍的指导作用。构建信息化通用装备保障基础理论,应突出以下内容:①构建信息化通用装备保障概念范畴界说理论,主要研究和界定信息化通用装备保障理论和实践中涉及到的概念和范畴。概念和范畴是信息化通用装备保障理论的基础,在通用装备保障活动实践中占有重要地位。②构建信息化通用装备保障形成和发展理论,主要研究通用装备保障及其理论的形成与发展历程,通用装备保障的地位作用、任务、特点、指导思想和原则等问题。③构建信息化通用装备保障科学体系和研究方法理论,主要研究信息化条件下平战时通用装备保障理论的概念,通用装备保障理论研究的对象、内容和方法,通用装备保障理论体系的建立与完善等内容。④构建信息化通用装备保障体制理论,主要研究信息化条件下平战时通用装备保障的机构设置、隶属关系、职权划分和运行机制等组织及其制度的规定性问题。⑤构建信息化通用装备保障组织理论。研究信息化通用装备保障的力量组织、部署和使用,以及保障活动中所运用的一切方法。⑥构建信息化通用装备保障需求预测与资源配置理论,主要是进行信息化作战通用装备保障任务预计研究和优化通用装备保障资源的研究。根据可能的作战行动对通用装备保障的需求,预计战时通用装备保障任务,优化战时保障资源配置,合理确定保障力量的规模、结构、编成和布局。

2. 构建信息化通用装备保障应用理论

信息化通用装备保障应用理论是对信息化通用装备保障活动个别规律和具体规律的研究,它对信息化通用装备保障实践具有直接的指导作用。它以具体保障活动为对象,主要解决信息化条件下平战时通用装备保障活动中的理论指导和行为规范问题。构建信息化通用装备保障应用理论,应包括以下内容:①构建信息化作战通用装备保障一般理论,主要研究信息化战略、战役和战术通用装备保障的特点、任务、要求、指导思想、原则、主要内容、指挥、防卫、动员,以及不同作战类型和样式下通用装备保障的组织实施等方面的内容。②构建平时信息化通用装备保障一般理论,主要研究平时通用装备保障的储存供应、装备维修、法规体系、力量运用、人才队伍等内容。③构建信息化通用装备保障专业业务理论,主要研究通用装备调配保障(储备、补充和供应等)理论、通用装备维修(维修、维修器材的筹措与供应等)理论、通用装备管理理论、通用装备战备动员理论和通用装备经费保障理论等,主要研究各专项业务保障的特点、任务、主要内容和组织实施等方面的内容。

3. 构建信息化通用装备保障发展理论

信息化通用装备保障发展理论是根据军事战略、军队建设方针、军事斗争形势、通用装备保障任务以及国家经济、科技发展状况,揭示通用装备保障能力生成、积聚和发展等规律的理论。构建信息化通用装备保障发展理论主要包括以下内容:①构建信息化通用装备保障人才发展理论,主要研究信息化装备人才队伍建设、人才培训等内容。②构建信息化通用装备保障力量发展理论,主要研究适应信息化作战的通用装备保障力量构建与运用等一系列内容。③构建信息化通用装备保障体制发展理论,主要研究信息化条件下的通用装备保障体制构建,以及现行体制向信息化体制的调整改革等内容。④构建信息化通用装备保障法规发展理论,主要研究信息化通用装备保障的法规体系构建、法规制度执行等内容。

(二) 构建信息化通用装备保障组织体系

构建信息化通用装备保障组织体系,应采取适当调整组织及其职能、适度整合资源、加强信息融合、优化运行机制等措施,形成管理职能分工合理、运行机制顺畅、资源利用充分,与信息化作战指挥体制相适应,与后勤保障体制相协调的通用装备保障体制。

1. 构建扁平化组织结构

信息化通用装备保障系统需建立扁平化的组织结构,压缩保障机构规模,实现快速反应。在结构状态上,要运用信息技术对传统的"松散型"组织结构进行根本变革,构建统一管理的集中式通用装备保障体制,促进整个系统中"条"和"块"完全彻底的一体化,实现通用装备保障机构基本结构状态"紧密衔接"的目标,使保障指挥方式由多层树状宝塔式变为简捷扁平网状式,实现横向网络式指挥,缩短信息传递流程,提高系统的运行效率。

2. 构建小型多能的保障力量

强化战术级保障力量建设,调整优化战术级通用装备保障力量的专业结构和任务区分,增设高新技术专业岗位,适当增加专业技术干部岗位和中高级技术职务岗位,增大专业技术士官的编配比例,在此基础上把管理、供应、维修等保障能力综合编成,形成模块化多功能的保障单元,增强保障单元的综合保障能力,实现编组小型化、功能一体化,确保以尽量少的指令和尽可能少的配送任务,完成通用装备供应保障任务,以尽可能便捷的抢修方式,以最短的时间完成通用装备维修保障任务。

3. 构建开放多元的保障体系

充分利用社会力量进行通用装备保障,形成社会化保障和合同商保障机制,构建开放多元的通用装备保障体系。①设立通用装备保障社会化研究及管理机构,制定完善的规划计划,战略、战役装备机关,设立专门的管理协调机构,积极探索组织实施合同商保障、社会化保障的方式和方法,制定和完善相关的法规制度和规划计划。②建立有效的通用装备保障动员机制,建立高效顺畅的通用装备保障动员机制,实现平战转换有序、动员快速及时的目标,满足战时通用装备保障需要。

③加强通用装备保障质量管理,建立保障质量评审指标体系、标准及评审方法,在社会化保障的各个环节,以质量为中心,按标准实施质量监控,严格审查。④引入竞争机制,充分调动承包商的积极性,坚持法规政策与经济杠杆并重,完善通用装备保障的招投标制度,防止垄断等不正当竞争的出现,保证通用装备保障社会化的质量与效益。

(三) 构建信息化通用装备保障资源体系

实现通用装备保障的信息化,保障资源是基础,必须运用先进的信息理论、技术和手段,结合通用装备保障实际工作,构建信息化通用装备保障资源体系。

1. 构建信息资源体系

信息化通用装备保障的信息资源体系主要包括保障对象的有关信息、保障环境的信息和保障活动自身的信息。保障对象信息包括作战部队和各种信息化装备的信息,如通用装备的基础技战术性能、信息技术在通用装备及通用装备保障中的应用、通用装备技术状态退化规律;保障环境信息主要是数字化战场、社会环境和相关保障领域的信息;保障活动自身信息主要包括通用装备保障任务,保障力量构成,保障能力,保障物资,器材信息,保障装备、设备和设施信息以及保障活动状态信息等。通过构建信息化通用装备保障信息资源体系,实现对通用装备保障任务的合理分配,对通用装备保障技术的共享共用,对通用装备保障力量的有效调用,对通用装备保障物资的就近调配,以及通用装备保障的远程准备、远程测试和鉴定、远程装备数据维护、远程诊断等,为实时掌握通用装备保障信息搭建平台。

2. 构建信息化保障装备体系

通用装备保障装备包括野战抢救装备、野战修理装备、运输装备、工程装备、防化装备、保障指挥装备等。通用装备保障机构可分为基地、中继、基层三级,通用装备维修保障可分为三个等级。信息化通用保障装备体系建设必须适应信息化战争通用装备保障需求,根据保障机构、维修等级和任务区分,建立系列化的"重型、中型、轻型"保障装备体系,以形成前后衔接、快捷灵敏、相互补充的信息化通用装备保障装备体系。重型保障装备,以设施设备完善、功能配套、技术齐全为特征,配置在后方装备保障基地,以后送重损装备大修和新装备中修为基本任务,实施基地定点保障。中型保障装备,应具有一定的机动能力,配置在中继级装备保障机构,担负中损装备抢修和部件机构大修任务,实施定点保障和机动保障。轻型保障装备,应以轻便灵活、快速机动为主要特征,配属到一线作战部队的基层级装备保障机构,实施伴随保障,完成轻损装备的抢修任务。同时,由于未来信息化战场空间广阔,战场情况瞬息万变,通用装备保障态势也千变万化,基地级、中继级保障机构也应适当配备轻型保障装备系统,以满足战时应急机动支援保障任务需求,形成完备的通用装备保障装备体系。

3. 构建信息化保障设施设备体系

以实现信息化通用装备保障设施设备的综合利用为目标,建设信息化通用装备保障设施设备体系,使维修工间、工具间、保障装备、机具库房、器材库房、专业训练教室、技术资料室达到适应信息化作战需求,综合专业配套;维修设备、维修机具实现结构数量和功能上的扩充与优化,实现"一机多用",适应平战时通用装备保障需求,形成信息化通用装备保障设施设备体系。

二、实现通用装备精确保障

(一)保障需求精确掌握

实时掌握通用装备保障信息,是实现高效指挥的前提。信息化条件下,作战节奏飞快,作战转换频繁,通用装备损伤模式多样,弹药、物资消耗极大。保障准备时间紧迫,加之各种不确定因素的增多,准确预计通用装备保障任务的难度越来越大,必须随着作战行动实时掌握通用装备保障的任务需求变化情况,才能实现精确化的通用装备保障。实时掌握保障需求信息必须实现全维空间保障对象、保障环境和保障自身信息的数字化、标准化,运用计算机技术、信息技术和网络技术手段,建立综合数据库和信息管理系统,实现保障资源的可视化;必须将全维空间的保障部队、保障资源的各种指挥控制系统和信息管理系统高度集成,建立一体化保障指挥控制系统,形成"信息流"导引"物质流"的运行机制,达到多维聚焦的保障效果。

(二)保障资源精确管理

保障资源的精确管理在贯彻立足现有、统一规划、综专结合、功能配套、共享共用、注重效益、平战结合、综合保障的原则下,体现在对保障设施、设备、机具、人员、信息化建设及野战保障资源等进行整合重组与综合利用的能力,提高现有保障资源的使用效益,发挥野战保障资源的保障潜能。提高保障资源的精确管理能力,应重点抓好人员数量专业与技术等级、保障设备、备品备件等保障资源的优化配置,实现场所设施配套"区域化",机具设备"一机多用",人员素质"一专多能",保障岗位"一岗多设",保障编组"模块化",装备信息"网络化",保障效能"集约化"。

(三)保障力量精确运用

信息化战争必将是大量使用高技术武器装备和信息化技术的战争,也必将是多军种联合作战,多种力量综合使用的战争。作战进程加快,战场情况多变,通用装备保障力量受损和交通受阻的情况时有发生,战前拟制的保障计划不可能完全符合战场态势的变化,难以完全适应信息化战争的要求,必须适时调整,精确运用通用装备保障力量,实现现役保障力量、预备役保障力量和地方动员力量的有机融合,实现各种保障方式的有机融合,以最小的代价完成通用装备保障任务。在功能上,实现保障部(分)队具备供修合一、专业合一,维修技术力量多元的功能,具有"管、供、救、修"的综合保障能力,精确遂行各类通用装备保障任务。在保障速度上,由"储备型"保障向"速度型"保障转变,采取直达式远程、遥控保障,提高保障时效性。在保障手段上,由"线性式"保障向"线性式"和"蛙跳式"混合保障转变,用多样化的保障手段,确保保障效果。

（四）保障任务精确实现

为了应对未来信息化战争战场行动空间多维的特点,通用装备保障必须具备在多维空间中,由多个军兵种、多种专业共同组织实施,精确完成任务的能力。这就要求必须建立联合保障与指挥体系,使诸军兵种形成整体的保障能力。保障任务整体实现的能力要求充分运用以信息技术为核心的高技术手段,以准确的故障判断、高速的信息处理,提高通用装备保障指挥能力;以精细的筹划,综合建设和运用通用装备保障力量;以快捷的物资投送和技术支援,在准确的时间、准确的地点为部队作战提供准确数量和高质量的物质技术保障,使保障按适时、适地、适量原则,在最短的时限内恢复通用装备战术技术性能,最大限度地节约保障资源。要确保通用装备保障任务的精确实现,必须采取统一的信息编码和格式,将不同军兵种装备保障指挥系统、保障对象、保障物资、保障器材、保障平台、保障设施和保障人员以及保障活动产生的各种信息高度融合起来,建立以作战与保障结合的指挥自动化系统为基础,以信息网络为链接的扁平网络式联合保障体系,形成一体化运行机制,真正提高通用装备的整体保障能力。

第三节　通用装备保障发展思路

面对使命任务新拓展、核心军事能力新要求、军事斗争装备新任务、武器装备建设新发展,通用装备保障必须紧密结合我军机械化信息化复合式发展需要,突出技术推动、手段创新、信息共享与资源整合,围绕提高信息化条件下通用装备核心保障能力、推进通用装备保障转型这个主题,带动和促进通用装备保障建设发展。

一、坚持需求牵引

随着信息化装备的快速发展,信息化战争已经成为必然,通用装备保障的地位作用凸显,必须适应信息化战争需求,推进通用装备保障发展。

(1)理论建设要适应信息化战争理论的发展。结合我军新时期军事战略方针,积极借鉴外军通用装备保障信息化建设经验,通过研究信息化战争规律,揭示其对通用装备保障的影响,从中找出通用装备保障活动的基本规律,用以指导通用装备保障建设。

(2)配套建设要适应信息化通用装备体系的发展。信息化通用装备发展的同时,要配套建设相应的保障装备,特别要重视接口、软件以及相应技术资料、训练手段的配套建设,并与主战装备建设同步规划、同步建设。

(3)保障模式要适应信息化战争形态的发展。信息对抗使得战争形态、作战样式、战场环境等与传统战争相比发生了根本性变化,对通用装备保障的对象、手段、环境、方式等方方面面产生巨大的影响。因此,要根据信息化战争的不同作战样式和环境,以及电子战、远程精确打击等作战方式,创新研究我军通用装备保障模式发展。

二、突出信息主导

信息化条件下通用装备保障,是建立在掌握信息、处理信息、运用信息、反馈信息基础之上的,将构建畅通的信息流作为构建通用装备保障体系的首要工作,并使通用装备保障的组织、计划、实施、控制等一系列工作都紧紧围绕信息的高效流动而展开,以"信息流"链接"物质流",以"信息流"驱动"物质流"。同时,将保障通用装备所需的软硬件、维护信息系统正常运转、提供通用装备维修保障、从作战指挥系统了解通用装备保障任务需求、向作战指挥系统提供通用装备保障信息等,作为通用装备保障的基本任务。突出信息主导要注重以下两个方面:

(1)重视标准建设。实现通用装备保障信息资源高度共享,是实现业务信息处理自动化与集成化和通用装备保障综合化、一体化的基础。为此,必须重视标准化建设。做到统一通用装备保障信息化相关的技术标准,这些标准包括数据字典、数据格式与交换格式标准、网络通信技术标准、数据管理标准、计算机标准、安全标准、媒体相关标准,以及装备维修工程的标准与规范等。只有在统一标准的支持下,才能在军队内部各部门、各单位和国防工业系统各部门、各单位的内部以及彼此之间形成互相兼容的接口,才能有效地生成数字数据和进行数字数据交换,才能实现不同硬件、操作系统、数据库、应用程序之间的互连、互通、互操作,建立起共享的集成数据环境。搞好标准化还包括通用装备及其保障装备设计,研制过程中要重视通用化、系列化、模块化等标准化工作,并遵循公开标准与规范的开放系统设计方法,从而保证通用装备本身及其保障装备的综合集成和共用性,实现通用装备保障的一体化。

（2）正确处理新型信息化通用装备的研发与现有通用装备的信息化改造的关系。新型信息化通用装备研发要突出精确制导、军用计算机、信息对抗、目标特征监控等技术的研发,重点研发信息战武器,确立新的通用装备体系整体结构,构建起新的以信息化通用装备为主体的通用装备体系。现有通用装备的信息化改造,主要是立足现有通用装备结构,通过嵌入、融合信息技术或附加信息装置,提升通用装备的信息化程度,使其性能得到明显改善,功能有所增强,从而实现作战效能的跃升。处理好二者的关系要综合平衡成本和效益,一手抓新型通用装备的信息化开发,一手抓现有通用装备的信息化改造,制定并完善信息化作战通用装备保障的标准体系。通用装备保障发展必须充分利用已有的建设成果和信息资源,加强整合,促进互连互通、信息共享,使有限的资源发挥最大效益。

三、体现"四合四统"

体现信息化条件下体系作战和装备保障的要求,必须以"军民融合、平战结合、专业组合、资源整合"为基本指导,以"任务统筹、力量统用、手段统建、装备统管"为方法途径。

军民融合是针对新装备技术含量高、系统结构复杂、部颁装备列装数量少、军内保障能力弱等突出问题,以保证军事核心能力为前提,以军方为主导,充分发挥国防军工和社会科技的人才技术优势,转变装备保障能力生成模式和保障方式,实现军队和地方装备保障的有机衔接、优势互补、资源共享、协调发展、整体高效。

平战结合是针对现行装备体制,平时依托固定设施设备修理为主的保障方式和力量结构平战兼容程度低、野战保障能力弱等突出问题,调整装备保障任务,完善平战一体的保障方式,发展平战兼容的保障手段,优化平战结合的保障力量结构,实现装备平时管理维修和战时综合保障的统筹协调、有机衔接。

专业组合是针对通用装备保障不同程度存在的自成体系、分散建设等突出问题,按照体系作战的要求,在现行装备保障体制编制下,合并相同专业。重组相近专业,保留特殊专业,以保障单元为基础,优化组合保障要素和专业岗位,提高一体化综合保障能力。

资源整合是针对通用装备保障分专业制度标准、下达计划、组织建设千万的重复建设、整体建设效益低的问题,按照综合集成、集约高效的要求,对保障设施进行集约化建设,对保障设备进行平台化整合,对业务管理进行信息化集成,最大限度地发挥保障资源的作用,提高整体建设质量和效益。

任务统筹,着眼于高新技术装备发展和作战运用,统筹军地双方保障任务,充分发挥军队和地方装备保障整体优势,实现装备保障能力跃升;统筹战略、战役、战术保障任务,实现建设向上集约、保障向下聚焦;统筹装备保障管、修、供、训任务,实现装备保障业务融合互动、建设整体协调。

力量统用,着眼于信息化条件下体系作战,对各专业保障力量,按技术门类重组定岗,按作业需求模块编组,按保障任务综合编成,跨专业、跨建制统一使用装备保障力量,提高装备保障力量的整体合力。

手段统建,着眼于提高综合保障效益,对技术门类相同、使用范围相近、结构原理相似的检测、修理、供应等设备机具,统一规划、统一设计、统一建设、统一使用,形成技术通用、功能组合、型号系列的装备保障手段体系,提高整体建设效益和综合保障能力。

装备统管,着眼于强化装备保障集中统管,统一标准制度、统一计划调控、统一技术管理,实现通用装备保障全系统、全要素、全过程的集中统一、规范顺畅、整体高效,促进装备保障由粗放式管理向精细化管理、由分散管理向集约管理转变,提高装备保障科学化水平。

四、坚持循序渐进

通用装备保障发展是一个渐进的过程,涉及通用装备保障的各个领域,各方面既相互依存、相互促进,又相互制约、相互影响。因此,要力求各方兼顾,协调发展,循序渐进,既要防止等靠依赖、无所作为,又要防止急于求成,必须分层次、分步骤、分阶段积极稳妥推进。

(1)区分层次性。体系保障能力建设,设计在顶层,落实在基层。顶层设计重在规范发展目标、明确建设任务,优化发展路线,配套法规制度,搞好关系全局的基础性关键性项目建设;基层重在抓好现有信息资源的整合,加强通用装备战备、训练、管理和人才培养,搞好装备库房、修理工间、维修机工具等保障条件配套,为形成上一层级的体系保障能力打好基础,创造条件。

(2)把握渐进性。立足于国家、军队信息化建设水平和武器装备复合发展的客观实际,准确把握各个时期通用装备保障的阶段特征和各个部队的发展差异,分类指导、分类建设、分步推进,积小胜为大胜,以量变促质变,推进通用装备体系保障能力的形成和提高。

五、实现重点突破

着眼于适应信息化装备发展、军事斗争准备和一体化联合作战的需要,着眼于增强通用装备保障能力,集中力量在保障技术、保障手段、保障模式、保障方式、保障制度、保障队伍等方面创新改革,并在网络化、信息化、一体化建设上取得重点突破。通过局部跃升,整体推动通用装备保障的发展。

从通用装备保障的全局出发,统筹兼顾,突出建设重点,谋求通用装备保障的重点突破,带动整体建设,实现通用装备保障现代化跨越式发展。通用装备保障发展,要充分借鉴、利用国家和军队建设的成果与经验,避免重复投资、重复建设,提高投资效益,处理好需要与可能的矛盾,选准切入口,突破重点;要从实际出发,从关键环节攻关,以重点突破带动整体发展;要把握需求,突出抓好基础工程建设和配套技术手段的创新;要从技术可能性出发,集中有限的财力、物力和人力,优先保证重点方向、重点部队、重大项目的建设需求,力争在一些重要领域首先形成特色和优势。加大通用装备保障信息化关键技术攻关力度,加强军用信息网的建设、大力开发通用装备保障资源,在重点保障装备的研制和重点装备保障系统的开发上下功夫,并有所突破。做好装备保障信息化建设项目研制、开发的同时,做好成果的推广应用,提高建设的效率与效益,使建设项目成果立即产生军事效益与经济效益,使通用装备保障发展以高效益保证可持续发展,同时也在这些成果在实际应用中得到验证和不断获得改进。

第四节　通用装备保障发展途径

大量高技术装备投入战场,敌对双方系统与系统的较量、体系与体系的对抗推动战争向信息化形态转进,通用装备保障发展必须以形成信息化条件下通用装备保障核心能力为目标,创新通用装备保障科技手段,改革完善通用装备保障制度,构建和谐通用装备保障文化,推进通用装备保障的全面发展。

一、创新发展通用装备保障手段

科技手段的不断创新是推动通用装备保障发展的原动力,也是通用装备保障向信息化发展的必然要求。创新发展通用装备保障手段应做好以下几个方面。

(一)建设一体化通用装备保障信息系统

在全军统一的顶层规划设计下,建立起一体化通用装备保障信息系统,依据平时通用装备管理任务和战时作战方案及保障任务,利用综合信息系统和信息资源,对通用装备保障力量进行总体运筹、协调、控制,对保障力量进行整合和部署,组织高效的伴随保障、定点保障和应急机动支援保障,实现在准确的时间、准确的地点、以准确的数量向部队提供精确的通用装备保障。

通用装备保障信息系统要能够自动对各种通用装备保障要素实施全面综合论证,实时掌握所有保障对象的各种需求,自动统计和分类,确立最佳保障方案,能够实现通用装备调配保障、维修保障、指挥管理的自动处理,能够对通用装备保障资源、产生的保障效益,以及可能出现的风险和损失等,进行科学的评估和优化。

(二) 发展可视化通用装备储供手段

精确保障要求将自动识别技术、保障资源信息库和综合信息系统等综合在一起,使通用装备保障人员可以随时掌握全部保障资源的动态信息,全程跟踪通用装备保障系统的"人员流""装备流""物资流"和"信息流",实时指挥和控制其接收、分发以及调换,实现适时、适地、适量的精确保障,从而提高通用装备保障效能。

构建可视化通用装备储供手段,必须广泛运用计算机网络、射频识别技术和自动化补给技术,建立全军统一、各专业通用的通用装备维修器材自动化管理、供应系统,对装备器材实施精确管理和补给。以信息化为基础构造保障体系,精简、压缩保障的总体规模,建立功能强大的物流系统和快速、精确的保障资源投送力量,用动态物资器材取代固定的库存物资器材,用物流的速度取代物流数量,在实现保障资源实时可视,保障需求精确预测的基础上,将保障资源在准确的时间、准确的地点,快速、精确地配送到作战部队。

(三) 发展智能化通用装备维修手段

为适应信息化战争快节奏、高精度的要求,必须研究信息化通用装备精确维修的技术手段和管理方法。以交互式电子技术手册为基础,提高信息化故障诊断能力,远程技术支援能力,指导维修人员实施维修活动。

1. 交互式电子技术手册

交互式电子技术手册是通用装备全寿命信息管理策略中一项重要的信息化保障技术,其基本原理是构建一体化、数字化的集成数据环境,形成可重复利用的信息资源,通过制定一系列标准,用统一的格式规范交互式电子技术手册的开发,使交互式电子技术手册能在各军种、不同部门之间、不同计算机平台上互操作,以此降低保障成本、提高保障效率。

2. 智能化故障诊断与修复技术

精确保障要求充分利用自动检测、智能诊断技术和快速修复等手段,对通用装备进行实时、有效、快速的检测和修复。着眼于实现通用装备维修保障智能化,积极开发嵌入式故障诊断技术,综合运用表面工程技术、纳米技术与信息技术等,加强对通用装备技术状态的实时监控、自动检测和对装备的智能化修复。

3. 远程维修支援技术

远程维修支援是以现代通讯技术、计算机网络和多媒体技术等为基础,将计算机的交互性、网络的分布性和多媒体信息的综合性相结合,建立远程支援系统,为装备维修人员提供远程信息服务的一种技术。着眼实现通用装备维修支援保障远程化,积极利用数字成像、卫星通信和信息处理技术,在保障基地建立远程维修支援专家系统,对高新技术通用装备进行远程故障检测和诊断,实现通用装备远程维修支援。远程维修支援技术突破了传统保障模式的束缚,打破了时间和空间的限制,使得有限的保障资源得到充分利用和共享,提高了通用装备维修保障的效率和质量。

（四）发展模拟化通用装备保障训练手段

模拟化训练,是指运用计算机及仿真设备、器材,模仿武器装备性能、战场环境和作战行动,并使部队在这种模拟环境中进行严格训练的先进训练方法。目前,模拟化训练已成为世界各国军队训练的普遍发展方向。如美军将虚拟现实技术运用于模拟化训练之中,极大地改变了训练的过程和方式,进而大大提高了训练的质量和效能。

发展模拟化通用装备保障训练能够较好地利用各种模拟器材模拟战场环境,集声、光、电、烟为一体,强化战场气氛,体现信息化作战的特点,生动形象地反映出作战的基本形态,让通用装备保障人员在近似实战的环境中练指挥谋略、练保障作业,提高组织指挥能力和保障作业能力。以虚拟现实技术为例,就是一种利用计算机和光学视听器材,高度逼真地模拟人在自然环境中视、听、触等行为的人机界面技术,是计算机技术、人工智能技术、多媒体技术和模拟仿真技术在军事训练领域的发展和应用。这种模拟系统最突出的特点是具有"身临其境"和"训练引导"两大功能。"身临其境",是指通过采用带有微型电视屏幕的头盔和装有传感器的手套,使受训人员在伴有虚拟的声音和感触下,置身于一种逼真的专为某一方面训练而设置的环境中。"训练引导",是指系统能够主动启发和引导受训者,在虚拟世界中从不同角度掌握技能,并进入逼真的战场情境。"身临其境"和"训练引导"功能构成了虚拟现实的人机交互特性,这种相互作用是虚拟现实技术的根本所在。广泛采用计算机模拟和作战仿真技术施训,将是通用装备保障训练创新发展的重要方向。

二、改革完善通用装备保障制度

确保通用装备保障向信息化方向发展,必须不断改革完善通用装备保障制度,以制度为基础,推进通用装备保障向信息化转型。

（一）着力推动通用装备保障模式转型

实现通用装备保障向信息化转型，必须实现由基于型号保障向基于体系保障转变，由数量规模型向质量效能型转变，由军方自主保障向军民融合保障转变，由列装后被动保障向列装前保障性设计转变，由注重平时保障向基于任务保障转变，形成适应信息化战争的通用装备保障新模式。

1. 由基于型号保障向基于体系保障转变

机械化条件下，部队列装的各种保障装备大多数是以检测、诊断、抢救、抢修等单一功能为主，通用装备保障设备大多是按照专业型号独立研制的，信息化、综合化程度比较低，通用装备保障资源是按照每个型号系列的装备配置相应保障资源，这主要是由于各种保障装备是基于型号而不是基于装备保障体系开发的，导致各种保障装备品种繁多、规模庞大，无形当中又成为作战行动的累赘，而且装备保障效益不高。这种建设模式使各型号装备的保障资源功能近似、形态各异、标准不一、互不兼容，容易形成"小而全"的集合，造成维修资源呈几何级数增长，最终使部队维修保障资源越配越多，保障设备摊子越搞越大，难以适应信息化条件下通用装备保障需要。

信息化条件下，通用装备及其保障装备建设必须突出标准化、系列化，拓展保障装备的功能和适用范围，实现由基于型号保障向基于体系保障的转变。

（1）要优化整合保障装备型号。保障装备建设必须向综合集成的方向发展，精简型号、压缩品种、整合功能、提高性能，研制综合集成的检测试验设备，用一套保障装备满足多个专业、多种装备的保障需要，达到"一机多用、功能集成"的目的。实施以装备技术状态为核心的科学化装备维修保障工作，支撑平时巡修巡检，战时重点方向部件修理、拼拆修理等任务，大幅度提升保障装备的通用性，适应信息化条件下通用装备综合保障能力提升的现实需要。

（2）要构建一体化综合保障平台。积极运用信息、网络、横向一体化等技术，建立适应平战要求，集装备管理、维修、供应、训练于一体的综合保障平台，实现要素融合、平战结合、功能集成，为形成和提高信息化条件下通用装备保障能力奠定基础。

2. 由数量规模型向质量效能型转变

机械化战争依靠的是人力、兵器、火力的大量集中，在这种条件下，通用装备保障任务相对单一，通用装备保障技术含量不高，可以随时动员大量人员参与装备保障。这种靠数量规模完成保障任务的方法很难适应信息化条件下通用装备保障要求。

信息化条件下,通用装备保障必须实现向技术密集和质量效能的转变,提高保障人员素质、压缩保障力量规模、调整保障力量的组织结构。

(1)要提高保障人员素质。加强对现代科学技术知识,特别是信息技术知识的培训,发挥专业技术人才密集的技术优势,充分利用现代信息网络资源,采用远程网络教育、计算机模拟训练等方式,不断提高训练资源共享水平,拓展教育与培训的时空,开展信息战条件下的通用装备保障模拟训练研究,使保障人员熟悉未来战场环境和保障方式、手段,提高应变能力和决策能力,培养和造就"复合型"指挥管理军官队伍、"专家型"技术军官队伍、"技能型"技术士官队伍,努力为通用装备保障建设提供强有力的人才和智力支持,全面提高通用装备保障人员的整体素质。

(2)要压缩保障力量规模。广泛使用信息技术手段,建立健全对军内外各种保障力量实施统一管理的全新机制,减少保障人员数量,调整作战和保障人员的比例,利用多功能化的编成,把各个保障要素组成一个有机整体,形成综合保障能力,使作战信息和保障信息高效流通,及时准确获取、传递和处理,迅速协调各个层次和专业的关系,提高保障效率,从而依据战场情况的变化,迅速做出灵敏反应,增强保障能力,确保能够更快、更有效地提供通用装备保障。

(3)要优化保障力量编成。建设小型化、模块化、多功能化、高度信息化的数字化保障力量,全面提高通用装备保障能力。在各类保障分队中,增加技术保障人员的比例;在技术保障部(分)队中,增加信息技术保障人员的比例。

3. 由军方自主保障向军民融合保障转变

目前通用装备保障是以军方自主保障为主的保障模式,还没有形成完善的军民融合式保障的体制机制,随着通用装备复杂程度和技术含量的不断提高,要求通用装备保障实现在全社会范围内的资源整合与优化,由军方自主保障向军民融合保障转变。

(1)要依托装备承研承制单位加强通用装备保障。让装备承研承制单位根据军方通用装备保障需求,帮助军方开发保障资源;协助军方完成装备等级修理、专项修理、计量检测等任务;利用承研承制单位技术人员熟悉装备构造、检测调试等优势,帮助军方培训急需的教学和维修骨干,把地方人才和技术优势引入到部队通用装备保障中来。

(2)要最大限度地利用民用技术和装备。目前,一些民用技术已领先于军用技术,如计算机技术、网络技术、集成电路技术、通信技术及各种新材料技术等。因此,要采购先进的民用产品,引进最新技术,满足通用装备保障的需求。为了消除民用和军用两个工业体系的"壁垒",要对采办法律、法规、制度、办法和程序进行一系列的改革,促进高技术产业民转军,并允许更多地采用两用产品、技术和工业操作规程。

4. 由列装后被动保障向列装前保障性设计转变

通用装备保障以列装后的被动保障为主,装备论证、研制、设计阶段,对装备保障性设计不足,在保障设施设备的建设,保障装备的配套,备品备件的储存等方面,都没有充分的考虑。

随着通用装备信息化程度的提高,在装备论证、研制、设计的早期,就必须注重装备的保障性设计,让装备保障人员参与新型通用装备的研制生产,提出保障性需求,从装备寿命周期的初期就考虑后期保障的问题,明确保障设施设备需求、保障装备配套、保障人员编组构成、备品备件的储备,在装备发展与保障装备、机具设备、器材配件、技术资料、人才培养、规章制度等保障要素上实现同步建设、整体配套,将通用装备保障的问题解决在装备研制设计之初。

5. 由注重平时保障向平战结合保障转变

目前通用装备保障模式在很大程度上存在着平时保障与战时保障结合不够的现象,野外环境、战时环境下保障能力不足。信息化战争平战转换快,只有从以往的平时保障为主向平战结合转变,才能将保障潜力转化为实战保障能力。

(1)要完善平战一体的保障方式。推行以"整装换件修理、部件集中项修、零件规模修复、高新技术装备巡修"为主要内容的维修方式,以及与之配套的"总成部件成套供应、易损部件分级组配、旧品器材集中回收、待修部件批量送修、修复部件优先使用"的维修器材平时供应机制,努力缩小平战时通用装备保障的差距。

(2)要优化平战兼容的保障力量编成。着眼于平时作业编组与战时保障编成的有机衔接,对保障力量进行单元化编组和模块化组合,平时针对不同的装备,抽组相应的保障单元,组配成修理作业组,对单装实施模块化组成修理;战时按照保障任务编成若干装备保障队,按照作战方向配置装备保障群,实施高效伴随保障、支援保障和基地保障,建立着眼战时、适应平时的编成形式和运用方式。

(3)要配套平战通用的保障手段。对各专业装备保障设施进行优化组合、集成配套、综合利用,突出技术整合,加强对各专业信息系统的综合集成,发展一体化综合检测修理技术和信息化储供手段,提升保障资源整合的层次和水平。

(二)深化军事斗争通用装备保障准备

紧紧围绕信息化条件下作战需要,完善军事斗争通用装备保障准备标准体系,研究作战通用装备保障法体系,构建各战略方向战场通用装备储供修体系,探索按标准抓任务部队装备保障能力建设、按保障法抓使用课题训练、按战略方向抓战场装备储供修体系建设。

（1）按标准抓任务部队装备保障能力建设。按照"专业基础、保障要素、保障单元、保障系统"四层结构,战略、战役、战术三级保障,"基本型"+"任务型"两型系列的军事斗争通用装备保障准备标准,加强任务部队装备保障能力建设。

（2）按战略方向抓战场通用装备储供修体系建设。一方面,构建起战场通用装备抢救、抢修体系。适应各战略方向作战需求,区分战略、战役两级保障职能,本着按方向梯次配置、按区域一体保障、按任务配强一线的思路,依托部队现有设施和保障条件选点布局,构建以现有战略战役保障力量为依托,战略战役前进保障基地和前沿保障支撑点相结合的战场通用装备抢救抢修体系。另一方面,构建起战场通用弹药器材储备供应体系。综合考虑作战需求、储备条件、军工生产能力和战略投送能力,对弹药器材储备规模、布局和结构进行系统论证,形成科学合理的储备规模、储备布局和储备结构。

（3）按保障法抓通用装备保障使命课题训练。构建起各战略方向通用装备保障法。形成区域一体保障、节点辐射保障、动态重组保障、多维聚焦保障、越级直达保障等适应信息化条件下体系作战要求,与各战略方向作战任务相适应的通用装备保障法体系。在按纲施训的基础上,针对履行使命任务通用装备保障要求,依据保障法和保障预案开展实战化针对性训练,落实通用装备保障准备。

（三）切实加强通用装备保障资源配套整合

加强通用装备资源配套整合是保证通用装备保障信息化的物质基础,必须建立起与信息化通用装备保障相适应的资源体系。

1. 坚持主战装备与保障装备协调发展

主战装备能否有效发挥战技性能,很大程度上取决于保障装备是否配套。过去那种传统的、经验型的保障模式已无法完成新型装备的技术保障任务,必须有系统配套的保障装备作支撑,由一般技术保障转变为高技术保障,由单一装备保障转变为综合系统保障。一些发达国家军队非常重视在发展新型通用装备的同时,按照全系统、全寿命管理的要求,注重保障装备的综合研究,做到保障装备与主战装备同步研制、同步生产、同步配备部队使用,保证了新型主战装备的作战效能。对此,我们应该充分学习和借鉴。

坚持主战装备与保障装备协调发展。①要把保障装备研制纳入通用装备发展规划之中。在制定某种新型通用装备的研制计划时,应依据主战装备的战技性能指标,同时提出配套的保障装备需求,与主战装备一起列入发展计划。②应做到主战装备与保障装备同步研制、同步定型、同步投入生产、同步配发部队使用,尽量克服保障装备与新型主战装备不配套、不协调的问题,不能只顾眼前效果,造成技术保障失调。

实现主战装备与保障装备的协调发展,应采取以下措施:①集中力量,重点解决好现有新型主战装备的保障装备配套。应根据新装备的技术特点和维修保障需求,组织科研部门、有关院校、生产厂家集智攻关,尽快研制适应信息化战争需要的保障装备,并及时配发部队使用。②及时淘汰不适用的老旧装备,有计划地更新性能先进的通用装备,减少对保障装备型号、数量上的要求,便于保障装备型号的系列化。③针对现有保障装备配套不全的现状,应集中部分专项经费,采用成熟技术,研制和革新一批适合部队使用、机动灵活的野战维修设备,以缓解因老旧装备报废而造成的保障装备不配套等矛盾。

2. 注重维修保障装备系统配套建设

为适应未来作战通用装备维修保障的需要,维修保障装备必须满足快速诊断、及时抢修的要求,以故障诊断和野战抢救抢修为重点,逐步实现保障装备的通用化、系列化、模块化。

(1)要遵循保障装备系统配套发展的原则。在野战抢救抢修装备的发展上,尽量采用与被保障装备相同的底盘,使其具有与主战装备相同的机动能力和防护能力。野战维修装备一般以修理方舱系列为主,配备适用、精干的修理设备、工具和维修器材,保证其具有良好的机动性能,可以快速灵活地组织野战抢修。检测诊断装备的发展方向是实现装备状态的实时监控,以求及时发现、预报故障,准确诊断、隔离故障,使维修达到"精确化"要求。针对新装备科技含量高的特点,综合测试设备系列、装备故障诊断系统等自动化检测设备,在结构和功能上力求达到综合化、模块化、多功能化、智能化、信息化,能对所有新型装备进行自动测试。

(2)要坚持平战结合,按需配套。保障装备配套建设要适应我军编制体制的特点,根据平时通用装备维修管理工作的需要和战时通用装备维修保障的需求,科学制定配套建设标准。按照我军现行装备维修管理体制和装备维修任务分工,通用装备的保障装备应按两类配套:一种是基地级修理(含战区技术支援保障力量)保障装备,由于担负装备大中修和战役级以上技术保障任务,保障装备应具备对主战装备实施综合检测、大中修及野战修理的需要。另一种是部队基层级维修保障装备,主要担负部队伴随技术保障,应以机动性好、轻便适用为主,配备相应的保障装备。

(3)要加强保障装备质量和可靠性建设。对保障装备的研制、生产、配套、使用,也应和主战装备一样,必须确立全系统、全寿命管理的观念,提高其可靠性。在这方面,要学习外军武器装备采办体制改革的成功经验,建立多方参与的质量管理体系,明确军方、生产方的职责和关系,完善质量监督机制,确保新型保障装备的"优生"。

3. 搞好保障装备配套建设

搞好保障装备配套建设,必须靠各级、各部门的密切配合,调动各方面的积极性和创造性,全方位参与,全方位抓落实。总部机关应根据全军武器装备发展规划,制定通用装备发展规划,有计划有重点地实施保障装备配套建设;科研单位、生产厂家应按照研制计划和部队的需求,设计生产出质量合格的产品,并实行全系统、全过程质量跟踪;使用部队应根据新型保障装备的技术特点和要求,积极做好保管、保养、技术维护等工作,保证其经常处于良好技术状态,并及时反馈使用信息和装备质量信息。

针对各种作战环境,充分调动各方面的积极性和创造性,研制适合各种作战条件的保障装备,是搞好配套建设的重要措施。我国幅员辽阔,地理环境和气候条件差异很大,同一种保障装备,在南方地区使用可能很正常,但不一定适用于北方的高原高寒条件;在平原地区使用很好,但在戈壁沙漠条件下就可能不适用。应根据各战区的作战环境,采用总部、军区、科研部门相结合的方法,共同研制出与作战环境相适应的保障装备。如针对高原高寒地区海拔高、气温低、风沙大、氧气少、道路差以及远离后方、补给困难等特殊条件,保障装备必须具有轻型便捷、机动迅速、越野性好、有保温制氧功能等特点,还应配备相应的检测设备和修理机工具,并要有通信指挥、野战生存能力。

(四) 全力推进军民一体化通用装备保障

军民一体化通用装备保障必须按照通用装备保障系统各要素的体系结构,按照装备全系统、全寿命管理的要求,以综合保障能力建设为核心,强化军地双方通用装备保障的系统管理和业务建设,逐步完善军民一体化保障的管理职能、运行机制和管理制度,促进军民一体化保障的经常化、制度化、规范化建设和现有保障资源的优化配置、各种管理关系的协同配合,形成信息化条件下的综合保障能力。

1. 建立健全军民一体化通用装备保障法规体系

按照层次清晰、结构合理、上下衔接、系统配套的原则,适时调整完善《国防法》《国防动员法》等相关法律,对地方技术力量参与通用装备保障活动的市场准入、信息发布、权利义务、战时动员等进行系统规范;通过修订《装备条例》《装备维修工作条例》《装备采购条例》等相关法规,充实完善地方技术力量参与通用装备保障活动的资质认证、合同管理、过程监管、综合评估等相关内容;通过制定各类配套的操作性规章和标准,不断完善军民一体化通用装备保障运行机制。

2. 构建多元化的通用装备保障力量

军民一体化通用装备保障,是对地方人才和技术优势的"依托"而不是"依赖",是对建制保障力量的"加强"而不是"削弱",必须始终贯彻军方主导的方针。构建军民一体化通用装备保障体系的根本目的,是通过有效延伸军工企业的人才和技术优势,始终保持和不断提升部队战斗力和保障能力,要把能否保障打赢,作为军民一体化通用装备保障体系建设的出发点和落脚点,必须坚持用战斗力标准统一建设思路、规划建设目标、衡量建设措施、评估建设成效。

军费开支的有限性决定军费投入必然有所侧重,军方在通用装备保障基础设施上的投入力度远远不如装备建设上的投入力度,致使通用装备保障设施、设备建设相对滞后,难以满足高新技术装备保障需要。另外,"大而全""小而全"的通用装备保障体系也不利于有限经费发挥最大的使用效益。因此,应积极鼓励和引导社会资本以独资、租赁、合资、合作、项目融资等方式参与通用装备保障建设,在确保办好自身保障力量的同时,以"军厂+民企""总厂+分厂"的模式,通过总厂集聚民资,在军工企业内建立配套的"厂中厂"或"厂中所",实现保障投资的多元化,推进地方工业力量投入通用装备保障建设的新发展。

3. 构建军民一体化通用装备保障体系结构

提高信息化条件下通用装备保障能力,必须不断调整优化通用装备保障体系结构,构建起军民一体化通用装备保障体系结构。结构决定功能,通用装备保障发展的过程,实际上是一个理顺关系、优化结构、改进功能,促进保障系统与作战系统、保障系统之间全面协调均衡发展和保障能力最优化的过程。构建军民一体化通用装备保障体系结构,就要强化体系建设、系统配套和综合集成,使通用装备保障各系统、各要素、各环节成为有机衔接、协调有序、良性互动的统一体,从整体上提升我军信息化通用装备保障能力。要建立健全以现役通用装备保障力量为主体,以民兵预备役装备保障力量、国防军工企业技术力量为补充,军民结合、平战结合的通用装备保障力量体系。要在不断完善通用装备三级维修管理体制的基础上,有重点地搞好战略、战役通用装备修理基地的技术改造,提高基地修理能力和野战支援保障能力,同时,要积极探索大型复杂高技术装备"合同商"保障的路子,完善军民通用装备社会化保障机制,提高通用装备保障整体效益。要按照"均衡、合理、批次搭配"和"快速、精确、及时、高效"的储备供应保障要求,合理配置通用装备保障资源,优化装备储备结构和布局,积极探索和建立技术储备、生产能力储备、社会保障资源信息储备相结合的新型储备供应体系。要着眼一体化联合作战和新装备形成战斗力的内在要求,着力培养和造就"复合型"装备指挥管理军官队伍、"专家型"装备技术军官队伍、"技能型"装备技术士官队伍,努力为通用装备保障建设提供强有力的人才和智力支持。

4. 加速新装备形成作战保障能力

以新装备形成作战保障能力为重点,加快通用装备保障技术改造和升级的步伐,深化通用装备改革,不断提高新装备保障能力。要充分利用社会保障资源,进一步扩大通用装备社会化保障改革成果。要进一步加强通用装备维修保障建设,重点抓好野战保障装备、设备和维修器材的配套建设,组织开展野战通用装备保障针对性训练,提高基地中修能力和机动支援保障能力。

遵循新装备形成作战保障能力的特点规律,从装备体系建设上解决新装备保障配套问题,力争在装备发展与保障装备、机具设备、器材配件、技术资料、人才培养、规章制度等保障要素的同步建设、整体配套上取得突破。重点组织开展新型通用装备保障资源配套建设,对在役新装备,组织部队和装备研制、教学单位,结合新装备保障能力建设,开发保障资源,完善配套保障要素,摸索故障和器材消耗规律,提高保障人员检测修理技能;对在研新装备,依托承研承制单位,落实新装备"五性"(可靠性、维修性、保障性、测试性、安全性)要求,同步开展保障资源建设,同步完成装备配套保障工作,为新装备配发部队后尽快形成作战保障能力奠定基础。

三、构建和谐通用装备保障文化

通用装备保障文化是通用装备保障人员在通用装备保障实践活动中逐步形成的知识体系、价值观念、行为和思维方式、精神状态等构成的观念形态的总和,没有通用装备保障文化就没有通用装备保障发展的思想基础,也就不可能有通用装备保障实践的价值追求。通用装备保障要把大力倡导和谐的理想信念、坚持和实行互助合作、团结稳定、有序的社会准则作为和谐文化建设的重要内容,构建和谐通用装备保障文化。

(一)培育共同的价值观念

通用装备保障文化的核心并不是一种简单的价值观,而是由一系列共有、共享并共同遵循的价值观组成的价值观念体系。这样一套价值观念体系,存在一个从不清晰到清晰,从少数人具备的先进文化意识到逐步推广以至得到通用装备保障系统内绝大多数组织和成员一致认同的过程。作为通用装备保障文化核心的价值观念的培育,是构建和谐通用装备保障文化的一项基础工作。各级组织中的每个成员都有自己的价值观,但由于他们的资历不同、生活环境不一样,受教育的程度也不相同等原因,使得他们的价值观念千差万别。价值观念的培育是通过教育、倡导和模范人物的宣传感召等方式,使组织成员扬弃传统的价值观念,树立正确的,有利于通用装备保障建设的价值观念,并形成共识,成为全体通用装备保障人员思想和行为的准则。

(二)塑造创新精神

创新精神的塑造是在通用装备保障领导机关的倡导下,根据通用装备保障建设的特点、任务和发展趋势,使建立在通用装备保障价值观念基础上的内在的信念和追求,通过通用装备保障人员的行为和外部表象而外化,形成通用装备保障的内在精神状态。塑创新精神应突出以下五个方面:

(1)要塑造永不满足的精神。创新永无止境,要有与世界军事强国开展竞争的信心、决心和勇气,瞄准世界军事科技前沿,不断超越,将我军通用装备保障建设推向世界军事强国的行列。

(2)要塑造敢于质疑的精神。创新就是发现问题,提出问题和解决问题的过程。要教育和引导通用装备保障人员培养求异思维和首创精神,要有敢为人先的竞争意识、科学质疑的无畏精神和勇于挑战权威的过人胆识。

(3)要塑造甘于寂寞的精神。要想取得重大创新成果,就要克服急功近利的浮躁心态,要耐得住寂寞,经得起考验,潜心钻研,不懈探索。

(4)要塑造科学求实的精神,创新不是异想天开,要严格按科学规律办事、脚踏实地一步一个脚印,准确把握通用装备保障的一般规律和信息化战争对通用装备保障的基本要求,创新发展适应信息化战争的通用装备保障。

(5)要塑造团结协作的精神。在科学技术分工日益细密的今天,依靠个人力量及作坊式的操作,不可能把个人才智与集体力量融为一体,通过团结协作和联合攻关,形成群体优势和创新的合力。

(三)营造文化氛围

通用装备逐步向高精尖方向发展,价格也日益昂贵,在提高作战效能的同时,可靠性和可持久性的难题却日益凸显,不爱护、不重视、不检查、不保养将会成为影响通用装备发挥效能的最大杀手。思想上不重视,行为上就不可能做好。应该针对通用装备保障的特点和的问题,深入开发教育宣传活动,注重用意识文化教育人、用行为文化约束人、用激励文化鼓舞人、用环境文化熏陶人,营造出浓厚的通用装备保障文化氛围,通过文化的渗透、熏陶,使大家真正认识到通用装备保障的地位作用,认识到通用装备保障的重要性。

文化建设具有动态性、长期性、系统性、边疆性、超前性等特点,所以构建和谐通用装备文化,要本着"科学筹划、突出重点、循序渐进、充分挖掘"的工作思路,不断探索方法、手段和路子,营造氛围,依托各种传媒宣传通用装备保障文化。文化只有融入和渗透于官兵的精神血脉之中,才能焕发出旺盛的生命力。要积极搭建平台载体,使通用装备保障文化的价值理念进入官兵思想和观念。可利用闭路电视系统、军营电视台、局域网络、文化手册、报纸杂志、标语展板、灯箱橱窗等开展经验交流、典型宣传、常识问答,营造文化氛围,使官兵在耳濡目染中受到熏陶、接受教化,使通用装备保障文化深入官兵思想、见之于行动。

参 考 文 献

[1] 克劳塞维茨. 战争论:1 卷.[M]. 中国人民解放军军事科学院译. 北京:商务印书馆,1982.

[2] 张福兴. 中国军事百科全书军事装备总论[M].2 版. 北京:中国大百科全书出版社,2008.

[3] 全军军事术语管理委员会. 中国人民解放军军语[M]. 北京:军事科学出版社,2011.

[4] 余高达,赵潞生. 军事装备学[M]. 北京:国防大学出版社,2000.

[5] 魏刚. 空降兵装备保障[M]. 北京:蓝天出版社,2008.

[6] 焦秋光. 军事装备管理学[M]. 北京:军事科学出版社,2003.

[7] 《当代中国》丛书编辑部. 当代中国军队的军事工作:上、下册[M]. 北京:中国社会科学出版社,1989.

[8] 《当代中国》丛书编辑部. 当代中国军队的后勤工作[M]. 北京:中国社会科学出版社,1990.

[9] 中国人民解放军总后勤部. 中国人民解放军后勤七十年[M]. 北京:解放军出版社,1999.

[10] 吴中和. 中国人民解放军后勤史简编本[M]. 北京:金盾出版社,1993.

[11] 张连松. 改革开放 30 年的军队后勤[M]. 北京:解放军出版社,2009.

[12] 万小元,王卓. 战略装备保障学[M]. 北京:国防大学出版社,2002.

[13] 余高达,黄成林. 战役装备保障学[M]. 北京:国防大学出版社,2002.

[14] 孔令茂,牛跃峰. 战术装备保障学[M]. 北京:国防大学出版社,2002.

[15] 后勤指挥学院. 中国军事后勤思想史[M]. 北京:金盾出版社,1997.

[16] 孙宝龙,韩玉忠. 信息化条件下联合作战通用装备保障[M]. 北京:军事科学出版社,2008.

[17] 于庭兰. 装甲兵——过去·现在·未来[M]. 北京:军事译文出版社,1985.

[18] 周培根. 刘振堂. 工程兵的光辉历程[M]. 北京:解放军出版社,1990.

[19] 卢辉. 核生化武器的历史与未来[M]. 北京:军事科学出版社,1991.

[20] 温家宝. 2012 年政府工作报告.

[21] 金灿荣,等. 国际形势回顾与展望—2010 国际形势的特点[J]. 当代世界,2010(7).

[22] 吴跃忠. 装备保障指挥[M]. 北京:解放军出版社,2009.

[23] 蒋跃庆. 中国军事百科全书军事装备保障.[M].2 版. 北京:中国大百科全书出版社,2007.

[24] 赵晓春. 2010 年国际形势回顾与特点分析[J]. 2001(1).

［25］刘江平,等. 从世界战略格局演变看周边安全形势[J]. 军事文摘,2007(4).

［26］黄宏. 世界新军事变革报告[M]. 北京:人民出版社,2004.

［27］王保存. 世界新军事变革新论[M]. 北京:解放军出版社,2005.

［28］王一彬,龚耘. 正确理解核心军事能力建设与完成多样化军事任务的辩证辨析[J]. 海军工程大学学报(综合版),2009(9).

［29］沈雪石. 转变战斗力生成模式若干问题解析[J]. 装备,2011(5).

［30］于洪敏,等. 试论装备保障能力生成模式转变[J]. 装备指挥技术学院学报,2011(4).

［31］向晓汉,等. 装备保障能力生成模式转变研究[J]. 装备学术,2008(4).

［32］雷红伟,祁永强. 通用装备保障体系建设研究[M]. 北京:国防大学出版社,2009.

［33］王洪光. 战略通用装备保障力量建设的思考[J]. 通用装备保障,2003(3).

［34］总装备部通用装备保障部. 关于通用装备保障体制调整改革的思考[J]. 装备,2006(6).

［35］李文学,黄文寿. 美军后勤转型中的编制体制调整[J]. 外国军事学勤,2007(1).

［36］孙宝龙,韩丕忠. 信息化条件下联合作战通用装备保障[M]. 北京:军事科学出版社,2008.

［37］陈志. 浅谈美军后勤保障形态的变化与调整[J]. 华南军事教育,2008(1).

［38］程刚. 信息化条件下装备保障能力建设浅见[J]. 军事学术,2011(4).

［39］李智舜,吴明曦. 军事装备保障学[M]. 北京:军事科学出版社,2009.

［40］魏刚. 以信息化带动通用装备保障能力的跃升[J]. 通用装备保障,2003(5).

［41］张雪胭,于洪敏. 基于公共平台的区域装备维修资源整合[J]. 炮兵学院学报,2011(1).

［42］张贵君. 加强保障装备体系建设的几点思考[J]. 装备,2005(4).

［43］景庆维. 装备保障资源优化整合对策研究[J]. 装备学术,2010(增刊).

［44］任连生. 基于信息系统的体系作战能力概论[J]. 北京:军事科学出版社,2009.

［45］赵志国. 装备保障信息化建设浅析[J]. 空军指挥学院学报,2008(6).

［46］朱小冬,刘广宇,葛涛. 信息化作战装备保障[M]. 北京:国防工业出版社,2007.

［47］栾利国. 大力加强基于信息系统的装备建设全面提升体系作战装备保障能力[J]. 通用装备保障,2011(3).

［48］任海泉,杨树旗. 基地化训练 模拟化训练 网络化训练 一体化训练——信息化战争军事训练新概念解析[J]. 装备,2005(7).

［49］曹玉坤,等. 研制综合集成的试验设备推进通用装备保障转型建设[J]. 装甲兵工程学院学报,2008(4).

［50］黄高成. 陆军装备保障转型问题研究[J]. 装备,2008(4).

［51］张怀强,等. 装备军民一体化保障研究[J]. 军事经济学院学报,2009(1).

［52］王兆海. 试析建设和谐文化与军事文化建设[J]. 中国军事科学,2007(1).

［53］吴宗茂. 浅议加强装备保障文化建设[J]. 海军装备维修,2010(3).